Die Kreuzung und der Kreisverkehr

Deutsche und Briten im Zentrum der europäischen Geschichte

Von Thomas Kielinger

© Presse - und Informationsamt
 der Bundesregierung, Bonn 1997

© Britisches Außen - und
 Commonwealth - Ministerium, London 1997

Alle Rechte vorbehalten. Kein Teil
dieses Werkes darf ohne Einwilligung
des Urhebers in irgendeiner Form
(durch Fotokopie, Mikrofilm oder ein
anderes Verfahren) reproduziert oder
unter Verwendung elektronischer
Systeme verarbeitet, vervielfältigt
oder verbeitet werden.

Gestaltung und Satz:
Sears Davies Limited
Unit A, 25 Copperfield Street,
GB London SE1 0EN

Druck:
Graphischer Großbetrieb
Pößneck GmbH
D-07381 Pößneck

Reprographie:
Data Layout, London

Printed in Germany

Die Deutsche Bibliothek - CIP-Einheitsaufnahme

Kielinger, Thomas:
Die Kreuzung und der Kreisverkehr: Deutsche und Briten im Zentrum der europäischen Geschichte / von Thomas Kielinger.
– Bonn: Bouvier, 1996
 Engl. Ausg. u.d.T.: Kielinger, Thomas: Crossroads and roundabouts
 ISBN 3-416-02652-7

INHALT

VORWORT VI

KAPITEL I

Britisch-deutsche Stereotypen und wie sie zu bewerten sind
Die Rolle der Karikaturen   1

KAPITEL II

Culture - Kultur: Deutsch-britische Befruchtungen
Pop, Gesellschaft, Literatur, Wissenschaft, Bildung, Musik

1. "Yeah, yeah, yeah!"   25
2. Englisch und deutsch:
   Der ungleiche Wettbewerb   31
3. University College London   46
4. Ein Deutscher in England: Prinz Albert   49
5. Ein Engländer in Deutschland: Shakespeare   59
6. Jüdische Emigranten oder
   der Kontinent in Großbritannien   66
7. Bildungsaustausch über den Kanal hinweg heute   81
8. Lieder ohne Worte: In den deutsch-britischen
   Beziehungen ist viel Musik...   90

KAPITEL III

Wirtschaft: Geld kennt keine Grenzen -
die britisch-deutsche Kooperation auch nicht

1. Standort Großbritannien - verführerisch wie nie   103
2. Britisches Engagement in den Neuen Ländern und
   in Berlin: Vorsprung durch Vielfalt   120

KAPITEL IV

Die Rolle Großbritanniens beim Aufbau der deutschen Demokratie
Zusammenarbeit auf amtlicher und nichtamtlicher Ebene

1. An den Pforten der Hölle 131
2. Re-education - Die Menschen für die Demokratie
   gewinnen 141
3. Die britische "Handschrift" in den deutschen
   Strukturen: Konkrete Beispiele 151
4. Die amtlichen und nichtamtlichen Foren der
   Verständigung: 162
   - Wilton Park 164
   - Die Brücke 166
   - Deutsch-Englische Gesellschaft / Königswinter Konferenz 167
   - The Anglo-German Association 171
   - Die Deutsch-Britische Stiftung für das Studium der
     Industriegesellschaft 174
   - Die deutsch-britische Parlamentarier-Gruppe 175
   - Deutsch-britische Gipfel: Die Stunde der Exekutive 177

Exkurs: Verständigung als Realpolitik 180

   - Städtepartnerschaften 182

KAPITEL V

Die Neugeburt Europas und die atlantische Gemeinschaft
London hilft bei den ersten Schritten der Integration
Westdeutschlands in die westliche Allianz
- Bonn beim Weg Großbritanniens in die Europäische
Gemeinschaft   191

1. Die USA nehmen London eine Last ab   192
2. Die westliche Integration gewinnt Gestalt.
   Churchills Rolle. Die Berlin-Blockade und ihre Folgen   195
3. Anthony Eden entwirft den rettenden Plan:
   Deutschland in die Nato   198
4. Für London hat die Deutsch-Französische Aussöhnung
   höchste Priorität   204
5. Großbritannien auf dem Weg nach Europa:
   der deutsche Beitrag   207

KAPITEL VI

Die Zukunft der Europäischen Union
Gleichklang und Dissonanz zwischen Briten und Deutschen   213

LAST BUT NOT LEAST

Die Kreuzung und der Kreisverkehr
Wie verschieden sie doch sind, die beiden Vettern   237

ANHANG

I. Die "Blickpunkte" in Reihenfolge   250
II. Ausgewählte Bibliographie   254
III. Personenregister   262

Ein Wort zum Dank und zur Erklärung

Dieses Buch entstand auf Anregung der deutschen und der britischen Regierung. Für den Text steht der Autor selber ein.

Bei den Vorarbeiten habe ich aus vielen Quellen schöpfen können. Diese sind an den entsprechenden Stellen markiert, doch eher sparsam, um den Fluß der Erzählung nicht zu unterbrechen. Daher auch keine Fußnoten - das Literaturverzeichnis möge sie auffangen, gewissermaßen. Einen Anspruch auf Vollständigkeit kann und will es aber nicht erheben. Dafür wurden zahlreiche Aufsätze und Artikel aus Zeitungen und Zeitschriften mit aufgenommen, auch Vorträge und Interviews, da manche Details der deutsch-britischen Beziehungen nur dort auffindbar sind.

Das Manuskript ist in intensivem Dialog mit deutschen und britischen Freunden entstanden, die zum Teil auch als Autoren im Text oder in der Bibliographie auftauchen. Ihnen allen bin ich zu großem Dank verpflichtet. Einige lasen den Text in verschiedenen Etappen seines Entstehens und halfen mit Anregungen stilistischer und inhaltlicher Art. Stellvertretend nenne ich vor allem Angelika Volle, Rainer Dobbelstein, Manfred Schlenke und Rolf Breitenstein, alle hochvertraut mit dem Thema und der Literatur dazu. Die Auslandsabteilung des Bundespresseamtes und die Britische Botschaft in Bonn haben unermüdlich Belege mitgesammelt und mir für dieses Buch zur Verfügung gestellt. Mein Dank gilt vor allem Ursula von Langermann und Carole Sweeney, Herbert Behrendt und Michael Smith. An Geduld mit dem Autor und den sich längenden Fristen, verursacht durch die heftig hereinbrechende Aktualität, haben sich Hagen Graf Lambsdorff und Robert Cooper, jeder auf seine Weise, geradezu überboten. Aber die Zeit wurde genutzt zu fruchtbaren Gesprächen über die Fallstricke und Nuancen des Themas.

David Ward hat das Buch, für die englische Fassung, nicht einfach nur übersetzt: Er hat es neu erschaffen, und dafür kann ich ihm gar nicht genug danken. Die Freiheit, in der Übersetzung von Zeit zu Zeit einer wörtlichen Wiedergabe des Originals aus dem Wege zu gehen, haben wir uns gemeinsam genommen. Es war ein ganz besonderes Vergnügen. Zur Verwendung des Begriffs "Britain" sei im übrigen angemerkt, daß mit diesem Wort das Vereinigte Königreich von Großbritannien und Nordirland gemeint sind; "Great Britain" hingegen umschließt nur England, Wales und Schottland. Diese Feinheiten der Unterscheidung berücksichtigt die deutsche Sprache in der Regel nicht. Es ist Usus, im Deutschen "England" zu sagen, wenn man "Großbritannien" oder gar "Britain" (in der englischen Bedeutung des Wortes) meint. Dieses Buch versucht allerdings, den Begriffen ihre möglichst genaue topographische Bedeutung zurückzugeben.

Texte wachsen heute an Computerschirmen, aber Computer sind kapriziöse Geschöpfe, voller Listen und Ränke. Wenn Hilfe nötig war, konnte ich mich immer auf Maik Linke und Stephan Lorz verlassen. Daher seien auch sie dankbar in die Familie eingeschlossen, die dieses Projekt ermöglicht hat.

Bonn, 12. August 1996

Vorwort

Im Innenhof des Bundeskanzleramts in Bonn wird der Besucher seit September 1979 von einer Monumentalskulptur Henry Moores begrüßt, "Large Two Forms", die, sanft trotz ihrer Größe und wie ruhend in den Stürmen der Zeit um sie herum, den Blick unausweichlich fesselt.

Sanft in ihrer Größe, ruhend in den Stürmen der Zeit - in solcher unterschiedlichen Beschreibung ihrer Art fänden sich Deutsche und Briten gewiß gerne wieder. Nur leider ist es eine idealtypische; die Wirklichkeit sah meist anders aus.

Für sanft verträumt und abgeschieden mag man Deutschland, Madame de Staëls Buch "De l'Allemagne" (1813) folgend, vielleicht noch zur Zeit der Rhein- und Neckarreisen William Turners gehalten haben, in den 40er Jahren des vorigen Jahrhunderts. Diese Einschätzung änderte sich spätestens mit dem Erscheinen Bismarcks auf der europäischen Bühne, dann erst recht unter seinen Nachfolgern. Und zwar so sehr, daß noch heute, 50 Jahre seit der Wiedereingliederung des Landes in die demokratische Rechtskultur des Westens, von Zeit zu Zeit Erinnerungen an dieses machtbetonte Deutschland zurückkehren.

Nichts als sanft in seiner Größe möchte deshalb das neuvereinigte Land heute sein, und muß doch unsanft erkennen, daß die Antwort auf die Geschichte wohl nicht lauten kann, es allen recht machen zu wollen.

Auch das Bild von der stoischen, den Stürmen trotzenden Ruhe Albions gleicht einer Verschönerung der Wirklichkeit. Großbritannien hat seine Unabhängigkeit immer mit wachen Nerven zu verteidigen gewußt, wobei die äußere Ruhe eine nationale Disziplin widerspiegelte, hinter der eine hochbewußte Elite um die Balance nach innen und nach außen stürmisch genug zu ringen hatte.

Abgeklärte Ruhe war bestimmt nicht das Ideal, welches die Regierung John Majors bewog, als Reaktion auf das Brüsseler Exportverbot für Rindfleisch und Rind-Derivative im Frühsommer

1996 einen Monat lang den EU-Entscheidungsapparat mit Boykott zu belegen. Wer englische Fairness zu kennen meint, muß immer mitbedenken, daß dieser Tugend eine natürliche Schwester zur Seite steht: der Kampfgeist. Freilich, einer Welt der Kritik die Stirn bieten zu können, dazu braucht es dann doch ein Reservoir an Ruhe und Unerschütterlichkeit, das sogar zur Geltung kommt, wenn man es nur vortäuscht.

Fallen sich Briten und Deutsche, während die Europäische Union immer näher rückt, etwa verstärkt auf die Nerven? Vor solchen Schlußfolgerungen kann man nur warnen. Wir müßten ja eine merkwürdige Vorstellung vom künftigen Europa haben, wenn wir glaubten, mit ihm würden alle Unterschiede, die das Zusammenleben von Nationen fruchtbar wenn auch zuweilen frustrierend machen, eingeebnet. Alexis de Tocqueville sah es treffender: "Je gleicher die Menschen werden,",. so schrieb er, "desto empfindlicher reagieren sie auf Unterschiede." So muß man sich geradezu darauf gefaßt machen, daß die zunehmende Konvergenz der euroäischen Strukturen eine wachsende Lust der Menschen auf ihre kulturellen Eigenarten und Eigentümlichkeiten erst recht befördert.

Henry Moore's "Large two forms" dominiert den Innenhof des Bonner Bundeskanzleramtes

Gleichzeitig aber geht der Austausch, die gegenseitige Durchdringung verstärkt weiter. Das hat unter Briten und Deutschen eine lange Vorgeschichte und wurde nach 1945 geradezu zum Musterbeispiel dafür, welche Synergie zivile Gesellschaften im Umgang miteinander entfalten können. Der Grad an Kooperation zwischen beiden Ländern wäre früheren Generationen, die sich in zuweilen tödlicher Rivalität erschöpften, wie eine Utopie vorgekommen. Ein intensives Geben und Nehmen in Fragen der Kultur, des Lebensstils, der Wirtschaft gilt heute als selbstverständlich.

Es ist ein Brite, Sir Norman Foster, der den Zuschlag bekommen hat, das zukünftige Haus der deutschen parlamentarischen Demokratie, den traditionsumflorten Reichstag, von allem Schutt zu befreien und es architektonisch auf seine neuen Aufgaben vorzubereiten. Das akzentuiert noch einmal die bedeutende Rolle, die Großbritannien nach 1945 beim Aufbau der deutschen Demokratie gespielt hat - vielleicht die "finest hour" der jüngeren britischen Diplomatiegeschichte überhaupt. Und welcher Modernisierungsschub vom angelsächsischen *way of life* auf Deutschland insgesamt übergegangen ist, welcher Einfluß der Moden und der sprachlichen Attitüden, kann sich jeder im deutschen Alltag von heute selber vor Augen führen.

In der britischen Regenbogenpresse wird davon eher wenig Notiz genommen, wenn überhaupt. Das vertrauliche "Fritz", mit dem einst die Hochblüte der Freundschaft zwischen der Insel und dem Preußen Friedrichs des Großen gefeiert wurde, ist unter den heutigen Massenblättern an der Themse zu einem pejorativen Codeword aus der virtuellen Cyberspace-Phantasie heruntergekommen. Hinter diesem Bild aus Pickelhaube, Monokel und Stechschritt bleibt das heutige Deutschland und die britische Spur darin völlig versteckt. Und versteckt bleiben auch so sprechende Details wie der Umstand, daß das Vereinigte Königreich heute für deutsches Kapital der beliebteste ausländische Investitionsstandort überhaupt geworden ist, zum Vorteil tausender britischer Arbeitsplätze.

Kein Wunder, daß sich viele Deutsche in ihrem Vorurteil bestätigt fühlen, Großbritannien sei eigentlich doch hauptsächlich vollgestopft mit lauter liebenswürdigen oder weniger liebenswürdigen Antiquitäten.

Um der Karikatur und den Klischees, auf beiden Seiten des Kanals, Paroli zu bieten, ist dieses Buch geschrieben worden. Keine zwei Länder und Gesellschaften in Europa haben sich in der Geschichte ähnlich oft berührt, durchdrungen oder auch befremdet wie Deutsche und Briten. Ignorieren konnten sie sich nie. Wahrscheinlich sind beide gerade deshalb so fesselnd füreinander geblieben. Wenn aber nur noch nach dem *dernier cri* von Kontroversen gefragt wird, droht dieses farbige, vielschichtige Bild einer Beziehung verlorenzugehen.

Von ihm handelt der folgende an nichts als an Fakten orientierte, sich als Leitfaden verstehende Text. Er möchte allen, die am liebsten auf ihren Vorurteilen sitzenblieben, diese recht herzlich vergällen.

Britisch-deutsche Stereotypen und wie sie zu bewerten sind

Die Rolle der Karikaturen

Den Beziehungen zwischen Völkern und Nationen liegt ein eigenartiges Gemisch von Vorstellungen, Vergleichen und Stereotypien zugrunde, die es schwer machen, von einem einheitlichen "Bild" zu sprechen, das die Menschen voneinander haben. Das gilt in Europa wohl von keinem Fall mehr als von den deutsch-britischen Beziehungen. Beide Länder sind in ein so dichtes Geflecht von Geschichte und Gegenwart eingebettet, daß gerade die Vielfalt dieser gegenseitigen Bezugspunkte zu manchmal verwirrenden Urteilen übereinander führt. Wer da folgern wollte, dies oder das sei nun "das gültige Bild", das beide Gesellschaften heute voneinander haben, könnte leicht im Irrtum landen.

Von der Geographie her bilden Großbritannien und Deutschland klassische Gegenpole - die Insel hier, die Mitte des Kontinents dort. Man könnte geradezu von zwei geographischen Stereotypen sprechen - feststehende Koordinaten, die in der Geschichte und Mentalitätsentwicklung beider Länder zu "typischen" Unterschieden geführt haben.

Dabei weisen sie einen ähnlichen "Gen-Cocktail" auf, gewissermaßen: Auch Angeln und Sachsen sind germanischen Ursprungs, aus Friesland zur Insel hinübergeweht. Germanische Geschwister, früh getrennt, haben Briten und Deutsche sich unter unterschiedlichen Bedingungen, unterschiedlichen Milieus herausgebildet.

Die britisch-deutschen "Vettern", wie sie spätestens seit der Heirat Königin Victorias mit ihrem Cousin, Prinz Albert von Sachsen-Coburg-Gotha, hießen, haben sich in ihrer Geschichte freilich nicht immer wie freundliche Verwandte aufgeführt. Die beiden Weltkriege dieses Jahrhunderts sind ein trauriges Denkmal hierfür. Obwohl die meisten Menschen auf beiden Seiten des Kanals überhaupt keinen Haß aufeinander spürten, wurden sie einmal durch eine bis zur Hysterie gesteigerte Rivalität, das zweite Mal unter dem Hitlerschen Wahn und der Reaktion darauf in den Kampf gegeneinander geführt.

Verstreut und durcheinander liegen seitdem im Gefühls- und Gedankenhaushalt der heutigen Briten und Deutschen Vergangenheit und Gegenwart herum, Erinnerungen aus eigener wie aus fremder Hand, dokumentierte Geschichte von Feindschaft und Versöhnung, dazu die Schlagzeilen der Gegenwart. Für jede Einstellung gibt es eine Gegenposition, alles, was wir über "den anderen" (oder über uns selber) gesagt hören, kommt uns vertraut vor - inklusive des Gegenteils.

Das deutsche Massenblatt BILD fragte nach der Ablehnung Berlins als Olympia-Austragungsort für das Jahr 2000 im Herbst 1993 spontan europäische Bürger nach ihrer Meinung über Deutschland. 'Sind wir etwa nicht mehr beliebt?', lautete die besorgte Prämisse.

Das Resultat war verwirrend und in keiner Weise dazu geeignet, die Grundfrage zu beantworten. Hier zwei gegensätzliche Reaktionen, von der Zeitung in London eingefangen. Harold Smith, 51 Jahre alt, Verwaltungsangestellter:

Einträchtig wie Tweedledum und Tweedledee stehen die beiden Vettern zusammen...

"*Im Urlaub fahre ich gern nach Deutschland. Ich mag die einfachen Leute, ihre Bescheidenheit. Die Deutschen sind weltoffen und leidenschaftliche Europäer. Wir Engländer können noch viel lernen.*"

Dagegen Kevin Mully, 46 Jahre alt, Spediteur:

"*Die Deutschen sind mufflig wie die Nacht. Das einzig Gute an ihnen ist ihr Mercedes. Ich bin immer wieder froh, wenn ich aus dem Land raus bin.*"

Vox populi - was verrät sie uns wirklich? Vielleicht fragen wir die Karikaturisten in beiden Ländern, ob sie so etwas wie eine einheitliche Linie zeichnen vom Gegenüber.

"Großbritannien: Hinwendung zu Deutschland", betitelte Chris Riddell sein Blatt im "Economist", als sich neue deutsch-britische Kooperationen nach dem Golf-Krieg (1991) anzubahnen begannen. Die beiden dicken Vettern haben sich untergehakt, ihre Hüte ausgetauscht, es ist alles so einträchtig, einschließlich der Ahnenbilder von Victoria Regina und Wilhelm II., ihrem Enkel, dem letzten deutschen Kaiser. "Alice im Wunderland" läßt grüßen: Tweedledum und Tweedledee oder die deutsch-britische Symbiose...

Aber die familiäre Atmosphäre wird von Raymond Jackson (JAK) im "Evening Standard" mit den Mitteln der Komik wirkungsvoll ins Lächerliche gezogen. Es ist die Zeit des ersten Staatsbesuches von Königin Elizabeth im neuvereinigten Deutschland, 1992, und da ziehen sie auf zur Parade der Vorgestrigen - all diese Pickelhauben, Monokel, Lorgnons, Gamsbärte und Tirolerhüte, die Fellmütze der Totenkopf-Husaren wie die Spazierstöcke der Fußkranken und kriegsverletzten Uralt-Veteranen. Lauter alte Zöpfe. Liebesgrüße aus der Ahnengruft.

...aber in den Beziehungen spukt es vor lauter Sterotypen

Also keine Frage von Tweedledum und Tweedledee und der deutsch-britischen Symbiose?

Nicht unbedingt. Jacksons Bild ist einfach eine Erinnerung daran, wie lange schon die alte "Vettern"-Zeit zurückliegt. Mit ihr können heute keine Beziehungen mehr begründet werden. Auch Nostalgie hat ihre Verfallszeit. Interessant an dem Blatt ist, daß hier die stereotypen Versatzstücke der Darstellung "des" Deutschen als das eingesetzt sind, was sie in Wahrheit sind: vorgestrig, passé, Mummenschanz.

Aber wir alle lieben doch Mummenschanz - und Karikaturisten vielleicht am meisten! So erklärt sich wohl die auffallende Tatsache, daß die britische Boulevard-Presse bis auf den heutigen Tag von den karikierenden Epitheta "der" Deutschen lebt, die vor ein, vor zwei Weltkriegen zu ihrer Ausstattung gehörten, aber heute eher in die Requisitenkammer eines Schauspielhauses passen - der Stechschritt, der Hitler-Salut, Eisernes Kreuz, Pickelhaube, Monokel, Wehrmachtsstiefel, das Hakenkreuz.

Wenn es stimmt, was der Historiker Harald Husemann geschrieben hat - daß der Karikaturist, will er wirksam sein, "mit seinem Publikum einen gemeinsamen kulturellen Hintergrund, eine gemeinsame Ikonographie aus (populärer) Mythologie, Literatur,

Kunst, Geschichte, usw. teilen muß", dann begegnet man hier einer tief in der Retrospektive verwurzelten "Ikonographie" des Deutschen, geschöpft aus den Erinnerungen an den zweimaligen Kriegsfeind und an die Emblemata, die diesem anhafteten. Von ihnen könnte man sagen, was wir von bestimmten Sternen wissen: Ihr Licht erreicht uns noch, obwohl sie selber längst schon verloschen sind.

Ihr Licht erreicht uns noch... Der Zeichner Franklin bezieht daraus in dem Massenblatt SUN einen Teil seines Kommentars zur Barings Bank-Pleite im März 1995. "Mein Gott, Fritz, du hast dich mit Nick Leeson ins Glücksspiel gestürzt", sagt das Bild mit beißender Komik, wobei die drei Wächter, in Wehrmachtsgala zwei von ihnen, wie die deutschen TV-Deppen aus " 'Allo, 'Allo!", einer beliebten britischen Weltkrieg-Zwei-Satire, dreinschauen.

Der Karikaturist Franklin läßt Nicholas Leeson über seine deutschen Wächter triumphieren

Das Stereotyp ist die vorgehaltene Hand der internationalen Beziehungen, und Schlagzeilen einer seiner treuesten Verbündeten. So gelang es 1990, im Jahr der deutschen Neuvereinigung, der SUN, mit einer gepfefferten Schlagzeile, einem Wortspiel obendrein, die deutsch-britischen Beziehungen gleichsam wie einen Skalp im Triumph vorzuführen. Freiherr von Richthofen, seinerzeit deutscher Botschafter in London, hatte der Zeitung einen Redaktionsbesuch abgestattet, um die deutschen Haltung zur Neuvereinigungsfrage zu erläutern. "THE SUN MEETS THE HUN" hieß es balkengroß am Tag danach auf der ersten Seite. Neben den Versatzstücken der Ikonographie gehören eben auch bestimmte linguistische Stereotypen zur Kenntlichmachung eines alten Feindbildes. Das Gespräch mit dem "Hunnen" wurde übrigens in gegenseitigem Respekt geführt, wie im Innern der Zeitung zu lesen stand...

An die Gurgel fahren sich beide ja nicht mehr, Deutsche und Briten, auch wenn in London im September 1992 mit Schatzkanzler Norman Lamont viele aus der Haut gefahren sind über den

BRITISCH-DEUTSCHE STEREOTYPEN

Die "Hunnen": Wie Kaiser Wilhelm II. den Deutschen zu ihrem berühmtesten Schimpfwort verhalf

Die Hunnen, asiatische Nomadenstämme, die im 4. Jahrhundert unter ihrem Anführer Attila (Etzel) Furcht und Schrecken bis nach Westeuropa trugen - wie kamen die Deutschen im 1. Weltkrieg zu diesem Etikett, das als klassisches Stereotyp der Geringschätzung bis heute durch die angelsächsische Karikatur geistert? Nun, das haben sie wohl ihrem letzten Kaiser zu verdanken, Wilhelm II. Am 27. Juli 1900 verabschiedete der Hohenzollern-Herrscher, berüchtigt für seine prahlerischen Sprüche, das deutsche Kontingent einer internationalen Streitmacht, die in Peking den fremdenfeindlichen "Boxer"-Aufstand niederwerfen sollte, unter anderem mit folgenden Worten:

"Pardon wird nicht gegeben! Gefangene werden nicht gemacht! Wer euch in die Hände fällt, sei euch verfallen! Wie vor tausend Jahren die Hunnen unter ihrem König Etzel sich einen Namen gemacht, der sie noch jetzt in Überlieferung und Märchen gewaltig erscheinen läßt, so möge der Name 'Deutscher' in China auf tausend Jahre durch euch in einer Weise bestätigt werden, daß niemals wieder ein Chinese es wagt, einen Deutschen auch nur scheel anzusehen..."

angeblichen "Verrat" der Bundesbank am britischen Pfund, das in jenem Monat, zur Abwertung gezwungen, den europäischen Währungsverbund verlassen mußte, zwei Jahre, nachdem es diesem beigetreten war. Horst Busse drückte in der "Rhein-Neckar-Zeitung" aus, was viele Union-Jack-Patrioten damals wurmte: Ihre Majestät, das britische Pfund, macht den Hofknicks vor dem übermächtigen DM-Kanzler.

Königlicher Hofknicks vor der deutschen Währung

Solche Cartoons leben von Lieblingsvorstellungen, aus denen alles weggelassen wird, was nicht ins Bild paßt - so die Tatsache, daß in dem geschilderten Jahr das deutsche Haushaltsdefizit bereits gefährliche Höhen erreicht hatte und der Standort Deutschland erste Risse zeigte. Aber geht es mit den

Klischees unserer Anschauungen nicht ähnlich? Das eben macht sie zum "Stereotyp", zum Vor-Urteil: Sie stehen fest, gemeißelt aus überkommenen Bildern, sie weichen nur ungern der sich verändernden Welt. Der amerikanische Publizist Walter Lippmann machte über dieses Phänomen in seinem 1921 publizierten Buch "Öffentliche Meinung" eine treffende Bemerkung:

"Zum größten Teil ist es nicht so, daß wir erst sehen und dann festlegen, nein, wir legen erst etwas fest und sehen dann hin. (...) Wir suchen uns aus, was unsere Kultur für uns definiert hat und neigen dazu, wahrzunehmen, was diese Kultur vorstereotypisiert."

Kenner warnen daher davor, die britischen Stereotypien vom deutschen Gegenüber allzu ernst zu nehmen. Die Briten sehen Deutschland nicht wirklich so, schreibt Lord Dahrendorf:

"Zunächst einmal lieben die Engländer alles, was Anstoß erregt und verschroben ist, und sie empfinden großes Vergnügen daran, politisch unkorrekt zu sein. Dabei sind sie sich oft nicht darüber im klaren, daß man sie im Ausland ernster nimmt, als sie die Welt jenseits des Kanals namens 'Europa' nehmen."

Und Jonathan Steinberg, ein in Cambridge lehrender amerikanischer Historiker, ergänzt:

"Die Engländer gelten in deutschen Augen (...) als grundsätzlich antideutsch. Daß sie genauso grundsätzlich antifranzösisch sind, wird in Deutschland geflissentlich übersehen."

Als im Juli 1990 Nicholas Ridley, der Handelsminister der letzten Thatcher-Regierung, eine *cause célèbre* verursachte, weil er in einem Interview mit dem "Spectator" behauptet hatte, die europäische Währungsunion sei nichts anderes als ein deutscher Plan, sich Europa zu unterwerfen, kam die bemerkenswerteste Reaktion vom deutschen Bundeskanzler selber - nämlich gar keine. Kohl wählte den britischen Weg; er ließ sich nicht provozieren, ganz nach der Empfehlung des österreichischen Satirikers Johann Nestroy: "Nicht einmal ignorieren!" Und das, obwohl die "Spectator"-Titelblatt-Karikatur von Garland den Hintergrund der Ridleyschen Breitseite unmißverständlich verdeutlicht hatte: Ein mit Hitler-Scheitel und

Bärtchen überpinseltes Konterfei Helmut Kohls, von dem der "Schmierfink" Ridley wegrennt.

Auch über das Chequers-Seminar vom März des gleichen Jahres, auf dem sich Margaret Thatcher mit einer Gruppe von Zeithistorikern getroffen hatte, um über die deutschen Nationaleigenschaften zu diskutieren (das sich vereinigende Land hatte nicht nur in London Fragen aufgeworfen) - auch über diese im Juli 1990 bekannt gewordene Kuriosität ging Helmut Kohl mit entwaffnendem Nicht-Kommentieren hinweg. Dabei hatten die Zeitungen starken Tobak kolportiert - angeblich war die Gesprächsrunde in Chequers sich über die folgenden deutschen Charakteristika einig: aggressiv, dickköpfig, herrschsüchtig, sentimental, darauf aus, geliebt zu werden, voller Minderwertigkeitskomplexe, etc.

Die Xenophobie malt sich ihre eigenen Dämonen

Der Zeichner John Kent ließ sich nicht beeindrucken, sondern drehte im "New Statesman" den Spieß um und ließ Außenminister Hurd verkünden, wer mit den genannten Eigenschaften wirklich gemeint sei...

Wenn man den Deutschen von heute nachsagt, eine unnennbare "Angst" vor der Zukunft durchziehe ihre Stimmungslage, so gehört Angst vor deutscher Hegemonie zu den ebenso hervorstechenden Merkmalen der jüngeren Karikatur-Tradition Großbritanniens. Sie spielt geschickt mit tiefsitzenden Phobien aus der Zeit von 1940, als der "Blitz" den Briten in der Tat nicht geringen Schrecken einjagte,

Margaret Thatcher und die Deutschen: Der Karikaturist Kent dreht den Spieß um

7

und transponiert sic in die heutige Welt, mit neuen/alten Vorzeichen. Diese Angst begründet offensichtlich eine jener klischeeverankerten Vorstellungen, von denen Roger Berthoud meint, sie ließen sich "noch langsamer wenden als ein Öltanker."

Nicholas Ridley taucht in vielen Verkleidungen auf...

Gefühlsausbrüche wie die Nicholas Ridleys gegenüber den vermeintlich bedrohlichen Absichten der deutschen Politik klingen wie eine Erkennungsmelodie britischer "Angst". Zu Beginn der 60er Jahre, als die deutsch-französische Annäherung Gestalt gewann und Walter Hallstein erster Präsident der Europäischen Kommission geworden war, klang der "Ridley-Ton" so:
"Es gibt eine Verschwörung des Schweigens..., die die Menschen vergessen machen will, wie der wirkliche Boß in Brüssel heißt, mit seinem ingoutablen Namen, der weder weich noch angenehm Französisch spricht, der vielmehr deutsch ist - kein anderer als Dr. Adenauers vertrauter Kumpan, Professor Walter Hallstein (...) Was Hitler im Krieg nicht gelang, will Hallstein im Frieden schaffen (...) Für Adenauer und Hallstein ist kein wirtschaftliches Opfer groß genug, wenn es auf dem Weg zu einer deutsch-kontrollierten politischen Herrschaft über Europa weiterhilft."
(Willi Frischauer am 20. Januar im "Evening Standard")

Argwohn, Angst, Mißtrauen vor einem erstarkenden Deutschland - diese Stereotpyen meldeten sich schon bald mit dem deutschen "Wirtschaftswunder" der 50er Jahre zurück. Cummings liefert mit einem Blatt vom August 1957 den Beleg. Der Hintergrund: Im August 1957 war die Bundesbank gegründet worden, als Nachfolgerin der "Bank deutscher Länder", die DM wird immer stärker, der französische Franc hat gerade eine Abwertung hinter sich, dem britischen Premierminister Harold Macmillan schwant nichts Gutes für das Pfund. Ergo: Cummings läßt die imperiale Deutsche Mark als fliegenden Panzer Richtung auf die Insel nehmen.

BRITISCH-DEUTSCHE STEREOTYPEN

1957 und 1996 - die Jahre sind fast austauschbar! Britische Euroskeptiker werden von unveränderten Vorbehalten gepeinigt, nur daß das deutsche Übergewicht heute in der Verkleidung einer gemeinsamen Währung gefürchtet wird. Mit Stereotypien ist es wie mit dem französischen Sprichwort: Je mehr die Dinge sich ändern, desto mehr bleiben sie sich gleich.

1957: Nimmt das deutsche Wirtschaftswunder bedrohlich Kurs auf Großbritannien?

Wie sehr Nicholas Ridley der Karikatur von Vicky, anno 1960, zugenickt hätte, in der US-Präsident Eisenhower einem entgeisterten Harold Macmillan die eigentliche Botschaft von Wagners "Rheingold" ins Ohr flüstert: "Die Story besagt, daß derjenige, der den Ring besitzt, auch die Welt beherrscht." Auf der Bühne sieht man Konrad Adenauer und den "Vater" des deutschen Wirtschaftswunders, Ludwig Erhard, selbstbewußt sich produzieren.

Die Politik muß, ob es ihr gefällt oder nicht, auf solche Vorprägungen des Denkens Rücksicht nehmen, sie zumindest ins Kalkül einbeziehen. Karikaturisten mögen übertreiben - aber allen Übertreibungen wohnt eine Portion belegbarer Verhaltens- und Denkweisen inne. Inseln sind Brennpunkte der Abwehr von Feinden und ungebetenen Gästen.

Der Nibelungenschatz oder wie man zum Herrscher der Welt avanciert

Seit 1066 ist Großbritannien nicht mehr von fremden Mächten besetzt worden; das macht aus einem Faktum der Geschichte und der Geographie einen nationalen Mythos. Dieser ist oft besungen - und ebensooft karikiert worden, am ätzendsten von den Inselbewohnern selber. Denn die eigene Stärke kann in einem zur Selbstironie neigenden Volk sich selber leicht zum Gespött werden. Ironie durchschaut eben alles - auch die Prämissen der eigenen Denkungsart.

Aber der Stolz der insularen Eigenständigkeit überdauert jeden Versuch, ihn lächerlich zu machen. Unverwelkt daher hat John of Gaunt, aus Shakespeares "Richard II.", die Zeiten überdauert; sein berühmtes Preislied zählt zu den Gründungstexten des britischen Selbstbewußtseins:

"Dies Volk des Segens, diese kleine Welt,
Dies Kleinod, in die Silbersee gefaßt,
Die ihr den Dienst von einer Mauer leistet,
Von einem Graben, der das Haus verteidigt
Vor weniger beglückter Länder Neid;
Der segensvolle Fleck, dies Reich, dies England..."

Es ist freilich das Pech klassischer Zitate, daß sie, in die Gegenwart gehoben, manchmal wie deplaziert wirken können... Dann enthüllen die Wörter unwillkommene Konnotationen und verraten damit, daß es einen Preis zu zahlen gibt für jeden unreflektierten Kulturtransfer in die Gegenwart. "Diese kleine Welt", "Mauer" und "Graben" - das sind nicht unbedingt mehr die Bilder, in denen die Mehrzahl der Briten sich heute gerne wiedererkennen. Schon nach dem Ersten Weltkrieg, als Großbritannien erst in seine "splendid isolation", dann ins Appeasement abzugleiten drohte, entwarf David Low mit Colonel Blimp den Typus des konservativen "Little Englander", der sich hinter seiner Insel wie hinter den eigenen Vorurteilen und Xenophobien verschanzt.

Little Englander oder die Welt Welt ist voller Ausländer

1937 läßt Low den seligen Colonel beim Blick in eine der Zeitungen des Fleet Street-Zaren Beaverbrook kommentieren: "Mein Gott, Sir, Lord Beaverbrook hat ganz recht! Dieser Völkerbund ist ein einziger Betrug. Wirklich - fast nur Ausländer."

Als der inzwischen verstorbene Nicholas Ridley 1990 gegen angebliche deutsche Hegemonialpläne und gegen Franzosen, die er als "die Pudel der Deutschen" bezeichnete (auch er ein Karikaturist sui generis!), zu Felde zog, meinten viele Ohren die vertraute Melodie dieser insularen Abwehr von Ausländern generell herauszuhören. Im "Punch" ließ Paul Thomas aus den Dämpfen des Kettenrauchers und Hobbymalers Ridley das Bild einer Chimäre von Europa aufsteigen, in dem es von unappetitlichen Nationalitäten nur so wimmelt. Aber lange davor schon hatte Carl Giles seine berühmte britische Großmutter geprägt, eine mit typischer Selbstironie gezeichnete Kultfigur, eine Verzerrung der ursprünglichen Wappenfrau Britannia, wie sie da auf dem Meereswagen und einem Stück Klippe hockt, bewehrt statt mit Dreizack mit dem Regenschirm und einem eher ängstlich dreinschauenden Straßenköter, grimmig entschlossen, niemanden und nichts an sich heranzulassen. "Britannia rules the waves" - und nimmt sich selber damit auf den Arm.

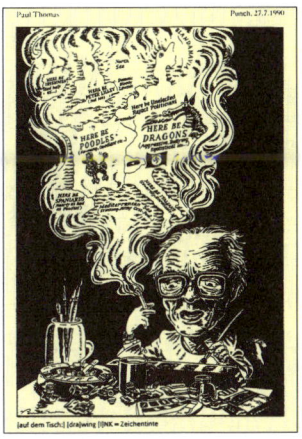

Nicholas Ridley's Pfeife läßt Geister erscheinen

Diesem mit zwinkerndem Auge dargebotenen Klischee entsprach dann Margaret Thatcher geradezu aufs Haar, zur großen Freude der Karikaturisten in aller Welt, die liebevoll oft und lange das Bild der gegen den Rest der Welt kämpfenden Maggie/Britannia zeichnen konnten, als bestünde eine Konspiration zwischen der Abgebildeten und den Abbildnern. Fritz Behrendt faßte wenige Tage vor dem Sturz der Premierministerin noch einmal zusammen, was gerade auch die Deutschen so sehr an der "Eisernen Lady" beeindruckte - und befremdete. (Siehe auch "Blickpunkt 50").

Mutter Britannia bewacht ihre Insel mit Schirm, Charme und Köter...

...während Margaret Thatcher eher zu traditionellen Waffen greift

Wer aber wird diese Maskeraden der Phantasie, die Karikatur und ihre Überzeichnungen, ernst nehmen wollen? Selbst noch die gröbsten Verzerrungen des Gegenübers, wie sie die Boulevardpresse so liebt, sind doch nur zum Lachen, oder? Jedenfalls wäre es humorlos, dies nicht zu tun. Solche Blöße möchte sich niemand geben. Edel ist, wer zu übersehen versteht, die gute Miene zum bösen Spiel gehört einfach zum Komment. Wohl aus diesem Grunde haben die britische Intelligentsia und mit ihr viele deutsche Beobachter lange Zeit über geglaubt, den antideutschen Grundtenor der britischen Massenblätter nicht besonders ernst nehmen zu müssen. Die deutsch-britischen Beziehungen galten und gelten als viel zu gut und eingespielt, um sich von Insektenstichen aus der Ruhe bringen zu lassen.

Diese Zurückhaltung aber wurde im Sommer 1996 - ein einmaliger Vorgang - aufgekündigt, und zwar von der britischen Öffentlichkeit selber. Was war geschehen? Fußballbegeisterung herrschte, "Euro '96", Fußballeuropameisterschaft, und am Mittwoch, 26. Juni, sollten England und Deutschland, eine klassische Paarung, erneut aufeinander prallen, nicht wie im Endspiel 1966 um die Fußballweltmeisterschaft, aber immerhin im Semifinale von "Euro 96", und wiederum im Wembleystadium, wo die Herzen der Fans ohnehin höher zu schlagen pflegen.

Zwei Tage vor diesem Datum, die Erwartung steigt ihrem Siedepunkt entgegen, kommt der "Daily Mirror" mit einer als Humoreske getarnten Ausgabe heraus, in der auf fünf Seiten das jingoistische Lied von "England's Glory" gesungen wird, begleitet von siegesgewissen Bildgeschichten über den Gegner, den man wie zu Kriegszeiten niederzuringen hofft. "Achtung! Surrender!" begrüßte die Titelseite den Leser, in Erwartung, daß die "Krauts", daß "Fritz" klein beigeben würde. Daneben die Spieler Pearce und Gascoigne lachend unter Helmen aus dem Ersten Weltkrieg.

Selten hat eine Presseaufführung der Fleetstreet solchen Furor der Kritik losgetreten wie diese Ausgabe des "Mirror". Selbst Premierminister John Major erhob im Unterhaus seine Stimme, um vor nationalistischen Exzessen, vor Xenophobie allgemein zu warnen. Die Briten, alles andere als amüsiert, waren am Ende ihres Humors und ihrer Langmut angekommen. Demonstrationen von Sympathie überschwemmten die deutsche Botschaft in London, von Abscheu die Leserbriefspalten der Zeitungen.

Der Vorfall wäre nicht verständlich gewesen ohne den Keil, den bereits die Wochen zuvor ablaufende BSE-Krise zwischen Großbritannien und den Kontinent geschoben hatte. Eine Fundgrube für die meisten Karikaturisten, die diesen die EU allgemein belastenden Streit um das Exportverbot für britisches Rindfleisch und Rind-Derivate als spezifische Wiederauflage deutsch-britischer Feindseligkeiten abhandelten. Wer Griffins Blatt im "Daily Express" im Mai 1996 zu sehen bekam ("Wer murmelt da ständig: 'Wie in alten Zeiten, mein Führer'?") mußte unterschwellig glauben, die Deutschen versuchten mit "Operation Bullensamen" nachzuholen, was ihnen 56 Jahre zuvor mit "Operation Seelöwe" nicht gelungen war: Die Kapitulation der Insel... Alle Prunkstücke aus der TheaterMottenkammer kommen zur Ehre, und natürlich ist der Krieg der Vater des Einfalls. Nur, daß die Details des Feindbildes heute um Brüsseler Requisiten bereichert werden.

Griffin: Wie Helmut Kohl und sein Generalstab dem Rinderwahnsinn Blockade ansagt

Ein Vergleich mit einem deutschen Blatt zum selben Thema, etwa aus der Feder des viel nachgedruckten Horst Haitzinger, ist aufschlußreich. "Ich hab's geahnt, irgendwann würden die Briten zurückschlagen!" - auch da spielt die Kriegsmetapher hinein, jedoch lediglich als urkomischer Hintergrund, womit der "Krieg" selber, um den es hier geht, wieder lächerlich gemacht wird: Kühe, an Fallschirmen in Feindesland herabgelassen...

Nun könnte man - und das ist oft geschehen - sagen: Die Deutschen haben gut zeichnen, gewissermaßen, es läßt sich den Briten ja auch kein Hakenkreuz umhängen... Deutschland hat sich in der Tat derart in Kriegen ausgetobt, daß sich heute eine rückwärtsgewandte bellizistische Metaphorik, wie in den einschlägigen Karikaturen an der Themse gang und gäbe, absolut verbietet: Sie würde Auflagen nicht steigern, sondern mit Sicherheit ruinieren.

Haitzinger: John Major läßt die verrückten Kühe auf die EU nieder

Das ist richtig, aber ganz unabhängig davon bleibt als Phänomen bestehen, daß die Masseneinschätzung Deutschlands in Großbritannien, entgegen aller Evidenz der hervorragend entwickelten Beziehungen, weiterhin von den Versatzstücken aus Krieg und Bedrohung überschattet bleibt. Könnte unausgesprochen Neid eine Rolle spielen? Könnte es damit zu tun haben, daß es „bequemer ist, mit Bildern der Vergangenheit zu leben, der moralischen Überlegenheit gegenüber Nazi-Deutschland, als mit der heutigen Wirklichkeit und der materiellen Überlegenheit der Deutschen?" (Robert Cooper)

Aber warum sich von den publizierten Abbildern leiten lassen? "Veröffentlichte" Meinung ist nicht unbedingt "öffentliche". Überhaupt: Wie viele von den Bildern, die uns leiten, sind aus eigener Anschauung gewonnen?

Wer die Zahl der Reisenden über den Kanal vergleicht, könnte meinen, die Deutschen nehmen öfter als die Briten die Gelegenheit wahr, ihre Urteile über den Partner zu überprüfen. Laut einer

MORI-Umfrage vom November 1994 (siehe auch S. 71) gaben 24 Prozent der befragten Deutschen an, im Jahr zuvor die Insel besucht zu haben; umgekehrt waren nur 6 Prozent der Briten im gleichen Zeitraum in Deutschland gewesen. Im Juni 1995 bezeichnete sich, wie die BBC (TV) hatte herausfinden lassen, noch immer jeder zweite Brite als Nicht-Europäer, und gar nur sieben Prozent sagten, sie fühlten sich "Deutschland verbunden".

Doch man soll sich angesichts dieser für die Deutschen schmeichelhaften Statistik nicht zu rasch in Sicherheit wiegen. Auch die hohe Frequenz deutscher Großbritannien-Reisen verändert noch nicht automatisch alte Urteilsklischees. Was sind das für Lernprozesse, wenn deutsche Besucher in England, in den Worten Lord Dahrendorfs, "ein riesiges Museum voll vergangener Pracht erwarten", und dann auch noch feststellen: "Die Engländer wohnen und arbeiten in ihrem Museum und lesen in der Bodleyanischen Bibliothek sogar Bücher"?

Ernster wird es, wo kritisch eingestellte Teutonen jüngsten Umfragen gemäß Großbritannien einfach für ein rückständiges Land halten, in dem es mit sozialer Gerechtigkeit, Wohlstand, mit der Wirtschaft und sogar den Grundrechten nicht besonders gut bestellt sei. Da ist viel Oberflächliches, Unverdautes über die gegenwärtige britische Verfassungsdebatte herauszuhören, und auch einiges von jener Attitüde, die den Deutschen vielerorts voraus- und nachgesagt wird: Sie wissen nicht alles, aber sie wissen alles besser...

Andererseits werden sie in vielen ihrer Ansichten von britischer Seite bestätigt, so im August 1995 auf der Königswinter-"Nachwuchskonferenz" (Young Koenigswinter) in Berlin, wo der Bundesrepublik attestiert wurde, sie sei aufgrund ihrer föderalen Länderordnung flexibler, moderner und demokratischer als der britische Zentralismus und könne der Brüsseler Bürokratie besser Widerstand leisten.

Witze über Deutsche und Briten: Exerzierfeld für nationale Stereotypen

Es ist der **"multinationale" Witz**, der **in Europa** seit langem am besten gedeiht. Die Europäer haben eben ihre eingeschliffenen Erfahrungen miteinander - man streichelt seinen Nächsten und Übernächsten und hält ihn sich gleichzeitig mit Spott vom Hals. Eher selten sind strikt bilaterale Witze anzutreffen. Im Ensemble steckt der Witz, auch über Briten und Deutsche. Manchmal gesellt sich ein Amerikaner oder gar ein Russe hinzu. Im Prozeß solchen Vergleichens bestätigen sich alle Stereotypen. Sie sind wie ein großer Binnenmarkt: ohne Grenzen - und landen immer bei sich selber.

Einige Kostproben:

Im Himmel und in der Hölle sind den Europäern bestimmte Aufgaben zugewiesen, die ihren Fähigkeiten am besten entsprechen.

Im Himmel sieht die Verteilung so aus: Der Chefkoch ist ein Franzose, die Polizeifunktion übernimmt ein Brite, der Deutsche macht den Mechaniker, der Schweizer den Organisator, der Italiener schließlich den Liebhaber.

Dagegen **in der Hölle**: der Chefkoch ist ein Brite, die Polizei übernimmt ein Deutscher, der Franzose macht den Mechaniker, der Italiener die Organisation, der Liebhaber ist ein Schweizer.

Ein neues Opus über **Elefanten** wird veröffentlicht, und zwar in verschiedenen Sprachen. Die französische Version: "Der Elefant in der Kochkunst". Die deutsche: "Kurze Naturgeschichte des Elefanten, in fünf Bänden." Die englische: "Wie man Elefanten als Haustiere hält."

Das **Exekutionskommando** tritt an: Jeder der Verurteilten hat **noch einen Wunsch** frei. Der Franzose möchte noch einmal die Marseillaise singen - und wird dann erschossen. Der Engländer bittet um eine Tasse Tee - und wird erschossen. Der Deutsche fragt, ob er einen letzten Versuch machen darf, das Gesamtkonzept

> für die europäische Sicherheit zu erläutern - der Amerikaner, ob er, bitte, vor dem Deutschen erschossen werden kann...
>
> Die Situation ist geradezu klassisch: **Zwei Männer und eine Frau auf einer einsamen Insel.** Ist die Frau Französin, heiratet sie einen der Männer und hat eine Affäre mit dem anderen. Ist sie Russin, sitzen sie alle gemeinsam am Strand und beklagen die Vergeblichkeit des Zustands des Menschen. Ist sie Engländerin, gibt es überhaupt kein Wort zwischen ihnen - sie sind ja nicht vorgestellt worden. Ist sie Deutsche, heiratet sie den einen, während der andere damit beschäftigt ist, die notwendigen Formulare und Anträge beim Standesamt auszufüllen.
>
> Wenn **das Ende der Welt** kommt, möchte ich am liebsten in England sein. Warum? Weil dort alles hundert Jahre später passiert... (Dieser Witz geht gerne auf Reisen. Die Deutschen hören ihn heute oft über sich selber und ihre Reformunlust)

Aber vor abgeschlossenen Urteilen kann dennoch nur gewarnt werden. Wie Schönheit im Auge des Betrachters, so liegt die Zukunftsfähigkeit von Briten und Deutschen oft im Auge des jeweiligen Kommentators. Die Insel sei den Deutschen inzwischen in vielen Bereichen voraus, erinnerte Anatole Kaletsky seine Zuhörer im März 1995 während der Königswinter-Konferenz - so bei der Privatisierung, bei der Deregulierung. Dem stimmte Charles Powell zu, Margaret Thatchers früherer Berater, als er in seiner Rezension des neuen Buches von Giles Radice, "The New Germans", in der "Financial Times" die mangelnde Flexibilität des deutschen Arbeitsmarktes beklagte, die ungünstigen deutschen Kostenstrukturen, oder die Langsamkeit, mit der Deutschland sich der asiatischen Herausforderung stelle.

Lauter vorletzte Worte. Im Chor der Stimmen macht sich nämlich auch ein Autor wie Will Hutton vernehmbar ("The State We're In"), der wie Radice etliche deutsche Institutionen und Management-Traditionen den Briten geradezu als Vorbild empfiehlt, darunter die Mitbestimmung, die Bausparkassen, die Facharbeiterausbildung, den Mittelstand.

Ein Hin und Her. So haben die deutschen Firmen ihrerseits die Vorzüge des Standortes Großbritannien für sich entdeckt, wie es noch bis vor wenigen Jahren undenkbar gewesen wäre. Ob BMW (Kauf von Rover), Siemens (neues Halbleiterwerk bei Newcastle), Bosch (Autozulieferungsindustrie in Südwales) oder die deutschen Großbanken, die ihre globalen Finanzgeschäfte mehr und mehr nach London verlegen: Sie alle schätzen die Insel als einen idealen Investitionsmarkt, womit sich in aller Stille eines der ältesten deutschen Stereotypen über Großbritannien - das angeblich miserable Arbeitsethos dort - erledigt hat.

Ist der Schaden, den die Vorherrschaft nationaler Stereotypen anrichtet, also gering? Das Bild schwankt. Gerade die Jugend, die noch nicht erfahrene Altersgruppe also, steht den Einflüssen permanent wiedergekäuter Vorurteile am schutzlosesten gegenüber, wie nicht verwundern kann. Unter 10 bis 16Jährigen ließ die Firma Gestetner im Juni 1996 nach Deutschlandbildern fragen, und so sah das Resultat aus (laut der Zeitung "Independent" vom 10. 6.): 78 Prozent denken, wenn sie von Deutschland hören, zuerst an den Zweiten Weltkrieg. Fast folgerichtig ist das Land, das sie am wenigsten gerne besuchen würden, Deutschland; 43 Prozent sprechen sich so aus, wobei selbst Bosnien viel besser abschneidet (nur 26 Prozent negativ). Und in der Reihenfolge der "langweiligsten Länder" steht wiederum Deutschland ganz oben, mit 57 Prozent, vor Frankreich (26 Prozent) und Italien (10 Prozent).

Man kann, ja, man muß hinzufügen, daß Inkulturation des westlichen Menschen heute vornehmlich bedeutet, zu lernen, wie man sich von den Massenmedien und ihren Prägungen befreit, emanzipiert. So muß auch die gerade zitierte Umfrage mit dem berühmten Körnchen Salz genommen werden. In den internationalen Kontext der modernen Welt wachsen wir unter gemischten Vorzeichen hinein: Die Vernetzung wird immer stärker, damit die Chancen, sich zu erweitern und zu vertiefen. Dem steht die Massenindustrie der Schlagworte und Vorurteile wiederum im Wege. Doch über den Fortschritt entscheiden letztlich die Praktiker, nicht die spin-doctors von Klischees. Ist der richtige Zeitpunkt gekommen, überwindet der Kenner alle Barrieren des Vorurteils und trifft sich mit dem Gegenüber zu einem gekonnten pas de deux - das Interesse richtet sich nicht nach Freundschaften oder deren Gegenteil, wie schon Talleyrand angemerkt hat. (Vgl. S. 157ff: Talleyrand "entschärft".)

Der Satz, wie treffend auch immer, hängt trotzdem die Fahne der deutsch-britischen Partnerschaft, die auch eine Frage hoher Kompatibilität ist, unnötig niedrig. Denn Arbeitsteilung heute bedeutet auch eine Durchdringung mit dem, was eine jede Gesellschaft am besten kann, was sie auszeichnet - sei es die Flexibilität der Briten hier, die skrupelhafte Genauigkeit der Deutschen dort, oder andere Eigenschaften, die zum Austausch einladen. (Siehe auch das Schlußkapitel.)

Tatsächlich sind Deutsche und Briten an diesem Punkt ihrer Beziehungen heute angelangt. Exzesse wie die Deutschland-Verkrampfung der britischen Regenbogenpresse im Sommer 1996 haben ja auch ihr Gutes. Zum einen macht jeder Overkill auf das Körnchen Wahrheit in ihm geradezu aufmerksam: Die Briten haben ein Problem mit Europa, zweifelsohne, und ein Teil dieses Problems heißt nun mal Deutschland, das ist ebenso zweifelsfrei, weil die junge neuvereinte Republik das Gegenbild zum souveränen Nationalstaat alter Prägung abgibt, wie ihm das Vereinigte Königreich (und nicht nur dieses) als einer nicht preiszugebenden Größe huldigt.

Zum andern folgt auf jede überschäumende Dramatik allemal die Ernüchterung, ein Stück Katharsis. So in Großbritannien im Sommer 1996, nachdem die Wogen der Anti-"Hunnen"-Affekte sich überschlagen hatten. Man greift sich an den Kopf und konzentriert sich wieder verstärkt auf das Geschäft der Zukunft. Somit könnte Monica Harper, Mitarbeiterin im Foreign Office, doch noch recht bekommen, als sie auf die Frage, was sie sich für die deutsch-britischen Beziehungen am meisten erhoffe, Ende 1993 im Gespräch mit einer deutschen Journalistin antwortete: "Weniger in die Vergangenheit und mehr nach vorn blicken."

In solchem Lichte könnten wir uns sogar wieder mit den archetypischen Übertreibungen unserer besten Karikaturisten anfreunden... Sie sagen zu viel, und doch vieles ganz richtig.

Urlaubsfreuden an spanischen Stränden: Achtung! Operation Liegestuhl!

Beispielsweise zwei inzwischen schon klassisch gewordene britische Blätter von 1987 respektive 1992, die ihre deutschen Pappenheimer mit dämonischem Humor grüßten, mokant und doch alles andere als unamüsant. Mit ihnen sei dieses Kapitel hier zum Abschluß gebracht.

Zur Erinnerung: Die vielfach dokumentierte Unart der Deutschen, sich überall unsanft vorzudrängeln, erlebte vor etlichen Jahren ungewohnte Aufmerksamkeit, als behauptet wurde, deutsche Urlauber hätten in spanischen Badeorten ihre britischen Mit-Urlauber um die besten Sonnenliegen, den sprichwörtlichen „Platz an der Sonne" betrogen - indem sie schon in aller Frühe Liegen und Liegeplätze mit ihren Handtüchern belegten. Dieser Vorfall ist inzwischen auf der Insel in die Deutschland-Folklore eingegangen. Wie viel friedlicher doch unsere Obsessionen ausfallen heute, im Vergleich zu früher!

Bernard Cookson griff 1987 in der SUN zwar die bekannten Requisiten des Nazi-Deutschen auf, um seine Pointe anzubringen, aber die Botschaft - wie unsympathisch ist doch Drängeln, wie viel unsympathischer systematisch betriebenes! - kam in aller stereotypen Verschrobenheit doch über. Das Vorurteil kleidete sich in alte Kostüme und gab eine aktuelle Positionsmeldung durch: Ich mag die Deutschen immer noch nicht, sie haben sich nicht verändert, nur, daß sie heute ihre Eroberungsgelüste auf Harmloses wie Sonnenliegen lenken...

Fünf Jahre später wird diese Stereotypisierung wieder aufgegriffen, wenn Bill Caldwell im "Daily Star" den Erwerb der traditionsreichen britischen Reisegruppe Thomas Cook durch Westdeutsche Landesbank und den deutschen Reiseveranstalter LTU zum Anlaß nimmt, die Fusion mit einigen satten Klischees zu zelebrieren.

Merkwürdig, daß wir trotzdem über solche Karikaturen lachen, obwohl wir wissen, daß sie mit der Gesellschaft, auf die sie abheben, so gut wie nichts mehr zu tun haben (von der geflissentlichen Vorsorge für Sonnenliegen vielleicht abgesehen...).

Manche deutsche Touristen mögen unbeabsichtigt dem Bild vom "häßlichen Deutschen" einige Tupfer hinzufügen, so wie - auf einem anderen Feld - das Bild vom "häßlichen Briten" durch das Auftreten von Fußball-Hooligans seinerseits nicht blasser wird. (Diese Krawallmacher hatten sich im übrigen, zur allgemeinen Überraschung, während der Fußballeuropameisterschaft "Euro '96" in England sehr rar gemacht.) Aber stechschrittgemäße Organisiertheit ist ungefähr die letzte Eigenschaft, mit der man die durch und durch emanzipierten Deutschen, permissiv, hedonistisch und demokratisch-unordentlich, wie sie nicht zuletzt unter dem Einfluß britischer Lockerungsübungen geworden sind, heute identifizieren würde. Müßte die Polizei anhand von Phantombildern, wie solche Kartikaturen sie über die Deutschen verbreiten, nach dem "Täter" fahnden, hätte sie lange zu suchen!

Aber ist, wie in den genannten beiden Zeichnungen, der Unterhaltungswert da, verzeihen wir sogar die Unschärfen. Das gilt in der Regel von allen Klischees, die es mit der vermeintlichen Eigenart der Völker zu tun haben. Die Menschen lieben sie einfach

Thomas Cook in deutscher Hand: "Wenigstens gibt es eine garantierte Sonnenliege", schreibt Caldwell

unausrottbar, wie einen abgegriffenen Witz. Nur amüsieren können müssen diese Klischees, sonst werden sie zu Karikaturen ihrer selbst. Dann trifft zu, was Heinrich Heine resümierte, nachdem er sich während eines England-Aufenthalts im Jahre 1827 selber einige seiner Vorurteile hatte abschminken müssen:

"Die alten stereotypen Charakteristiken der Völker, wie wir solche in gelehrten Kompendien und Bierschänken finden, können uns nichts mehr nutzen und nur zu trostlosen Irrtümern verleiten."
("Aus den englischen Fragmenten", 1828)

Solche in Karikaturen manchmal auch.

BRITISCH-DEUTSCHE STEREOTYPEN

Auf nach Deutschland! Thomas Cook erfindet die Gruppenreisen zum Kontinent

Daß Thomas Cook heute unter deutschem Management läuft, muß wohl einer Absicht der Geschichte entsprungen sein... Cook, geboren 1808, war der erste europäische Reiseveranstalter - und Deutschland das erste Land, wohin er die von ihm erfundenen Gruppenreisen lenkte. Die erste **"Continental Tour"** dieser Art führte die Touristen nach **Köln, Mainz, Mannheim und Heidelberg.** Es war das romantische Rheinland, das die Briten am meisten anzog; von ihm hatte schon **Lord Byron** in seinem Versepos "Childe Harold" geschwärmt. Und aus dieser Dichtung las ein gewisser Mr. Green seinen Mitreisenden laut vor, als sie gerade den Drachenfels bei Bonn passierten.

In Köln gründete "Thomas Cook and Sons" dann ihre erste ausländische Niederlassung. Kein geringerer als **Wilhelm II.** gab dem britischen Unternehmen später den Auftrag, im Jahre 1898 eine gigantische kaiserliche Expedition nach **Jerusalem** zu organisieren. Die Tour wurde zu einem großen Plus für Cooks Geschäfte - zu einem großen Minus dagegen für die deutsch-britischen Beziehungen, da London die deutschen Aktivitäten im Nahen Osten mit steigendem Argwohn verfolgte.

Thomas Cook, lächelnder Reise-Riese, gibt sein Haus in deutsche Hände

Culture - Kultur:
Deutsch-britische Befruchtungen

Pop, Gesellschaft, Literatur, Wissenschaft, Bildung, Musik

1. *"Yeah, yeah, yeah!"*

Am 23. August 1963 erlebte Großbritannien eine musikalische Revolution, die rasch von der Insel auf die ganze Welt übersprang und dabei Deutschland wohl mit am nachhaltigsten zu verändern half. Aus der musikalischen sollte eine kulturelle Revolution werden, eine Zäsur, die tief in das Lebensgefühl der Moderne einschnitt. An diesem Tag kam die vierte Single-Platte der Beatles in die britischen Schallplattenläden. "She Loves You" verkaufte innerhalb der ersten vier Wochen eine Million Exemplare, ein bis dahin unvorstellbarer Rekord der Massenwirkung von populärer Musik.

Die Beatles hatten sich schon in den Monaten zuvor in die Herzen ihrer Fans gespielt, aber "She Loves You" wurde zum Ohrwurm aller Ohrwürmer, unterstützt von den drei hämmernden Wörtchen, die ihm folgten: "yeah, yeah, yeah!" Die Epoche hatte ihr Paßwort erhalten, ihr neues Credo - das Ja-Wort zur kulturellen Entgrenzung schlechthin.

Deutschland, Wiege einer anderen Weltkultur, der klassischen Musik, die etwa 200 Jahre zuvor ihren Siegeszug angetreten und mit Händel, Beethoven, Mendelssohn und Brahms auch die britische Insel in den Bann geschlagen hatte - Deutschland wurde nun seinerseits überspült von einer Kulturwelle ganz anderer Art: Kultur ohne "K", mit kleinem "c". Es war wie der Einstieg in ein neues Lebensgefühl.

blickpunkt 5

Ein Politiker machte die Beatles möglich, und ...

Wir reden so viel von der Pop-Kultur und ihrem Einfluß auch in Deutschland. Aber wem eigentlich verdankten die Beatles ihren Durchbruch und damit die Möglichkeit, weltweit zu wirken? Dem britischen Schatzkanzler **Selwyn Lloyd**, natürlich... Lloyd, Kabinettsmitglied in der damaligen Macmillan-Regierung, bis 1959 Außenminister, hatte 1960 eine wichtige Neuerung durchgesetzt: Die Abzahlungsgesetzgebung - das Kaufen auf Raten. Plötzlich konnte sich die musikalisch besessene "Szene", etwa an der Merseyside in Liverpool, die teuersten, modernsten, für neue Klangeffekte ausgelegten Gitarren und Schlagzeugausrüstungen leisten, von denen man früher nicht einmal zu träumen gewagt hatte.

Vorbei der billige Skiffle-Stil mit seinem Standardsound - eine kleine Anzahlung, und man war auf gleicher Wettbewerbshöhe mit Elvis Presley. Mit dieser unscheinbaren, aber bahnbrechenden Weichenstellung durch die Politik verwandelte sich die musikalische Pop-Landschaft Großbritanniens über Nacht in eine Alchemie für künftige Durchbrüche.

... in Hamburg liefen sie sich für ihren Welterfolg warm

Und dann kam Hamburg... - die "Inkubationszeit" für die Beatles. In diversen Clubs und Beatkellern an oder in der Nähe der Reeperbahn spielten sie zu Gast: Im **"Indra"**, **"Kaiserkeller"** und **"Top Ten"** von Mitte August bis Mitte Oktober 1960 und von April bis Juni 1961; im bekannteren **"Star-Club"** von Mitte April 1962 an für sieben Wochen, und zum letzten Mal dort vom 18. bis 31. Dezember 1962. Auch wenn nur das gängige Repertoire gefragt war, so bedeutete Hamburg für die Gruppe doch einen wertvollen Test ihrer Ausdauer, ihres Zusammenspiels, ihrer Wirkung auf das Publikum. Dazu **George Harrison**, 1969, in einem Interview:

"Für mich ist es ganz sicher, daß wir unseren Höhepunkt als Live-Band in Hamburg erreicht hatten. Da wir noch nicht berühmt waren, wurden die Leute ganz von unserer Musik angezogen oder von der wie immer gearteten Stimmung, die wir verbreiteten. (...) Und wir mußten als Band schon sehr gut sein, um jeden Abend acht Stunden spielen zu können. (...) Als Gruppe rückten wir sehr eng zusammen in Hamburg."

CULTURE - KULTUR

> Während des zweiten Aufenthalts, 1961, wurde wie beiläufig **die "Pilz"-Frisur** erfunden, die die Photographin Astrid Kirchherr, Verlobte des damals noch zur Band gehörenden Stuart Sutcliffe, ihrem Freund spielerisch verpaßt hatte. Ende Juni 1961, **noch in Deutschland,** brachte die Gruppe auch **ihre erste Schallplatte** heraus (mit "My Bonnie" und "When the Saints Go Marching In") - jene Aufnahme, die der Liverpooler Musikladeninhaber **Brian Epstein** im **Oktober 1961** einem Kunden auf Anfrage nicht liefern konnte - was ihn sehr ärgerte, so daß er sich selber auf den Weg zu der im **"Cavern Club"** spielenden Band machte. Er wurde dann ihr erster Manager...
>
> 35 Jahre später geht für den 26jährigen gelernten Speditionskaufmann **Volker Schuster** aus Hamburg, der sich auch an Schlagzeug, Gitarre und Klavier auskennt, ein Lebenstraum in Erfüllung: Unter 3000 Musikern, die sich weltweit beworben hatten, ist er zusammen mit 52 anderen Nachwuchskünstlern für ein dreijähriges Studium an dem von **Paul McCartney** gegründten **"Liverpool Institute for the Performing Arts"** (LIPA) ausgewählt worden. Der Hamburger Kreis schließt sich, die Pop-Geschichte begegnet sich selber - 1996 grüßt 1961.

Mit den alliierten Befreiern, die als Besatzer kamen und rasch zu Freunden wurden, war im Westen Deutschlands nach 1945 der Anschluß an die demokratische Moderne gelungen - mit der Pop-Musik und dem Eindringen der englischen Sprache erreichte die Internationalisierung des Landes ihre nächste Ebene: Den 'way of life', wie man es bald, ohne den Versuch einer Übersetzung, nannte.

Es hatte vorbereitende Etappen dieser Revolution gegeben. Der Rock 'n' Roll, Elvis, Bill Hailey - das war die amerikanische Befreiungswelle der 50er Jahre, begierig aufgenommen, doch begrenzt noch auf einen vergleichsweise kleinen Teil der jüngeren Generation. Bald sollten englische Sänger hinzukommen, Helen Shapiro, Cliff Richard - und mit ihnen die Hitparade, das magische Barometer des Erfolges, jene Liste, die man kennen mußte, um mitsprechen zu können.

Chris Howland, der vom Soldatensender "British Forces Network" (BFN) herkam, präsentierte sich aus dem Kölner Studio des Nordwestdeutschen Rundfunk als gewiefter erster Radio-Disc

Jockey - ein weiterer Begriff der Pop-Kultur hatte seine deutsche Premiere. Howland machte aus Witz und der englischen Aussprache des Deutschen sein Markenzeichen - mit "Ihr alter Freund Heinrich Pumpernickel" pflegte er sich jedesmal von seinem entzückten Publikum zu verabschieden.

Pumpernickel? Das klingt doch irgendwie vertraut...

*Ja, für literarische Kenner schon, aber Chris Howlands Zuhörer lachten einfach über dieses urdeutsche, urkomische Wort aus englischem Mund, mit **William Makepeace Thackeray** hatten sie dagegen nichts im Sinn - die Anspielung war zu "insidig" (wie eine spätere Generation, die nur noch mit englischen Brocken um sich warf, gesagt haben würde). Der Hintergrund: Im 63. Kapitel seines Romans **"Jahrmarkt der Eitelkeiten"** (1847/48) läßt der große viktorianische Romancier den Troß seiner Charaktere im **Herzogtum Pumpernickel** landen, einem typischen deutschen Kleinfürstentum der Zeit, das Thackeray nach Herzenslust verspottet. Sein **Vorbild war Weimar,** das der Autor 1831 besucht hatte, Abstecher bei Goethe inklusive.- Sollte - um auf Chris Howland zurückzukommen - der deutsche Föderalismus der Nachkriegszeit mit diesem Spottbild alter deutscher Kleinstaaterei verglichen werden? Nein, dem Disc Jockey lagen politische Kommentare fern, er fühlte sich viel zu wohl in der kleinen deutschen Bundeswelt, die er mit dem alten Satirewort auf der Zunge in die Moderne statt durch den Kakao ziehen wollte.*

Eine Frühzeit wie eine Idylle. Sie zerbarst mit dem phänomenalen Erfolg der Beatles. Dies war mehr als nur Spezialitäten-Unterhaltung für einen Teil der Gesellschaft - im "Yeah, yeah, yeah!" der Beatles fand die Jugend der Bundesrepublik so etwas wie den rhythmischen Erkennungsschrei ihrer Generation. Elvis hatte die Tanzdielen unter Strom gesetzt - die Beatles verdrehten die Köpfe und das Fühlen. Wo der Rock zum Abschied vom traditionellen deutschen Alltag eingeladen hatte, veränderten die Beatles den Lebensstil selber. Die 60er Jahre klopften stürmisch an die Tür.

Mit den Musik-Gruppen, die im Gefolge der Gründerband aus Liverpool aus dem Boden schossen (darunter die "Rolling Stones", die 1964 zum erstenmal Furore machten), geriet *Swinging London* allmählich unter Volldampf. Die King's Road und die Carnaby Street waren nicht mehr weit, mit "Blow up", in dem der Brite David Hemmings und die deutsche langbeinige Gräfin Veruschka Hauptrollen spielten, war 1965 der Kultfilm der Epoche geboren, die British Motor Corporation machte 1959 mit dem "Mini" das Rennen, Mary Quant mit dem Mini-Rock, Twiggy, das Mannequin, mit dem Mini-Busen...

Britisches Entertainment, britische Lässigkeit in Kleidung und Körperhaltung, im Umgang mit Lebensfragen überhaupt, vor allem im Bereich der Sexualität, wurden zum Kompaß für eine ganze Generation. Man sagte Mini, und meinte Maxi - ein Maximum an Permissivität und individueller Verwirklichung. Die deutsche 68er Jugend-Revolte bezog aus dieser britischen Quelle, neben dem politischen Protest aus den USA, eine wichtige sozio-kulturelle Inspiration: Von jenseits des Atlantik die *sit-ins*, *walk-ins* und *love-ins*, von jenseits des Kanals die *permissive society*.

Aufwärmen für den Welterfolg: Die Beatles in Hamburg, 1960/61

A. S. Neill: Ein Schotte, der die Briten kalt ließ, aber die Deutschen anzündete

Zur deutschen "68er-Revolution" gehört auch, was ein Jahr später mit Hilfe eines einzigen aus dem Englischen übertragenen Buches in die damalige Bundesrepublik herüberschwappte: **A. S. Neill: "theorie und praxis der anti-autoritären erziehung / das beispiel summerhill".** *Schon die Kleinschreibung war ein Programm. Es war Dezember 1969 und das heraufziehende Jahrzehnt der Bundesrepublik hatte sein Modewort erhalten - man kann auch sagen: Seinen Marschbefehl. Das Konzept* **"anti-autoritär"** *stellte die überkommenen Ansichten zur Erziehung, zur Schule, zu Kindern ebenso gründlich auf den Kopf wie das zuvor die Studentenrevolte mit den Tradit*o*nen des deutschen Universitätssystem getan hatte. Die Gründlichkeit freilich, mit der die Deutschen die Schlußfolgerungen dieser Theorien zeitweise aufsogen, sollte der Generation, die damals heranwuchs, später noch zu schaffen machen.*

Summerhill, das ist auch das faszinierende Beispiel für die **Unterschiede im deutsch-britischen Kulturgefälle.** *Das Buch, ja das Internat Summerhill selber, bei Leiston in der Grafschaft Suffolk gelegen, 150 km nordöstlich von London - es war* **auf der Insel so gut wie unbekannt** *geblieben, so wie der Schulgründer, der Schotte Alexander Sutherland Neill (1883-1973), der seit 1921 in Summerhill seine zum Teil extremen Ideen an Problemkindern hatte erproben dürfen. Die Briten geben jedem Abweichler seine Chance - ihrer eigenen kritischen Distanz aber auch. Sie sind anti-autoritär, ohne dabei auf Disziplin zu verzichten (was Neill propagierte). Der Schotte machte jedenfalls in Großbritannien keine Jünger. Folgerichtig erschien die englische Erstausgabe von* **"Summerhill - A Radical Approach To Child Rearing"** *daher nicht auf der Insel, sondern in den USA **(1960).***

*Aber auch die deutsche Kulturlandschaft verhielt sich dem Buch und seinem Sprengsatz gegenüber lange Zeit hindurch reglos. 1960 - das kam zehn Jahre zu früh für jenes Zeitgeistklima, das später in Deutschland zur Zündung mit Neills Ideen führen sollte. Auch **1965**, als der Münchner Szczesny Verlag* **die deutsche Ausgabe** *herausbrachte, in Leinen und mit dem steifen Titel* **"Erziehung in Summerhill - Das revolutionäre Beispiel einer freien Schule"**, *war die Stunde noch nicht günstig: Kein Ausschlag auf der Erregtheitsskala. Erst als der Rowohlt-Verlag die liegengebliebene Auflage aufkaufte und den Band mit neuem*

> programmatischen Titel **Ende 1969 als Taschenbuch** auf den Markt warf, war
> **die Sensation** da, und mit ihr die Wirkung. Die Theorie der totalen Befreiung von
> allen pädagogischen Fesseln war offenbar das noch fehlende Teil im großen
> Emanzipationspanorama der 60er Jahre - nach den Beatles, nach Swinging
> London, den Anti-Vietnam-Protesten, der Studentenrevolte, der sexuellen Befreiung.
> Das Ensemble der permissiven Gesellschaft war perfekt. Nur hatte England dieses
> letzte Kapitel an sich vorbeiziehen lassen - und sich damit manche Probleme
> erspart.

2. Englisch und Deutsch: Der ungleiche Wettbewerb

Ironie der geistigen Wanderungen: 'Passé' sagte man bis 1963 vielleicht noch, wenn man etwas als vergangen, verweht bezeichnen wollte, etwas, worauf es nicht mehr ankam. Aber das, was von nun an zählte, das neue Gültige, das erhielt einen englischen Namen: 'In', nichts weiter, diese zwei Buchstaben, die Modevokabel der Epoche. Sie ist seitdem auch aus der deutschen Alltagssprache nicht mehr wegzudenken. (Mit dem, was *in* zu sein hat und was nicht, fand später die *political correctness* ein reiches Feld für ihre Betätigung).

Passé und *in*: Mit diesem Wortpaar läßt sich auch der wachsende Abstand zwischen den beiden einst führenden europäischen Kultursprachen markieren. Noch am Ende des 18. Jahrhunderts befand der Begründer der deutschen idealistischen Philosophie, Immanuel Kant, in dem Essay "Der Charakter des Volks": *"Französisch ist die allgemeine Konversationssprache vornehmlich der weiblichen feinen Welt, aber Englisch ist die ausgebreitetste Handelssprache der kommerzierenden Welt."*

Das war, wie gesagt, vor 200 Jahren. Inzwischen hat sich die "kommerzierende" Welt des Herrn Kant in die kommerzielle und elektronisch kommunizierende Ubiquität des globalen Dorfes verwandelt, und damit wurde auch die internationale "Konversation"- nicht nur in der "weiblichen feinen Welt" -

weitgehend dem Französischen aus der Hand genommen und dem Englischen an die Hand gegeben. Selbst passé ist heute "passé" - ersetzt durch 'out'. So wie inzwischen niemand mehr vom 'Mannequin' spricht. Man sagt einfach 'Model', nichts anderes.

Das alles scheint die Deutschen in ihrer Mehrheit kalt zu lassen. Anders als in Frankreich, wo das Vordringen der englischen Sprache und Begriffswelt als Bedrohung des eigenen Kulturprimats angesehen wird (ohne daß ersichtlich würde, welches Mittel es gegen diesen Virus gäbe...), haben die Deutschen mit dieser Entwicklung längst ihren Frieden geschlossen, von einigen besorgten Stimmen abgesehen. Ja, sie haben sich ihr weiter als andere Völker und Gesellschaften - und das irreversibel, wie es scheint - geöffnet.

> **blickpunkt 8**
>
> **Deutschland geht gerne mit ausländischen Moden...**
>
> *Am 16. Oktober 1995, auf einer Jubiläumstagung der "Deutsch-französischen Gesellschaft für übernationale Zusammenarbeit" im südwestdeutschen Offenburg, monierte der in Deutschland und Frankreich heimische Historiker und Politologe* **Joseph Rovan***, daß der deutsch-französische Kulturgipfel von 1986, auf dem unter anderem ein intensiver Sprachaustausch zwischen beiden Ländern beschlossen worden war, fast ohne Folgen geblieben sei. Er rügte:*
>
> *"Wenn es so weitergeht, werden wir die deutsch-französischen Beziehungen bald auf englisch führen müssen."*
>
> *Das deutsche Schielen nach ausländischen Tonangebern hatte schon* **Goethe** *konstatiert, am 10. Januar 1825 gegenüber seinem "Boswell", Johann Peter Eckermann:*
>
> *"Es liegt in der deutschen Natur, alles Ausländische in seiner Art zu würdigen und sich fremder Eigentümlichkeit zu bequemen."*
>
> *Das sieht 170 Jahre später ein britischer Kenner der Deutschen noch weit kritischer.* **Stuart Pigott,** *35 Jahre jung und Weinkenner par excellence - er ist Verfasser des Standardwerks "Die großen deutschen Rieslingweine" - meinte in einem Interview auf die Frage, warum die Deutschen ihre feinsten eigenen Weine nicht trinken:*
>
> *"Viele wissen nicht, daß es die gibt. Oder wenn sie es ahnen, interessieren sie sich nicht dafür, weil Vorurteile und die Tendenz, das eigene als bieder und*

zweitrangig zu betrachten, diese Menschen blockieren." (Frankurter Allgemeine Zeitung, 10. 11.95)

Dazu **Immanuel Kant** in dem bereits zitierten Essay, lapidar: "Der Deutsche (...) hat keinen Nationalstolz."

... was manche brave Bürger mehr als erbost

Diese Vergiftung mit englischer Sprache muß daher aufhören, schwor sich ein Rentner aus Nürnberg und drohte, die Produkte eines deutschen Süßwarenherstellers seinerseits zu vergiften, wenn dieser in der Eigenwerbung nicht aufhöre, beispielsweise das Wort **"kids"** zu verwenden. Drohbriefe schickte er übrigens auch an einen Kaffeefabrikanten, der **"Night and Day"** in seiner Produkt-Reklame verwendet, und an eine Brauerei, die sich in seinen Augen mit **"Light Bier"** schuldig gemacht hatte...

Vor den Richtern fand diese Art, mit Empörung fertigzuwerden, keine Gnade, und sie verurteilten den alten Herrn wegen angedrohten Mordes zu fünf Jahren Gefängnis auf Bewährung.

Schon am Beginn der Imitationsgeschichte der Beatles wurde dies ersichtlich. Eine der ersten deutschen Bands im Beatle-Sound, die "Lords", gewannen im legendären Hamburger "Star-Club" 1964 bei einem Wettbewerb unter dem Motto "Wer spielt wie die Beatles"? den ersten Preis: Einen Plattenvertrag. Ihre erste *Single* nahmen sie noch in deutsch auf. Es wurde ein Reinfall (heute würde man sagen: "Ein *flop*"). Erst als sie auf Englisch umsattelten, gelang ihnen 1965 mit "Shakin' All Over" ihr erster Sprung in die *Hitparade*.

Die englische Sprache scheint konkurrenzlos zu sein in allen jenen Bereichen der Kommunikation, wo es auf Griffigkeit und Kürze des Ausdrucks ankommt: Im Sport, in der Finanzwelt, in der Computer-Sprache, in der Unterhaltungsindustrie, in der Freizeit-Kultur, in der Luftfahrt. Kurz - im modernen Leben überhaupt. Andererseits hat noch kein moderner Heinrich Heine versucht, auch auf Deutsch prägnante und anschauliche Formeln zu finden, die in der Informationsrevolution von heute ihren Platz behaupten könnten.

Das Feld wird dem Englischen umso bereitwilliger geräumt, als *alle* Welt inzwischen dieses Medium als die neue "lingua franca", die neue Universalsprache adoptiert hat. Nimmt man hinzu, daß Deutschland zu den führenden Handelsnationen der Welt gehört und schon immer auch einen intensiven Kultur- Ex- und -Import gepflegt hat, so ist die Stellung, die das Englische inzwischen im deutschen Leben erreicht hat, eine plausible Begleiterscheinung der Psychologie seines Gastlandes.

Der darin zum Ausdruck kommende Hang zur Internationalisierung der eigenen Lebensart ist gleichzeitig ein deutliches Votum gegen alles nur-Nationale, von dem die Deutschen sich nach den Erfahrungen dieses Jahrhunderts vollständig abgewendet haben. Das erklärt sich, notabene, nicht nur aus dem politischen Scheitern des nationalen Weges, sondern stellt zugleich einen Rückgriff auf alte Verhaltensweisen dar, die in diesem Land mit seiner dezentralisierten Geschichte längst angelegt waren, ehe es, 1870 verspätet geeint, in die Irre ging.

Auch hier ist uns wieder einmal Goethe, der tiefer als andere seine Landsleute durchschaut hat, der beste Zeuge. In den zusammen mit Friedrich von Schiller verfaßten "Xenien", einer Sammlung witziger Distichen, heißt es, unter dem Titel "Deutscher Nationalcharakter":

"Zur Nation euch zu bilden, ihr hofft es, Deutsche, vergebens; Bildet, ihr könntet es, dafür freier zu Menschen euch aus."

Die Gründerväter der deutschen Klassik: Goethe und Schiller in Weimar

Der britische Besucher im Deutschland von heute kann nur staunen: Überall blickt ihn seine Sprache an, von Plakatwänden oder aus Zeitungsanzeigen, in Überschriften der Presse und im Jargon der Radiomoderatoren. "Sind die Deutschen dabei, das Englische als offizielle zweite Sprache einzuführen?", mag er sich fragen. Ganz so weit ist es zwar noch nicht, aber eine gewisse Lust zur gründlichen Anglisierung der Alltagssprache ist unter den Deutschen unverkennbar.

Die Schwierigkeiten der deutschen Sprache - vorgeprägt im Stil des Denkens?

Daß die Neigung der Deutschen zu abstraktem Denken mit den komplexen Eigenschaften ihrer Sprache korrespondiert (und vice versa), ist vielfach beobachtet und kritisch kommentiert worden. Einige Beispiele:

"Ein Franzose weiß immer etwas zu sagen, selbst wenn er gar keine Ideen hat; ein Deutscher hat immer mehr Ideen im Kopf als er auszudrücken weiß."
(**Madame de Staël**, 1803)

"Den Deutschen ist im Ganzen die philosophische Spekulation hinderlich, die in ihren Stil oft ein unsinnliches, unfaßliches, breites und aufdröselndes Wesen hineinbringt. Je näher sie sich gewissen philosophischen Schulen hingeben, desto schlechter schreiben sie. (...) So ist Schillers Stil am prächtigsten und wirksamsten, sobald er nicht philosophiert."
(**Goethe**, Gespräche mit Eckermann, 14. April 1824)

Doch gerade die philosophischen Ausdrucksmöglichkeiten der deutschen Sprache waren es, die einen Deutschland-Fan wie **Samuel T. Coleridge**, *einen Zeitgenossen Goethes und der deutschen Romantik, in ihren Bann schlugen. Coleridge stellte sogar Überlegungen an, wie sich die deutschen Vorsilben "ver-" und "zer-" ins Englische einbauen ließen:*

"Why not verboil, zerboil; verrend, zerrend? I should like the words verflossen, zerflossen, to be naturalised:

> And as I look
> Now feels my soul creative throes,
> And now all joy, all sense zerflows."

Am heftigsten geklagt über die deutsche Syntax hat **Mark Twain**, *in seinem amüsanten Essay "The Awful German Language":*

"Ein durchschnittlicher Satz in einer deutschen Zeitung ist eine sublime und beeindruckende Kuriosität"...

CULTURE - KULTUR

> *... schreibt er am Anfang seiner berühmten Abrechnung, ehe er, in komikhafter Imitation eines deutschen Satzes mit Endlos-Syntax, die späte Verwendung des Verbums als die unverzeihlichste aller Kuriositäten der deutschen Sprache vorführt.*
>
> *Das Elend mit der Satzstellung des deutschen Verbs spielt auch eine Rolle in folgender Anekdote, die **Gordon A. Craig**, der Doyen der amerikanischen Deutschland-Historiker, in seinem Buch "The Germans" (1982) erzählt:*
>
> *"In den Tagen, als Bismarck der größe Politiker in Europa war, kam eine amerikanische Besucherin, die unbedingt den Reichskanzler sprechen hören wollte, nach Berlin, erwarb zwei Karten für die Besucher-Galerie im Reichstag und heuerte einen Dolmetscher an, sie dorthin zu begleiten. Sie hatte Glück: Es ging gerade um die Sozialgesetze und Bismarck war im Begriff, sich in die Debatte einzuschalten. Gebannt drückte sich die Besucherin an ihren Dolmetscher, um ja keines seiner Worte zu verpassen. Aber obwohl Bismarck sich mit beträchtlichem Einsatz und sehr ausführlich zu Wort meldete, blieben die Lippen des Dolmetschers lange verschlossen, und das Drängen der armen Besucherin ungehört. Schließlich wurde es dieser zu bunt, und sie platzte heraus: "Was sagt er denn nun?" "Geduld, Madam", entgegnete der Dolmetscher, "ich warte noch auf das Verbum".*

Thanks Bill, together we're opening a new window, begrüßte die Deutsche Telekom die Einführung von "Windows 95" in Deutschland. *Spirited by nature, cowboy by choice,* lautete der *Slogan (Slogan?* Schon wieder dieses Englisch!) einer Zigarettenreklame, die im November 1995 von den deutschen Plakatwänden leuchtete, nebst dem entsprechenden *Action*-Bild. (Wobei der deutsche Brite, anders als der britische Brite, bei *action* das "t" mitspricht, so wie er darauf besteht, eine TV-*live*-Sendung wie *life* auszusprechen. Abweichung muß sein, die Deutschen sind keine Konformisten mehr...)

Ein ausländischer Kommunikationskonzern lockt mit "Auch sie können den *Turnaround* schaffen" (dazu das Photo eines Riesentankers in stiller See), eine einheimische Bekleidungskette mit dem Photo eines weiblichen Modells und dem diskreten Wortspiel

Your Sixth Sense. Damit nicht genug, lobt eine überregionale Tageszeitung streifenanzeigengroß ihren eigenen Finanz-*Service* (Service - ein rein deutsches Wort inzwischen, wer wüßte das nicht) mit dem Satz "Das Neueste über *Swaps* und *Warrants* schon vor dem Frühstück!", was offensichtlich für *in*-Leser gesteigerte Frühstücksfreuden garantieren soll. Vorausgesetzt natürlich, daß der oder die Betreffende keine *cash flow*-Probleme hat.

Have fun! rufen sich die Deutschen heute schon so oft zu, daß es eigentlich nicht mehr lange dauern kann, bis auch das letzte griesgrämige Gesicht aus dem Alltag des Landes verschwunden ist. Dieses abgehobene Lebensgefühl ist einer Bankenkette inzwischen sogar ein *Insider*-Wortspiel wert, zum Anlocken von jugendlichen Kunden, und so liest man unter dem Bild eines ausgelassen am Strand tobenden jungen Paares: *Let's Have Fonds* - Aktienfonds müssen her, und auf Englisch scheinen sie offenbar mehr Rendite zu versprechen. Wirklich, man sollte einer Sprache, die in Deutschland Lebensfreude und Gewinn verspricht, einen Animationspreis verleihen!

Die Attraktivität der englischen Sprache unter den Teutonen geht übrigens so weit, daß diese bereits gänzlich neue englische Vokabeln erfinden und sich einverleiben - zum Beispiel den allgegenwärtigen "Handy", von dem kein Brite, der sein deutsches Englisch nicht kennt, je gehört hat, begnügt er sich doch weiterhin mit dem viel längeren *mobile telephone*, der Arme. (Siehe auch "Blickpunkt" 11)

blickpunkt 10

**Der letzte Schrei auf deutschen Autobahnen:
Einsilbige englische Verben!**

Den Meisterschuß, was die Komplett-Anglisierung angeht, tat im Frühjahr 1995 der Autokonzern BMW, der seine neue Baureihe in vier Plakat- und Werbewellen über das Land schäumen ließ. Aber man hätte - das war der Witz dabei - zunächst nicht vermutet, daß es sich um ein Auto handelt: Es dominierten Sportszenen mit jungen, dynamischen Typen im Vordergrund, bewegte Land- und Seeschaften suggerierten zusätzlich Energie. Hier die Plakatfolge, auf der jeweils kurze einsilbige englische Verben in Großbuchstaben den Ton angaben:

1. *ROW, PUMP, PUSH, GLIDE, RUN, SWEAT, KICK, SWIM,*
   (Bild: Jogger im Wald, aus Lichtung kommend).
2. *BIKE, SWEAT, RUN, SPRINT, SURF, DIVE, CLIMB,*
   (Bild: Radsportler vor Wasserfall).
3. *CAMP, RACE, SKI, SPRINT, SKATE, JOG, RUSH, GLIDE,*
   (Bild: Bergszenerie mit See, ein Zelt am Ufer).
4. *SAIL, PRESS, SKATE, JOG, FLY, SPRINT, MOVE, WIN,*
   (Bild: Nahaufnahme von Bord einer Segeljacht).

Erst mit dem letzten Bild-Motiv wurde das Geheimnis dieser Aufführung gelüftet: Meeresstrand, davor das verlockende Modell, zum Einsteigen bereit. Gleichzeitig kommt das entscheidende operative Verb hinzu, und die Wörterreihe wird zum erstenmal mit einem Punkt abgeschlossen:

5. *SERVE, RUN, CLIMB, RIDE, PUSH, SWIM, JOG, SKATE, DRIVE.*

Das Unternehmen zielte mit dieser Kampagne, nach eigener Aussage, auf Käuferschichten mit höheren Einkommen, die sich als dynamisch, aktiv, weltläufig, sportlich - und intelligent begreifen. Letzteren sollte mit den bewußt einsilbig gewählten englischen Wach-Auf-Verben geschmeichelt werden.

Eine bestimmte Konsumentengruppe ist offenbar mit langen deutschen Wörtern nicht mehr anzusprechen. Englisch macht Laune - und läuft schnell. Solche

CULTURE - KULTUR

> *Anzeigenserien sind eine Fundgrube für Studenten vergleichender Synergie. Hier wird ja nicht nur Sympathie für das Produkt und seine implizierten Eigenschaften verbreitet, sondern auch für die verwendete Fremdsprache - sie ist Teil der gar nicht so unterschwellig angepriesenen Gütemerkmale. Somit hört sie auf, "fremd" zu sein. Bei gelungener Werbung stützt sich eben jeder und alles gegenseitig.*

Natürlich wird Englisch verwendet, um zu demonstrieren, daß man in ist, daß man sich auskennt im globalen Palaver. Daher darf kein Leser überrascht sein, in einer Wochenzeitung, die sich als *trendsetter* versteht, Überschriften zu begegnen wie "Wohlstand *light*" (die Rede ist von Einschnitten im Sozialstaat), oder "Opposition *as usual*" (es geht um die Krise einer deutschen Oppositionspartei). Überrascht sein wäre geradezu verräterisch: Man würde sich damit ja selber *outen*, nicht *in* zu sein! Ach, das Englische ist wie der deutsche Personalausweis - immer muß es vorgezeigt werden.

Auf diese Weise aber hat es inzwischen fast aufgehört, eine Fremdsprache zu sein - eine neue Variante von Inkulturation. Die Sprache der Briten gewinnt unter Deutschen an *momentum*, an *drive*; ihre ökonomische Handlichkeit macht sie unwiderstehlich. Mit der Bahn*card* fährt man eben 50 Prozent billiger, und im guten *Team*geist geht es den anglo-deutschen Beziehungen sofort preisgünstiger, das sagt einem doch schon der *common sense!* Beide Länder haben ja auch lange genug darum *gefightet* (sorry, schon wieder dieses unaussprechliche "w"-Wort, wie in der Satire-Serie "Fawlty Towers", w für war...). Das ist jetzt ein für allemal *gecancelt*, heute muß das Ganze nur richtig *gemanagt*, der Gegenüber regelmäßig *abgecheckt* werden, damit wir uns auch weiterhin gut verstehen. Und wenn mal wieder eine Politur fällig ist - ganz *cool* bleiben! Wir fahren einfach zum *COSY WASCH* nach Bonn, mit seiner multi-kulturellen Schreibweise, und dann strahlt es wieder, das anglo-deutsche *Image*. Ist ja auch nicht schlecht fürs *business*, wie man weiß.

blickpunkt 11

Achtung: Wo jeder glaubt, Englisch zu können, gehört Falschsingen zum guten Ton... Eine Blütenlese

- Schon mit **Händel** begannen die Lässigkeiten... Er zeichnete auch seine deutsch geschriebenen Briefe immer in der englischen Schreibweise seiner Vornamen, hatte aber ein Problem mit dem mittleren, der bei ihm ständig als **Frideric** (sic!) auftauchte, statt Frederick.

- 1992 verlor die Musikgruppe "Die angefahrenen Schulkinder" vor dem Oberlandesgericht Karlsruhe eine Schadensersatzklage gegen Steffi Graf; die Band hatte einen ihrer Songs mit "I want to make love **with** Steffi Graf" betitelt. Strafe: 60 000,- DM. (Bedenkt man, daß wegen des falschen Gebrauchs der Präposition die Tenniskönigin buchstäblich nicht tangiert wurde, muß dieser Urteilsspruch strenggenommen als Justizirrtum gelten...)

- Ein Frankfurter Stadtverordneter wünschte in einer TV-Talkshow, Ende September 1995, "den Asylanten bei uns **a happy welcome**."

- Zur Bezeichnung eines über Nacht erfolgreichen Stars im Showbusiness hat sich uneinholbar die falsche Verwendung des Wortes **shooting star** eingebürgert, welches im Englischen die genau entgegengesetzte Bedeutung hat - Sternschnuppe, also eine flüchtige Erscheinung. Niemanden scheint das zu stören. Zwei Beispiele: "Die meisten Hochschullehrer sind um die 40, wenn sie ihre erste Stelle antreten. Es gibt aber auch **Shooting-Stars**, die zeigen, daß es schneller gehen kann." ("Die Woche", 21. Juni 1996)

Und: "Lange schwarze Lockenmähne (...) - das ist Maria Grazia Cucinotta (26). Die feurige Sizilianerin ist **der neue Shooting-Star Italiens**." (BILD-Zeitung, 17. 10. 1995). Offensichtlich beharrt die Kreativität auf ihrem Recht, mit falsch richtig zu liegen. Warum auch nicht? Schon **Alexander Pope** hatte im 18. Jahrhundert vom "göttlichen Recht der Könige, falsch zu regieren" geschrieben... In der Demokratie ist jeder Falschsinger sein eigener Souverän.

- *"Der Kursrutsch des französischen Franc erfordert **ein intensives Brainstorming der Achse Paris-Bonn**." (Süddeutsche Zeitung, 11. 10. 1995, Seite 24)*

- *Die Magnetbahn auf dem Frankfurter Flughafen, die zum neuen Terminal C fährt, läßt über automatische Ansage nach dem Verlassen jeder Station wissen: "The train is leaving the station. **Please hold on**". (Der kleine Unterschied zwischen "anhalten" und "festhalten"...)*

Vorsprung durch Englisch? *Oder Fälle von "Dummdeutsch" (E.Henscheid)?*

Verglichen mit dem Geländegewinn, den das Englische in Deutschland und unter den Deutschen hat machen können, nehmen sich die Eroberungen der deutschen Sprache auf der Insel relativ bescheiden aus. Immerhin sind *Tannenbaum* und *Kindergarten*, um mit diesen zwei Wörtern zu beginnen, aus dem britischen Alltag nicht mehr wegzudenken.

Es war Prinz Albert, welcher den Briten den Baum der deutschen Innerlichkeit bescherte, während das Emigrantenehepaar Johannes und Bertha Ronge - wie viele ihrer Landsleute im Gefolge der gescheiterten Revolution von 1848 nach England gespült - schon im September 1851 in Hampstead den ersten Kindergarten eröffnen konnten. Die Pädagogik vom Garten, in dem Kinder wie Blumen gedeihen und heranwachsen sollten, hatte Bertha Ronge in Hamburg noch aus erster Hand studiert, unter Carl Fröbel, dem Neffen des Kindergarten-Pioniers Friedrich Fröbel. In weniger als zehn Jahren waren bereits fünfzig britische Lehrer von den Ronges nach den Fröbelschen Ideen ausgebildet. Der weitere Erfolg ließ dann nicht lange auf sich warten.

Das erste in England populäre deutsche Wort war der *hock* - ein deutscher Wein. Die Kölner "Hanse"-Kaufleute im London des 13. Jahrhunderts sprachen diesem Tropfen aus dem mainfränkischen Ort Hochheim mit Vorliebe zu (wie die heutigen Briten der

Liebfraumilch) - aber "Hochheim" erwies sich als zu kompliziert für englische Zungen, weshalb diese es zu *hock* verkürzten, beziehungsweise anglisierten. (Das "ch" bricht Nicht-Deutschen noch immer die Zunge; am besten daher, man umgeht es ganz und spricht einen Tennis-Namen wie Michael Stich einfach wie "Stitch" oder "Steetch" aus.)

Etappen der Befruchtung. Einige frühe Beispiele

Irische Mönche brachten das Christentum auf die britannische Insel - ein Engländer dann, **Wynfrith aus Devonshire**, *besser bekannt als* **Bonifatius**, *missionierte die Germanen. 732 wurde er ihr Erzbischof; in Friesland erlitten er und seine Begleiter schließlich 755 den Märtyrertod. "Die Organisation der fränkisch-deutschen Kirche nach dem Vorbild der angelsächsischen," schreibt Angelika Volle, "und ihre Unterordnung unter Rom durch den Hl. Bonifatius sowie den Hl. Kilian sind von entscheidender Bedeutung für die deutsche Geschichte geworden. Die von Angelsachsen gegründeten und geleiteten Klöster, wie zum Beispiel* **Fulda**, *wurden Brennpunkte des insularen Kultureinflusses."*

Der wohl bedeutendste europäische Gelehrte des 8. Jahrhunderts, **Alkuin**, *Leiter der Domschule zu* **York**, *wurde 782 von* **Karl dem Großen** *an dessen Hof berufen, wo er bald zum wichtigsten Vertrauten und Ratgeber Karls aufstieg. Alkuins Bedeutung liegt vor allem darin, daß er das Wissen des Altertums in das karolingische Reich zu verpflanzen wußte.*

Duns Scotus *("der Schotte"), wohl der bedeutendste mittelalterliche Philosoph der Insel, ging von Oxford über Paris nach Köln, um sich mit* **Albertus Magnus**, *seinem scholastischen Gegenspieler, zu messen. Übrigens bezeichnete man als "Nation" damals Gemeinschaften von Studenten mit verwandtem ethnischen Hintergrund - so bildeten die an der Pariser Sorbonne studierenden* **Engländer, Schotten, Iren und Deutschen** *die* ***"germanische Nation"***.

Kölner Kaufleute - "die Kaufleute von der Hanse von Alemannien" - demonstrierten in **London** *seit dem 12. Jahrhundert internationalen Geschäftserfolg. Zum Freihandelsbund der* **Hanse** *gehörten solche Städte wie Hamburg, Lübeck, Lüneburg, Bremen, Stralsund, Rostock und Wismar; später*

> schlossen sich Handelszentren in Brabant, Skandinavien und im Baltikum an. Die deutschen Kaufleute verhielten sich freilich nicht ganz fair in ihren Business-Praktiken, sie kultivierten ihre Monopolrechte und verweigerten englischen Händlern, die sich auf kontinentalen Umschlagplätzen der Hanse niederlassen wollten, ähnliche Privilegien. "Die unentwegte Weigerung, den Engländern Gegenseitigkeit im Handel zu gewähren" (A. Volle) führte 1597 zur Vertreibung der deutschen Kaufleute aus England durch **Königin Elizabeth I**. Das Londoner Hauptquartier der Kölner war der **Stalhof**, der übrigens erst 1853 abgerissen wurde, um dem Kopfbahnhof Cannon Street Platz zu machen.

Durch die beiden Weltkriege wurden Worte wie *strafe* und *blitz*, respektive *Blitzkrieg* im Englischen heimisch. "Gott strafe England!" befand der Kaiser mit grimmiger Miene in jenem Krieg, der unter Deutschen und Briten lange Zeit über "der Große" hieß, ehe der nachfolgende, der "unnötigste" (Winston Churchill), diese Wortwahl überholte. Mit ihrem Sinn fürs Praktische verwandelten die Briten das mittlere Wort des Kaiser-Banns - *strafe* - und dynamisierten es sogleich zu einem Verbum der Maschinengewehrsprache... Auch *blitz* hat seinen populärsten Platz im englischen Vokabular als Verbum gefunden, herübergerettet aus dem historischen Hauptwort-Kontext von 1940, den "Blitzkriegen" Hitlers.

Warum *Schadenfreude* es über den Kanal geschafft hat? Solche zusammengezogenen Nomina, von denen es im Deutschen wimmelt, können Ausdrucksnuancen transportieren, die so auf ein Wort reduziert selbst im Englischen, mit seinem Genie für Kürze, nicht zu finden sind. Dann werden sie eben einfach ausgeliehen. Nicht ausgeliehen hat man sich auf der Insel das kurze deutsche "Tierschutzverein". Man beharrt auf seinem Bandwurm: "Royal Society For the Prevention Of Cruelty To Animals". Die königliche Charter...

Ohne *abseiling* dagegen kommen heute weder der britische Alpinsport aus noch die Ausbrecher über englische Gefängnismauern, ebensowenig wie Sprachkenner ohne den *umlaut*, wenn sie von den Pünktchen über gewissen deutschen Vokalen reden. So behauptet auch das *lied* seine unersetzliche Stellung in der Musiksprache, ähnlich dem *leitmotif*. Letzteres freilich mit ganz neuen Anwendungsbereichen, wie in dem folgenden Zeitungstext über Leben auf dem Lande: "These are the *leitmotifs* of our national design for rural living."

Die größte Karriere als ganzer deutscher Satz gelang der Auto-Reklame *Vorsprung durch Technik*. Selten ist ein Stück Fremdsprache im Vereinigten Königreich heimischer geworden. Die Werbestrategen machten vor nichts halt, um ihre Botschaft unterzubringen: In einem ihrer TV-Spots nahmen sie süffisant den deutschen Humor aufs Korn, als das Schlußlicht seiner Klasse - um dagegen den wirklichen Vorsprung *made in Germany*, den *Vorsprung durch Technik*, umso leuchtender abzusetzen. Ein raffiniertes Spiel mit nationalen Stereotypen - das eine wird gegen das andere ausgespielt.

Aus den politischen und wirtschaftlichen Analysen sind inzwischen solche unverwechselbaren Begriffe wie *Ostpolitik*, *Mitbestimmung* und *Bundesbank* nicht mehr wegzudenken, auch wenn ein Konzept wie die Mitbestimmung in Großbritannien so schnell nicht heimisch werden dürfte, ganz abgesehen davon, daß das britische Pfund mit der Bundesbank wegen der Ereignisse vom September 1992 noch immer ein Hühnchen zu rupfen hat... Anders steht es mit der *realpolitik*, die, wenn auch in Deutschland geprägt und durch Bismarck bekanntgemacht, in Großbritannien ihre anhänglichsten Praktiker gefunden hatte.

Gut vertreten auf dem kulturellen Speisezettel der Insel sind deutsche Importe mit philosophischem Tiefgang, man könnte auch sagen: Mit durch und durch deutschem *Sound*. Diese haben den Briten schon immer etwas Besonderes über die Seele und die Eigenart des Partners vermittelt. Hierzu gehören *weltschmerz*, *weltanschauung*, *zeitgeist*, *gemütlichkeit* - und natürlich *angst*, für viele das eingetragene Warenzeichen der deutschen Gesellschaft von heute schlechthin.

**"Der Freischütz" mutiert zum "Black Rider":
Heraus kommt so etwas wie Angleutsch...**

In New York erhielt er glänzende Kritiken, am "Thalia"-Theater in Hamburg machte er drei Jahre lang das Publikum verrückt, in der Spielzeit 1995/96 setzte er die Fans in Bonn unter Dampf: "The Black Rider", ein Musical aus schwarzem Humor, das den "Freischütz"-Stoff, weltbekannt aus **Carl Maria von Webers** *Oper, adaptiert.*

Dieses Produkt einer Pop-inspirierten Kulturkreuzung lebt ganz und gar von der Symbiose der deutschen mit der englischen Sprache. Song und Sprechtext wechseln einmal in diese, einmal in jene; dann wiederum entläßt das Libretto beide Sprachen in synchrones Mischmasch. Damit haben die amerikanischen Autoren - **William S. Burroughs**, *der Grand Old Man der Beat-Lyrik, Pop-Star* **Tom Waits** *und Impresario* **Robert Wilson** *- ein faszinierendes Kulturphänomen auf den Punkt gebracht.*

Einige Kostproben:

> *"Feder weg... Und Flinte her... Leicht gesagt... Und ist doch schwer... Put down a pen... Pick up a gun... Easy said... Und schwer getan..."*

> *"Der, und mein?... das kann nicht sein... He is such a piece of slime... stinkt nach Zwiebeln und nach Wein... er schlägt mir auf den Magen... dieses Wildschwein will mich frei'n and be mine... in guten und in schlechten Tagen... I say 'no!' and 'nein!'... O Wilhelm, lerne jagen!"*

> *"Verkaufe nie dein Ich... Denn dann verlierst du dich... So whatever you do... Don't sell your You... Denn: If you do... You got no You... Remember what I'm telling you."*

(Es klingt zwar nicht ganz so, wie Coleridge sich die Vermählung des Deutschen mit dem Englischen vorgestellt hätte, aber wir schreiben ja auch nicht mehr das Jahr 1800...)

3. University College London

Im Jahre 1828, am 28. März, kam Goethe im Gespräch mit seinem Adlatus Eckermann erneut auf "die Engländer" zu sprechen. Er tat das mit Vorliebe - das Land hatte ihn seit seiner Jugend stark gefesselt und künstlerisch beeinflußt. Diesmal ging es ihm wieder einmal um einen Vergleich zwischen der Insel und seinen lieben deutschen Landsleuten. Der Weise von Weimar seufzte:

"Könnte man nur den Deutschen, nach dem Vorbilde der Engländer, weniger Philosophie und mehr Tatkraft, weniger Theorie und mehr Praxis beibringen, so würde uns schon ein gutes Stück Erlösung zuteil werden."

Zu diesem Zeitpunkt der deutsch-englischen Beziehungen freilich, ausgerechnet in diesem Jahr, war das ein Stoßseufzer zuviel! Denn bald nachdem Goethe seinen ansonsten recht zutreffenden Vergleich angestellt hatte, geschah etwas Aufregendes: Im Herbst 1828 öffnete die University of London ihre Pforten, und das war genau die Umkehrung von Goethes Diktum - der Export deutscher Theorie und Philosophie in das englische Geistesleben, zum großen Nutzen des letzteren, wenn nicht gar zu seiner "Erlösung". Die Ausnahme, welche die Regel bestätigt.

Aber dieses Stück Kultur-Befruchtung hatten die Deutschen Britannia mitnichten aufgedrängt; vielmehr waren es zwei Schotten, der Journalist Henry Crabb Robinson (1775 - 1867) und der Essayist und Lyriker Thomas Campbell (1777 - 1844), die begeistert das Wilhelm-v.-Humboldtsche Ideal der "akademischen Freiheit" beschrieben und es ihren Landsleuten dringend zur Nachahmung empfahlen. Robinson hatte um 1800 Deutschland bereist, Goethe und Schiller getroffen und sich an der Universität Jena eingeschrieben. Er saß somit gleichsam im Fadenkreuz der deutschen Klassik, erlebte die Anfänge der Romantik und konnte den "Bildungsschub", der das deutsche Geistesleben damals erfaßte, aus erster Hand studieren. (Robinson wurde später Auslandskorrespondent der TIMES, einer der ersten seines Fachs überhaupt, und danach Leiter des außenpolitischen Ressorts der Zeitung.)

Nach einem Besuch der Universität Göttingen, 1801, schrieb er an seinen Bruder daheim:
"Die deutschen Universitäten sind nicht, wie die englischen, Orte der Disziplin, eine Art Schule für erwachsene Gentlemen. Sondern sie sind Orte der Zusammenkunft, wo Professoren ernannt werden, um Vorlesungen über alle Wissenschaften und Wissenschaftszweige zu halten. Es gibt da keine Gebete, keine Kostüme, keine Anwesenheitspflicht, keine Tests, wenig Prüfungen, und die nur zum Erreichen eines akademischen Grades. Sie verdienen den Namen Universität viel mehr als die englischen Colleges (...) Und sie sind billig, deshalb gibt es an ihnen auch sehr viele arme Studenten."

Einige Jahre später kam Robinsons Freund Thomas Campbell nach einem Besuch in Bonn, dessen Universität 1811 gegründet worden war, zu ähnlichen Rückschlüssen. (In Bonn war dann auch Prinz Albert immatrikuliert, von dort schrieb er seiner Cousine Victoria 1837 einen artigen Glückwunsch zu ihrer Thronbesteigung.)

Wie sah es damals an den britischen Colleges aus? Einzig klassische Sprachen, Theologie und die Jurisprudenz kamen zu ihrem Recht. Die Welt der modernen Wissenschaft, insbesondere der Naturwissenschaft, blieb ausgeschlossen. Zudem mußten Studenten vor ihrer Aufnahme erst die traditionellen Prüfungsfragen des anglikanischen Canons bestehen - H. A. L. Fisher nennt es in seiner "History Of Europe" die "Versklavung durch Religionstest". (Diese wurden in Oxford und Cambridge erst 1871 abgeschafft.)

Mit all dem räumte die University of London, die dank William Broughams Tatkraft (erneut ein Schotte) schließlich möglich wurde, auf. Viele andere später als "red brick universities" bezeichnete Gründungen sollten folgen. Als erste britische Universität bekam London eine naturwissenschaftliche Fakultät und einen Lehrstuhl für Englische Literatur. Intensiver Austausch mit deutschen Universitäten wie Berlin oder Göttingen folgten.

"University College" - der Name selber steht für ein Muster anglo-deutscher Synthese...

Was ist in einem Namen? Manchmal sehr viel. London University, 1828 gegründet und nicht mehr unter theologischer Leitung wie die britischen Colleges der Zeit, wurde 1831 zu "University College" umgetauft, als sein anglikanischer Rivale, "King's College", auf den Plan trat. Der Name "University College" verband auf das Glücklichste die Ehe zwischen englischem und deutschem Geist - "College" beschrieb die traditionelle pragmatische Ausrichtung, "University" dagegen den deutschen Input, das spekulative Denken und die akademische Freiheit von Forschung und Lehre.

John Mander *fand dafür in seinem Buch* **"Our German Cousins"** *(1974) die schöne Formulierung:*

"Die mehr dem Idealistischen zuneigende deutsche Geisteswelt ließ sich durch das eher pragmatische Denken der Engländer sacht umwandeln."

... doch behielt diese ihren britischen Akzent

In einem Punkt freilich korrigierte man in London den Enthusiasmus fürs Deutsche sehr bald: Die Abschaffung des Test-Systems, eine Neuerung beim Start der Londoner Universität, hatte nicht sehr lange Bestand, wurde bald kassiert. Hier setzte sich die heimische berufsorientierte Zielsetzung, die Lehre über die Forschung, rasch wieder durch. Das Recht, seine Jahre in der Universität ohne festgelegte Begrenzung hinbringen zu dürfen - so viel akademische Freiheit war für das britische Denken denn doch inakzeptabel.

Stark blieb dabei die Ausrichtung auf den kaufmännischen Beruf. So schrieb **Thomas Campbell** *in einem Leserbrief an die TIMES, am 9. Februar 1825:*

"Die Kenntnis von Fremdsprachen, heimischen und ausländischen Statistiken sowie einer politischen Wirtschaftslehre sollte vollgültig in die Erziehung eines britischen Kaufmanns von höheren Graden einbezogen werden."

Gedacht sei an die **"youth of our middling rich people"** *- was Mander in dem oben zitierten Buch eine entschieden "un-Humboldtische" Idee nennt. Gewiß, aber um dem Publikum die Neuerungen schmackhaft zu machen, konnte Campbell nicht anders als sich zunächst an die tragenden Schichten seiner Gesellschaft zu richten, den Landadel und das gehobene kaufmännische Bürgertum des beginnenden Industriezeitalters.*

4. Ein Deutscher in England: Prinz Albert

In diese Umbruchszeit trat mit Albert von Sachsen-Coburg-Gotha die Personifikation von deutschem Fortschrittsernst und kultureller Zielstrebigkeit unter die Briten, ein mißtrauisch beäugter Mann zunächst, den die heimische Aristokratie wegen seiner "preußischen Tugenden" für einen unkorrigierbaren Fall fremdländischer Kultur hielt. *Dieser* Deutsche war nicht exzentrisch wie die Hannoveraner Könige, die vier Georges vor allem, die in London konstitutionelle Monarchen gespielt und in Hannover weiterhin als absolutistische Herrscher gewaltet hatten.

Albert "war didaktisch, selbstgerecht, ein Fortschrittseiferer und Verbesserungskrämer", wie John Mander schreibt, "ein reiner Pädagoge, der auch noch durchblicken ließ, daß Deutschland von all den guten Dingen mehr besaß als Großbritannien". Und George Gillespie fügt hinzu: "Die fuchsjagenden Landjunker, die das Land regierten, hielten ihn für kalt, langweilig, unsportlich und bei weitem zu ernst - dazu abstrakt, prinzipiengebunden und konsequent."

Nur in der Familie, im Kreise seiner Frau und seiner neun Kinder, taute Albert auf, verbreitete eine Atmosphäre kunstsinnig-väterlichen Biedermeiers, mit Deutsch als Umgangssprache. Die ersten Viktorianer waren die königliche Familie selber... "Papa ist ein Orakel, und was er entscheidet, muß richtig sein," schrieb Vicky, die älteste Tochter, voller Bewunderung. (Sie wurde die Gattin des preußischen Kronprinzen, des späteren "90-Tage-Kaisers" Friedrich III.) "Dein tadelloser Papa" nannte ihn auch Königin Victoria in einem Brief an die Tochter, zu deren Hochzeit am 25. 1. 1858.

Prinz Albert: War der englischen Aristokratie nicht exzentrisch genug

CULTURE - KULTUR

blickpunkt 15

Auch Königin Victoria war reinblütig deutsch. Aber wie kamen die Deutschen überhaupt auf den britischen Thron?

*Wegen ihrer Verbindung mit den protestantischen Stuarts, kurz gesagt. Eine ganz einfache Geschichte... In der **"Glorreichen Revolution" von 1688/89** hatten die Engländer den verhaßten letzten Stuart-König **James II.**, der das Land gewaltsam rekatholisieren wollte, davongejagt. Die Thronfolge ging auf Betreiben des Parlaments an den protestantischen **Wilhelm von Oranien** und dessen Frau **Mary**, eine Tochter Jakobs II., und danach an deren jüngere Schwester, **Anne**. Beide hatten protestantisch optiert. (Unter Königin Anne wurde 1707 die Union zwischen England und Schottland formell besiegelt - zu "Großbritannien".)*

*William und Mary blieben kinderlos, **Anne** und ihr Mann dagegen, Prinz Georg von Dänemark, hatten siebzehn Kinder - aber es reichte dennoch nicht zum Erhalt der Dynastie: Zwölf starben kurz nach der Geburt, und auch die übrigen fünf überlebten ihre Mutter nicht. Die frisch installierte Thronfolge drohte zu scheitern - das Parlament mußte erneut einschreiten, was es mit dem **Act of Settlement von 1701** tat. Demnach wurden die Erbansprüche der beiden katholischen Stuart-Söhne Jakobs II. ignoriert, die Thronrechte statt dessen an die nächste protestantische Verwandte der Stuarts übertragen - an **Sophie**, die Witwe des 1698 gestorbenen Kurfürsten Ernst August von **Hannover**, und ihre Erben.*

*Warum an sie? Nun, **Sophie** war die fünfte, und einzige protestantische, Tochter des unglückseligen "Winterkönigs" Friedrich V. von der Pfalz und seiner Gemahlin, Elisabeth von Böhmen, einer Tochter des ersten über Schottland und England regierenden protestantischen Stuart, **James I**. Sophie, James' I. Enkelin also, schaffte es aber nicht auf den für sie vorgesehenen Thron - sie starb noch vor der Königin Anne. Also ging, entsprechend der Verfügung des "Act of Settlement", die Thronfolge an ihren Sohn, **Kurfürst Georg**, über, der am **1. August 1714**, ohne auch nur ein Sterbenswörtchen Englisch zu können (er weigerte sich, es je zu lernen), als **George I.** Monarch in London wurde. Mit ihm begann die **Personalunion** zwischen Hannover und der britischen Krone.*

*Alle vier Georges sowie der ihnen folgende Wilhelm IV. hüteten ihren deutschen Stamm: Sie **heirateten** am britischen Hochadel vorbei **immer nur deutsche Edeldamen** - George I., Sophie von Celle, George II., Karoline von Ansbach, George III., Charlotte von Mecklenburg-Strelitz, George IV., Karoline von Braunschweig-Wolffenbüttel, Wilhelm IV., Adelheid von Sachsen-Coburg-Meiningen. Da aus den beiden letztgenannten Ehen nur Töchter entstammten, die jeweils vor* ihren Eltern starben (Wilhelm IV. hatte freilich zehn Kinder aus einer Verbindung mit der irischen Schauspielerin Dora Jordans...), folgte nach dem Tod Wilhelms dessen 18jährige Nichte **Prinzessin Victoria 1837** auf den englischen Thron. Damit endete die Personalunion mit Hannover - nicht aber die deutsche Familienkonnexion. Im Gegenteil.

Victoria war das einzige Kind des **Herzogs von Kent** (der vierte Sohn Georgs III. und Bruder von Georg IV. und Wilhelm IV.) und der **Prinzessin Victoria von Sachsen-Coburg-Gotha**. Wegen des frühen Tods des Vaters trat ihr Coburger Onkel Leopold (der spätere König der Belgier) in die Erzieherrolle. Ein weiterer Onkel, **Herzog Ernst I.**, **Prinz Alberts Vater**, stand an der Spitze des Coburger Stammhauses. Durch die **Heirat Victorias mit ihrem Vetter Albert, am 10. Februar 1840**, wurde die britische Monarchie mithin noch weiter "eingedeutscht", als sie es ohnehin schon war. Am Rande vermerkt: Beide waren 1819 von derselben Hebamme zur Welt gebracht worden - Victoria am 24. Mai, Albert am 26. August. Ihre Umgangssprache war und blieb deutsch.

Das Paar hatte neun Kinder (vier Söhne, fünf Töchter), die zu Verzweigungen der deutsch-britischen Monarchie mit allen europäischen Dynastien führen sollten. Doch **der Coburger Stammname** wurde **1917 aufgegeben**, während des Ersten Weltkrieges, als Georg V. auf dem Höhepunkt der antideutschen Animositäten die Leinen kappte und sein Haus in **Windsor** umbenannte. So heißt es noch heute.

Einen deutschen Brauch allerdings pflegt die britische Königsfamilie bis auf den heutigen Tag: Sie beschenkt sich zu Weihnachten nicht, wie auf der Insel sonst üblich, am Vormittag des ersten Weihnachtstages, sondern nach alter deutscher, stimmungsvoller Sitte am Heiligabend.

Victoria und Albert - das Liebespaar des Jahrhunderts

Der Prinz war am glücklichsten, wenn er einen Plan machen konnte. Das Sammeln, Bauen und die Pflege der Künste hatte bei den sächsischen Fürsten eine lange Tradition - die Coburger Herzöge, eine sächsische Linie auch sie, machten da keine Ausnahme. Mäzenatentum war in Alberts Haus großgeschrieben, eine Philanthropie kam hinzu, die viel von jenem sozialen Gewissen verriet, das sich allgemein erst viel später im Industriezeitalter zu Wort melden sollte.

Mit der Förderung von Kunst und Bildung stand es in Alberts Gastland nicht zum Besten. Ein königlicher Mäzen, Karl I., hatte 1649 auf dem Schafott sein Ende gefunden, und Georg IV. (1820-1830), dessen Ausschweifungen Legende waren, "bezahlte die Künstler mit Geldern, die er nicht besaß" (Gillespie). Das hochfliegende Ideengut, das Alberts Erzieher Baron von Stockmar seinem Zögling eingeflößt hatte, sah anders aus: Liberalismus, mit Verantwortung gepaart; Eingehen auf die neue Klasse, das aufgeklärte Bürgertum; eine Monarchie mit Pflichtgefühl, dabei aufgeschlossen für technische und andere Innovationen.

Im Gegensatz zu den Skeptikern des Establishments erkannte Premierminister Sir Robert Peel früh die Talente und den ernsten Gestaltungswillen des deutschen Prinzen: Er machte ihn 1841 zum Vorsitzenden der "Kommission zur Förderung der bildenden Künste." Erste Aufgabe dieser Kommission war es, die Vorbereitungen zum Neubau des Parlamentsgebäudes voranzubringen. Es war eines von vielen Ehrenämtern, in die Albert in der Nachfolgezeit seinen Tatendrang einbringen konnte. Mit seinen 22 Jahren war er überzeugt, daß der Staat das Patronat der Künste übernehmen müsse.

Er hatte etwas von einem "genialen Entrepreneur" (Gillespie), und das half nicht nur der Königin bei der Erledigung ihrer Staatsgeschäfte, davon sollte unter anderem auch die Universität Cambridge profitieren, deren Kanzler der Prinzgemahl 1848 wurde. Was die drei Schotten Robinson, Campbell und Brougham für die Gründung des University College London bedeutet hatten, das brachte Albert gewissermaßen höchstpersönlich in die Cambridger Colleges: Frischen Wind.

Dabei spiegelten seine Vorstellungen getreulich jene deutschen Bildungsideen, aus deren Fonds auch die Londoner Gründer ihrerseits geschöpft hatten. Im Blick auf die Cambridger Verhältnisse schrieb der Prinzgemahl 1853 an Lord John Russell:

"Im allgemeinen sollten die Universitäten nicht nur Lehr- und Unterrichtsanstalten sein, sondern auch Stätten der Gelehrsamkeit, wo Gelehrte dieses Landes einen Zufluchtsort finden können, der ihnen

gegenwärtig verweigert wird; sie werden jetzt gezwungen, entweder einem Brotberuf zu folgen oder zu verhungern."

Aber auch für die Reform der Curricula machte der neue Universitätskanzler seinen Einfluß geltend. Die Lehrpläne hatten bis dato nur Theologie, alte Sprachen und Mathematik zugelassen. Unter Albert öffnete sich das Angebot wie unter einem riesigen Modernisierungsschub. Es kamen unter anderem hinzu: Erdkunde, Fremdsprachen, Kunstgeschichte, Ästhetik.

Prinz Albert: Förderer der Künste, Sozialreformer, von technischen Neuerungen fasziniert

Victorias Gatte verlor keine Zeit, seine Ideen umzusetzen. Einige Beispiele...

... für seine Förderung von Kunst und Architektur:

Juli 1843: Erste Ausstellung der in Auftrag gegebenen **Fresken-Entwürfe für das geplante Parlamentsgebäude.** *(Das Wort "Cartoons", der technische Name für diese farbigen Kartons, erhielt bald danach als "Karikatur" eine gänzliche andere Bedeutung.)*

1845: Beginn des Neubaus eines königlichen Schlosses in **Osborne,** *auf der* **Isle of Wight** *(später Victorias bevorzugter Aufenthaltsort; dort starb sie 1901). Italienischer Mischstil, große Gartenanlagen. Eine weitere königliche Residenz entsteht in* **Nordschottland***: Schloß* **Balmoral***, im "Scottish Baronial"-Stil.*

In **Schloß Windsor** *werden das Archiv und die* **graphischen Sammlungen** *gesichert und neu geordnet.*

Mit Hilfe der neuen Technik der Photographie läßt Prinz Albert den ersten **Gesamtkatalog** aller Werke **Raphaels** erstellen.

Auftragsarbeiten für deutsche und britische Maler, darunter **Franz Xaver Winterhalter** "Der erste Mai". Ankauf von Lucas **Cranach-** und Albrecht **Dürer-Bildern.**

blickpunkt 16

> **... für sein soziales Engagement:**
>
> Alberts erstes öffentliches Amt war der Vorsitz in der **"Gesellschaft zur Abschaffung der Sklaverei"** (im britischen Empire).
> Er entwarf Baupläne für humanere **Arbeitersiedlungen** (noch heute in Londons Battersea Park zu besichtigen). Jedes Haus war brandsicher, mit Wasserleitung und Wasserklosett für jede Familie - im Jahre 1851 eine unerhörte Idee. "Das Ziel aller Menschenfreunde sollte es sein," so schrieb er, "zu zeigen, wie jeder seinem Nächsten helfen kann, trotz der Kompliziertheit der Zivilisation und der modernen Gesellschaft; es ist das besonders die Pflicht derjenigen, die durch Gottes Vorsehung Stand, Reichtum und Bildung besitzen..."

In seinem Standardwerk über den Coburger Prinzen, "The Prince Consort", faßt Roger Fulford zusammen:

"In keinem Tätigkeitsbereich in England machte der Prinz einen besseren Eindruck als in seiner sorgfältigen Führung der Universität Cambridge. Sein fortschrittlicher Geist, durch gesunden Menschenverstand untermauert, glänzte in erfrischender Klarheit im Gegensatz zu der engstirnigen Parteilichkeit der extremen Reformer auf der einen Seite und zu den geistlichen portweindurchtränkten Hinterbänklern auf der anderen."

Crystal Palace, 1851:
Prinz Alberts Traum
geht in Erfüllung

Die stärkste Erinnerung an Prinz Albert, in seinem Gastland wie in der Welt überhaupt, knüpft sich aber wohl vor allem an die "Great Exhibition", die Londoner Weltausstellung von 1851 - ein Ereignis, das den Vorrang Großbritanniens als Industrie- und Kolonialmacht zur Schau stellen sollte. Albert war selber Vorsitzender des Komitees, das die Idee der "Großen Ausstellung" gegen anfänglichen Widerstand im Parlament und gegen den Hohn der Presse durchzusetzen wußte. Freilich verband er mit dem Projekt, das auf seine Initiative zurückging, weit mehr als nur eine nationale Apotheose. Hier flossen für den Prinzgemahl viele der Ideen zusammen, mit denen er auf seine Zeit hatte einwirken wollen:

Victoria und Albert Museum in Kensington: Kronjuwel einer Epoche

Friedliche internationale Zusammenarbeit, der aufklärerische Glaube an die Macht der Verbindung von Kunst und Wissenschaft, schließlich die Versinnlichung dieser Ideen im architektonischen Konzept - im Ausstellungspavillon selber, dem "Kristallpalast", entworfen von dem berühmten Landschaftsgärtner und Gewächshaus-Ingenieur Joseph Paxton. Dieses kühne Konstrukt aus Glas und ornamentalen Eisenträgern, durchflutet von natürlichem Licht, war wie die Demonstration von Alberts Denken, einem fortschrittlichen Denken in "Synergien", wie man es modern ausdrücken könnte.

Die Ausstellung wurde ein Riesenerfolg und brachte das ein, wovon Städte, die sich um die Ausrichtung von derlei Aufführungen heutzutage bewerben, meistens nur träumen können: Einen saftigen Überschuß. Dieser betrug 186 000 Pfund Sterling (12 Millionen Pfund, nach heutiger Kaufkraft), die Albert sofort zurückinvestierte. Er ließ die besten Stücke der Weltausstellung aufkaufen, als Grundstock eines neu zu erbauenden Komplexes weiträumiger Museen in Londons Stadtteil South Kensington, noch heute liebevoll "Albertville" oder "Albertopolis" genannt: Das Victoria-und-Albert-Museum, eines der weltbesten Museen für die angewandten Künste, das Naturkundemuseum, wie auch das zeitgleich gegründete Imperial College für die Naturwissenschaften (in dem der von Albert aus Deutschland berufene August Wilhelm von Hofmann die Chemie-Abteilung aufbaute). Grundeigentümerin von all diesen Anlagen ist noch immer - heute als Stiftung - die Kommission der Weltausstellung von 1851.

CULTURE - KULTUR

blickpunkt 17

In Alberts Zeit banden auch Technik, Transport und Tourismus Deutsche und Briten zusammen

Europa: Das war im 19. Jahrhundert keine Frage eines eigenen Vertragswerks, genannt Europäische Union, das war eine Frage für mobile Köpfe und Hände, bei denen sich Fortschritt, Inspiration und Beweglichkeit vereinten. Vier Beispiele:

Königin Victoria und ihr Albert fuhren **1845** auf eine erste gemeinsame Reise nach Deutschland, wo sie auch Coburg einen Besuch abstatteten - am 26. August wird dort Alberts 26. Geburtstag mit einem Volksfest begangen.

Wohin lenkt das königliche Paar auf der Heimreise seine Schritte? An die Trasse der **Bahnlinie Gotha-Eisenach**, wo man **englische Arbeiter** begrüßte, die den Bau dieser neuen Verbindung vorantrieben...

Sechs Jahre später kommt diesmal ein deutscher "Transporteur" nach London, ein Herr **Paul Julius Reuter**, Inhaber einer 1849 in Aachen gegründeten **Nachrichtenagentur**, die auch dafür bekannt war, daß sie die noch nicht vom Telegraphen abgedeckte Strecke Aachen-Brüssel mit Brieftauben zu überbrücken wußte...

Nach England zog es ihn, weil das Land damals einen "Vorsprung durch Technik" besaß und als Zentrum eines Weltreichs Kommunikationsmöglichkeiten globalen Ausmaßes versprach. In zwei Räumen in der **Londoner City** mietete sich Reuter, Sohn eines Rabbiners aus Kassel, 1851 ein und konnte in kürzester Zeit ein Imperium eigener Art aufbauen - Nachrichten aus Wirtschaft und Politik, Börsennotierungen vor allem, aber auch Allgemeines, für europäische, dann weltweite Abnehmer.

Paul Julius Reuter: Mit Brieftauben begann sein Ruhm

"Follow the cable", lautete Reuters Devise. Schon 1872 hatte er seine Niederlassungen bis nach Japan hin ausgedehnt. Sein Ursprungsland vergaß ihn nicht: 1871 erhob ihn der Herzog von Sachsen-Coburg-Gotha in den Adelsstand - Freiherr Paul Julius von Reuter! 1915, mit dem Tode Herbert von Reuters, ältester Sohn des Firmengründers, wird der Betrieb in eine private Aktiengesellschaft umgewandelt, von der die britische Press Association 1925 die Mehrheitsanteile erwirbt. 1984 geht das Unternehmen als "Reuters Holdings PLC" an die Londoner Börse. Eine der vielen deutsch-britischen Erfolgsstories.

CULTURE - KULTUR

Den europäischen Kontinent zu bereisen gehörte schon im 18. Jahrhundert zur **"Grand Tour"** des jungen adligen Briten. In den ersten Jahrzehnten des 19. Jahrhunderts kam allmählich auch das wohlhabender werdende Bürgertum zu solchen Genüssen, nur fehlte etwas Wichtiges: Bücher über die zu besuchenden Länder.

Das **Interesse an Deutschland** war durch Madame de Staëls Buch **"De l'Allemagne" (1813)** mächtig angewachsen. Aber als der Sohn ihres Londoner Verlegers, **John Murray III.**, 1829 Deutschland bereiste, fühlte er sich mit einer damals gebräuchlichen, aber sehr fehlerhaften Broschüre einer gewissen Mrs. Stark nur schlecht bedient. So reifte sein Plan, selber einen Reiseführer zu schreiben - die Gründungsidee einer ganze Serie neuartiger **"Handbooks"**. Es sollten die populärsten Nachschlagewerke der reisefreudigen Viktorianer werden. Murray schrieb die ersten drei "Handbooks" selber: "Holland, Belgien und Norddeutschland", "Süddeutschland und die Schweiz", "Frankreich". (1836ff)

Ein Deutschland-Reisender eigenen Geblüts war der Maler **William Turner** (1775 bis 1851), der mit dem Auge des Landschaftsvisionärs die Täler und Höhen der deutschen Mittelgebirge immer wieder durchstreifte und dabei in Hunderten von Skizzen ein einzigartiges Panorama seines Gastlandes anfertigte sowie die Vorlagen vieler später ausgeführter Ölgemälde. Siebenmal insgesamt bereiste Turner Deutschland - 1817, 1824, 1833, 1835, 1839, 1840 und 1844 - wobei zu seinen bevorzugten Aufenthalten die Flußlandschaften von Rhein, Mosel, Neckar, Nahe und Donau gehörten. Von seinem großen in der Tate Gallery ausgestellten **Heidelberg-Gemälde** schreibt die Kunsthistorikerin Doris Schmidt, es enthülle Turners "Prinzip farbiger Transparenz, das jede 'Ansicht' zur Vision werden läßt." ("Süddeutsche Zeitung", 4. 11. 1995)

CULTURE - KULTUR

Trauer in Stein: Albert Memorial im Hyde Park

Es entbehrt nicht ganz der Tragik, daß Albert, so aktiv er den patriotischen Belangen der Briten auch verschrieben war, dennoch nie ganz heimisch wurde in seinem Gastland. Er konnte seine Deutschheit nicht verleugnen. An England liebte er die progressive Energie, den materiellen Fortschritt und alles, was er an liberalen Ideen vorfand - aber wo blieb das "Gemüt"? Keine Entsprechung gab es dafür im Englischen, nicht in der Sprache, nicht im Gefühlsleben. Mit einer gewissen sarkastischen Melancholie schrieb er an seinen Bruder:

"Die Pflanze Gemüt kann in England nicht wachsen. (...) Ein Engländer, der sich bei solchem Gefühl ertappt, erschrickt wie bei der Entdeckung einer schlimmen Krankheit - und erschießt sich prompt. (...) Ich glaube, diese Pflanze wird erstickt durch das Lesen so vieler Zeitungen..."

Als er am 14. Dezember 1861 41jährig an Typhus starb, hinterließ er dennoch eine erschütterte Nation und eine untröstliche Victoria, die ihn, für immer in Trauer gewandet, um vierzig Jahre überleben sollte. Sein unerwarteter Tod (nach nur fünfwöchiger Krankheit) "wurde wie ein nationales Unglück empfunden", schreibt der "Brockhaus" von 1893. Viele Monumente wurden Alberts Andenken gestiftet, das Prince Albert Memorial im Hyde Park etwa, oder die großartige Prince Albert Hall. In Deutschland widmet sich die Prinz-Albert-Gesellschaft in Coburg seit langem der wissenschaftlichen Erforschung dieser Jahrzehnte des 19. Jahrhunderts. Auf der Beerdigung wand Benjamin Disraeli dem deutschen Prinzen eine Eloge, von der, zieht man alle pietätvolle Übertreibung ab, noch immer viel Wahrheit übrigbleibt:

"Dieser deutsche Prinz hat England einundzwanzig Jahre lang mit einer Weisheit und Tatkraft regiert, wie sie keiner unserer Könige jemals gezeigt hat."

5. Ein Engländer in Deutschland: Shakespeare

Wollte man für die englisch-deutschen Verknüpfungen *einen* gemeinsamen Nenner finden, so könnte die Wahl nur auf ihn fallen - auf William Shakespeare. Wie kein anderer inspirierte er den deutschen Geist, seine Befreiung aus den Fesseln des Rationalismus. Poesie hat die deutsche Dichtung von Shakespeare gelernt, die Anmut der Phantasie, aber auch die Selbstbestimmung des Künstlers. In einer Zeit, als Absolutismus und Autokratie *das politische Deutschland* von demokratischer Erneuerung fernhielten, erlebte *das literarische Deutschland* unter dem Einfluß Shakespeares seine geradezu demokratische Revolution. Der Barde bestätigte Herder und den "Sturm und Drang", und über Herder den jungen Goethe in dessen poetischer Berufung. Es war Shakespeare, mit dem die deutsche Literatur das Selbstvertrauen gewann, sich selbst zu finden.

Und es war Shakespeare, der dem deutschen Zitatenschatz nach Luthers Bibel, den lateinischen Dichtern und Goethe die größte Bereicherung schenkte. "Schuld" daran war die Übersetzung von August Wilhelm Schlegel und Ludwig Tieck (Schlegels Tochter Dorothea und Graf Wolf von Baudissin halfen mit), zu Anfang des 19. Jahrhunderts begonnen, im reifen Idiom der Goethe-Klassik. "The milk of human kindness" - welche Muse hatte die Autoren geküßt, daraus "die Milch der frommen Denkungsart" zu machen? Dieses Übersetzungskunstwerk aus Einfühlung und Sprachgewalt wurde rasch populär und machte aus dem Elisabethaner so gut wie einen deutschen Autor. Noch heute wird er auf deutschen Bühnen mehr gespielt als jeder andere Dramatiker der Weltliteratur. Ein Theater in Bremen hat sich allein der Aufführung seiner Werke verschrieben.

CULTURE - KULTUR

blickpunkt 18

"Shakespeare ist eine Erfindung der Deutschen", sagte Leo Tolstoi. Wie recht er hatte...

Spät kam er an, aber dann war seine Karriere eine steile. Der Barde wurde im Verlaufe des 19. Jahrhunderts, angestoßen vor allem durch die genial einfühlsame Schlegel/Tiecksche Übersetzung, so sehr vom deutschen Gemüt vereinnahmt, seine Welt als so deutsch-gemäß empfunden, daß man sich ernsthaft zu fragen begann, woher der Renaissance-Autor geistig-kulturell denn wirklich herrühre. Schon August Wilhelm **Schlegel** hatte den Dichter einen **"in der Fremde geborenen Landsmann"** genannt.

In dem Maße, in dem deutscher Tiefsinn, deutsches Wesen sich von etwa 1860 an stärker gegenüber den britischen "Krämern" in Szene zu setzen wußte, also mit Beginn der deutsch-britischen Rivalität, wurde auch Shakespeare in den Zank um kulturelle Überlegenheit hineingezogen. Dieser Autor konnte nicht zur britischen "Zivilisation" passen, zur Nation der "shopkeepers", er mußte einfach deutscher "Kultur" entstammen!

"Nostrifizierungskampagne" hieß das Ganze - ein Fall von kultureller Adoption durch Einbildung... **Hermann Ulrici,** erster Präsident der Deutschen Skakespeare-Gesellschaft, wollte **1867 Shakespeare** sage und schreibe **"ent-englisieren"**, ihn "verdeutschen". Als im Ersten Weltkrieg die schrillen Töne des Nationalismus die Herrschaft übernahmen, war auch für den Dramatiker **Gerhart Hauptmann** kein Halten mehr. *1915 sprang er auf den fahrenden Zug der Einvernahme Shakespeares:*

"Es gibt kein Volk, auch das englische nicht, das sich ein Anrecht wie das deutsche auf Shakespeare erworben hätte. Shakespeares Gestalten sind ein Teil unserer Welt, seine Seele ist eins mit unserer geworden; und wenn er in England geboren und begraben ist, so ist Deutschland das Land, wo er wahrhaftig lebt."

CULTURE - KULTUR

Aber was mußte da erst beiseite geräumt werden, ehe dieser Kulturexport in Deutschland ankam! Das schwerste Hindernis waren die Deutschen sich selber - vielmehr: Es saß lange Zeit über ein Pfropfen im Flaschenhals der Kommunikation, der Shakespeare partout nicht an sich vorbeilassen wollte. Und das war ein Professor an der Universität Leipzig, Johann Christoph Gottsched, der bis zur Mitte des 18. Jahrhunderts auf seinen ästhetischen Regeln thronte wie die scharfrichterliche Unfehlbarkeit in Person. Gottsched war ein überaus ordnungsliebender Mensch, konsequent bis zur Intoleranz, dabei verbündet mit starken Bataillonen. Vor allem mit dem französischen Klassizismus, genauer gesagt mit den Oberzensoren der "Académie Francaise", und die hatten den griechischen Philosophen und Kunsttheoretiker Aristoteles (der immerhin schon 2000 Jahre lang tot war...) als höchsten Maßstab erhoben für alles, was auf der Bühne zulässig war und was nicht.

War Willam Shakespere ein deutscher Dichter?

Penibel beharrten sie auf ihren berüchtigten "drei Einheiten" des Dramas: Der Einheit der Handlung, des Ortes und der Zeit. Ein Stück durfte nur ein einziges Grundmotiv durchführen, ohne Episoden und Nebenhandlungen; es mußte immer auf dem gleichen Schauplatz sich abspielen; und es durfte nicht mehr Handlung zeigen als innerhalb von 24 Stunden ablaufen kann. Déjà vu? Durchaus. Ein "Maastricht II" im europäischen 18. Jahrhundert, eine Bühnen- und Drama-Union mit strengen Auflagen für Beitrittskandidaten...

Doch gegen solche rigiden "Konvergenzkriterien" kamen die Dramen des Briten natürlich überhaupt nicht an, sie waren der lebende Verstoß gegen diese Regeln, ein grandioses kulturelles "opt-out" von so viel ästhetischem Absolutismus, lange vor dessen Zeit. Schon John Milton, der wie Shakespeare als dichterische Kraft in Zürich und Göttingen, in Frankfurt und Hamburg in den entsprechenden literarischen Zirkeln geschätzt wurde - schon Milton hatte vor den strengen Augen Gottscheds keine Gnade gefunden. Diese unordentlichen Engländer!

blickpunkt 19

Die Anfänge von Shakespeare in Deutschland: harmlos, albern - aber "typisch englisch"

Die ersten, die Shakespeare nach Deutschland importierten, waren **englische Komödianten** des 16. und 17. Jahrhunderts. Überschuß aus dem reichen Theater-Reservoir Englands, kamen sie als vagabundierende Truppen auf den Kontinent und ließen sich von deutschen Fürsten anstellen, welche ihr Volk mit billigen Späßen, Musikaufzügen und Pantomimen unterhalten sehen wollten. **Shakespeares Vorlagen** selber wurden dabei bis zur Unkenntlichkeit verstümmelt, **aufs rein Stoffliche reduziert**. Aus "Hamlet" spielte man entweder nur die komischen Szenen, oder Gruseliges, mit "Titus Andronicus" ließen sich schaurige und gräßliche Fratzen ziehen, "Romeo und Julia" ließ sich als Seifenoper aufführen... Namentlich "Katharina" - unter diesem Titel lief "Der Widerspenstigen Zähmung" - traf auf johlende Begeisterung.

In einem Kulturmilieu ängstlicher Bigotterie und Autoritätsgläubigkeit zündeten die englischen Komödianten mit all ihrem **Klamauk** so etwas wie **"comic relief"** unter den Deutschen (zunächst ganz auf Englisch, allmählich dann, je länger ihr Aufenthalt dauerte, in die Landessprache übergehend). Was auf deutschen Theaterbrettern damals sonst üblich war, schilderte ein englischer Zeitgenosse trefflich so: "Der Deutsche gibt sich viel zu fromm - auf jeder Jahrmarktsbühne trägt er vor, was besser die Prediger auf der Kanzel verkünden sollten."

Davon entlasteten diese **Monty Pythons** ihrer Zeit. "Die komische Figur, die sie mitbrachten, war dem Publikum recht eigentlich ein Ventil für alle Albernheit, deren man sich sonst geschämt hätte," schreibt **Friedrich Gundolf** in seiner bis heute nicht übertroffenen Monographie **"Shakespeare und der deutsche Geist"** (1911).

"Ich gestehe, daß ich begierig bin, die Regeln zu wissen, nach welchen eine so regellose Einbildungskraft, als des Miltons seine war, entschuldigt werden kann,"...

... hatte der Leipziger Kulturpapst in einem Brief vom 17. 11. 1732 von dem Züricher Professor Johann Jakob Bodmer verlangt.

"Entschuldigt"! Man macht sich heute kaum mehr eine Vorstellung davon, wie erstickend die Zwangsjacke war, welche die rationalistische Ästhetik mit ihrer Pedanterie, von Gottsched verordnet, für lange Zeit dem deutschen Geist angelegt hatte.

Der Gegenangriff kam dann doch, und groß wie sein Ziel war sein Stoß. Gotthold Ephraim Lessing, Kritiker und Bühnenautor dazu, hatte den Kopf, die Stirn und die Sprache, dem Leipziger Despoten den Garaus zu machen. Sein "17. Literaturbrief" vom 16. Februar 1759, veröffentlicht in Friedrich Nicolais Berliner Zeitschrift "Briefe, die neueste Literatur betreffend", brachte das Ende. Mit den Eingangssätzen dieser Polemik, ihrer Wucht und ihrem Witz, schrieb sich der Dreißjährige in die Geschichte der deutschen Literaturkritik:

"Niemand (...) wird leugnen, daß die deutsche Schaubühne einen großen Teil ihrer ersten Verbesserungen dem Herrn Professor Gottsched zu danken habe.

Ich bin dieser Niemand; ich leugne es geradezu. Es wäre zu wünschen, daß sich Herr Gottsched niemals mit dem Theater vermengt hätte..."

Der Angegriffene wurde an seinem eigenen Strick gehängt: Die Franzosen, so schleuderte ihm Lessing entgegen, sind die eigentlich Regelwidrigen! Was ist ein Corneille gegen Shakespeare, gegen dessen einzigartige Nachahmung von Wesen und Verhalten des Menschen! Erfüllt nicht gerade der Brite, bei aller "Unordentlichkeit" seiner Dramenabläufe, das wichtigsten Kriterium des Aristoteles: Die Katharsis, die uns beim Anblick menschlicher Leidenschaften erfaßt, die Läuterung durch Furcht und Mitleid? Shakespeares dramatische Form, so schloß Lessing, ist der deutschen Art weitaus angemessener als die überschätzten französischen Vorbilder.

Mit dieser These setzte einer der folgenreichsten Paradigmenwechsel der deutschen Kulturgeschichte überhaupt ein. Die französischen Bilder wurden nun abgenommen, die englischen an ihre Stelle gehängt. Nicht nur Shakespeare kam aus der Verbannung frei - eine "englische Invasion" ohnegleichen folgte nach. Die literarische deutsche Gesellschaft wurde von Begeisterung für englische Romane geradezu überspült, der Kult der Empfindsamkeit in Lyrik und Erzählung ("sentimental", von Lawrence Sterne geborgt, wurde zu einem geflügelten Wort) schlug hohe Wellen, an Edward Youngs "Nachtgedanken" schulte der junge Goethe sein Englisch, Ossians Volksliedton ergriff die Gemüter, fast jede kunsttheoretische Schrift der Engländer und Schotten in den

Jahren 1760 bis 1780 wurde übersetzt und in kritischen Organen besprochen. "Mit Hilfe des verwandten englischen Geistes rufe ich den deutschen Geist zur Besinnung und Selbsterkenntnis auf!", schrieb J. G. Herder.

blickpunkt 20

Shakespeare - ja, aber mit Maßen, sagte Goethe, der selber vom Barden nicht loskam

Shakespeare, der Erschaffer lebendiger Welten, wetteifernd mit der göttlichen Schöpfung selber - mit diesem Gedanken stachelt **Goethes Schrittmacher Herder** *seinen jungen Freund in dessen Straßburger Zeit zu schöpferischem Nach-Denken an. Mit Erfolg: 1771, 22jährig, veröffentlicht der Frankfurter Feuerkopf einen ersten Essay,* **"Zum Schäkespears Tag"**, *worin er, seine eigene dichterische Berufung ankündigend, erklärt, den "gigantischen Schritten" dieses "größten Wanderers" nacheilen zu wollen. Er eilt schon... und legt im November 1771 die erste Fassung der* **"Geschichte Gottfriedens von Berlichingen mit der eisernen Hand"** *vor, nach gründlicher Lektüre von Shakespeares Historien. (Als 1799 Walter Scott mit der Übersetzung herauskommt, ordnet ein Rezensent in Edinburgh das Stück sogleich "in die Shakespeare-Nachfolge" ein - der "Götz" als Shakespeare-Playback...)*

Bald findet Goethe in **"Hamlet"** *Inspiration für seinen* **"Werther"**-*Stoff (1774). Im Roman vom* **"Wilhelm Meister"** *(1796) nennt er den Elisabethaner dann den "außerordentlichsten, wunderbarsten aller Schriftsteller"; ja, der Bildungsweg des Roman-Helden selber quer durch die Welt des Theaters erfährt in der Aneignung Shakespeares, vor allem in der eingehenden Beschreibung einer "Hamlet"-Aufführung, geradezu seinen Höhepunkt. "Hamlet" erscheint als absolute Größe, als eine in sich ruhende Schöpfung und eigene Wirklichkeit. Eine ganze Generation von Kunstkritikern hat sich in Deutschland von dieser Sicht leiten lassen.*

In seinem **Briefwechsel mit Schiller** *(1794) weicht Goethe von dieser Bewunderung jedoch ab - "Iphigenie" und das Klassizistische haben ihn ereilt... In dem viel gelästerten Aufsatz* **"Shakespeare und kein Ende"** *(1816) bezweifelt er gar, daß man die Werke dieses Dichters "in ihrer ganzen Breite und Länge auf das deutsche Theater bringen müsse." Den Rang des Briten sieht er mehr in der*

> Geschichte der Poesie als in der des Theaters.
> Doch das ist nicht Goethes letztes Wort. Gegenüber **Eckermann** bekennt er am **3. 12. 1824**: "Unsere eigene Literatur ist größtenteils aus der englischen hergekommen. Unsere Romane, unsere Trauerspiele, woher haben wir sie denn als von Goldsmith, Fielding und Shakespeare?" Und am **25. 12. 1825**: "Shakespeare ist gar zu reich und gewaltig. Eine produktive Natur darf alle Jahre nur ein Stück von ihm lesen, wenn sie nicht an ihm zugrunde gehen will." Abschließend, apropos der Rezension einer englischen **"Hamlet"-Ausgabe (1826)**, gibt er sich überzeugt, "daß Shakespeare wie das Universum, das er darstellt, immer neue Seiten bietet und am Ende doch unerforschlich bleibt; denn wir sämtlich, wie wir auch sind, können weder seinem Buchstaben noch seinem Geist genügen."

Das nahm sich ebenfalls die deutsche Gartenarchitektur der Zeit zu Herzen: Le Nôtre und die barocke Geometrie der Franzosen waren *out*, Lancelot "Capability" Brown und die englische Landschaftsgestaltung *in*. Natur und Freiheit lautete auch hier das neue ästhetische Gesetz. Musterbildend für viele ließ Fürst Friedrich Franz von Anhalt-Dessau in Wörlitz ein Gartenreich entstehen, das als erstes seiner Art ganz dem englischen Stil huldigte (Siehe auch "Blickpunkt" 27). Und Lord Rumford schenkte München den Englischen Garten (1789).

6. Jüdische Emigranten oder der Kontinent in Großbritannien

Das Berlin zwischen den Weltkriegen übte auch auf die britische Intelligenz jener Jahre eine große Ausstrahlung aus. Die Generation der W. H. Auden, Stephen Spender und Christopher Isherwood fand in den Gärungsprozessen der deutschen Hauptstadt einen Stimulus für ihre eigene Phantasie. Auch wenn düstere Zeichen am politischen Horizont auftauchten, konnten diese Autoren doch die Faszination, die der Schmelztiegel Deutschland, die Berlin auf sie ausübte, nicht ablegen.

Vom Berlin der frühen 30er Jahre fasziniert: W.H. Auden und Christopher Isherwood

Berlin war eine Vision, von der man sich ungern trennte - auch wenn die Ahnung stärker wurde, daß die Vision der Katastrophe geweiht war. Von dieser Mischung aus Lebensüberschwang und Tristesse handelt "Good-Bye To Berlin", Christopher Isherwoods bewegender Bericht seiner Erfahrungen im Berlin der frühen 30er Jahre. Es ist das schönste Dokument der britisch-deutschen Anziehung jener Jahre. Alle Welt kennt heute das Buch, kennt seine Heroine Sally Bowles, wenn nicht aus der Lektüre, dann aus "Cabaret", dem Musical, das Liza Minelli im Film unsterblich gemacht hat.

Als "Good-bye To Berlin" zum erstenmal erschien, 1939, am Vorabend des Zweiten Weltkrieges, war freilich über einen bedeutsamen Teil des deutsch-sprachigen Bürgertums das Unheil bereits hereingebrochen: Über das Judentum. Die Katastrophe sollte sich bald über ganz Europa ausbreiten. Es wurde ein Good-bye, wie es kein Autor sich hätte ausmalen können.

Aber in den ersten Jahren nach Hitlers Machtübernahme gelang es noch vielen Juden, Deutschland zu verlassen und in anderen Kulturen Zuflucht zu finden. Darunter waren einige der größten Repräsentanten des europäischen Geistes aus Kunst, Wissenschaft und Wirtschaft. Unter den Aufnahmeländern ragte Großbritannien hervor, wo viele dieser Exilierten aus Wien, Berlin, Budapest, Hamburg oder Leipzig eine neue Lebensblüte fanden oder, wie Sigmund Freud, einen Platz für einen würdigen Tod.

CULTURE - KULTUR

Von Siegmund G. Warburg, dem Bankier, zu Eric Hobsbawm, dem Soziologen; von Norbert Brainin, dem Mitbegründer des Amadeus-Quartetts, zu André Deutsch, Victor Gollancz oder George Weidenfeld, den Verlegern; von Karl Popper, dem Philosophen (der über Neuseeland nach London fand), zu Ernst Boris Chain, dem Biochemiker; von Schriftstellern wie Arthur Koestler, Elias Canetti oder Erich Fried zu Kunsthistorikern wie Nikolaus Pevsner und Ernst Gombrich oder dem Karikaturisten Victor Weisz ("Vicky"): Verfolgte, Verletzte, sie alle, dabei Pioniere, jeder auf seine Art, mit dem Mut zum Neuanfang und der schöpferischen Anpassungsfähigkeit im multikulturellen britischen Biotop.

Manche wurden später Nobelpreisträger (Chain, Friedrich von Hayek), aber alle, zusammen mit vielen hier nicht Aufgezählten, befruchteten sie die Gesellschaft, das Leben in ihrem Gastland wie kaum eine andere den Kanal überquerende Migrationsbewegung vor ihnen. "Es ist unmöglich, sich die britische Kultur im späten 20. Jahrhundert ohne sie vorzustellen", schreibt Paul Johnson so bündig wie treffend. Unter den vielen Kapiteln anglo-deutscher Verschränkung ist dies in vieler Hinsicht ein einzigartiger, weil unfreiwilliger Fall: Dem Schiffbruch nahe, wird ein bedeutsamer Teil europäischen Geisteslebens nicht nur gerettet, sondern dem Empfängerland Großbritannien als unverhoffte Bereicherung geschenkt.

Zwei Namen treten hervor, in denen sich die Einzigartigkeit dieser deutsch-jüdisch-britischen Befruchtung auf besonders eindringliche Weise zeigt. Ernst Gombrich (geb. 1909) und Nikolaus Pevsner (1902-1983), aus Wien der eine, aus Leipzig der andere, beides Kunsthistoriker, Vertreter eines Fachs, das bis zu ihrer Ankunft in Großbritannien ein eher amateurhaftes Dasein geführt hatte. Doch wurden sie beide herausragend vor allem deshalb, weil sie ihrem Gastland die Augen für Kunst überhaupt neu öffneten und dabei die Art, wie die Briten sich selber kulturell betrachteten, revolutionierten.

blickpunkt 21

1848/49: Schon damals wurde London zur Hauptstadt des vereinten Europas der Verfolgten

*Die britische Insel war immer ein **Hort für politische Asylsuchende des Kontinents**. Das parlamentarische System hatte Freiräume errungen, schon zu einer Zeit, als unter den absolutistischen und autoritären Regimen Europas die Menschen an so etwas wie Rede- oder Pressefreiheit nicht einmal zu denken wagten.*

*Einen großen Zustrom an Flüchtlingen erlebte England nach den gescheiterten Bürgeraufständen von **1848/49** - Politiker, Schriftsteller, Revolutionäre, die von den Staatsapparaten ihrer Länder unterdrückt und verfolgt wurden. Die britische Hauptstadt wurde so etwas wie das **Zentrum** eines vereinten Europas - **eines vereinten Europas der Verfolgten**. Hier begegneten Deutsche wie Carl Schurz (der später nach USA emigrierte), Arnold Ruge, Ferdinand Freiligrath, Gottfried Kinkel oder Malwida von Meysenbug den Italienern Garibaldi und Mazzini, Kossuth und Pulsky aus Ungarn oder Alexander Herzen, dem Russen.*

*Kurios: Unter den Flüchtlingen befanden sich für kurze Zeit auch zwei, die die verhaßte Reaktion geradezu verkörperten, der man nach London entkommen war - **Kronprinz Wilhelm von Preußen**, der spätere Kaiser Wilhelm I. (in London von März bis Juni 1848), und **Fürst Metternich** (in London von März 1848 bis November 1849), Kanzler Österreichs und Namensgeber des Systems der europäischen Restauration, gegen das der Liberalismus so lange vergeblich gekämpft hatte. Der Hohenzollernprinz und der Fürst im Dienst der Habsburger waren auf Anraten ihrer Stäbe nach London ausgewichen, um sich vor den Unruhen in ihren eigenen Hauptstädten eine Zeitlang in Sicherheit zu bringen.*

*Derweil saß im Lesesaal des Britischen Museums der geflüchtete **Karl Marx** und versenkte sich in seine Studien zur Revolution des Proletariats. Der Gedanke allein ist faszinierend: Die leibhaftige Repression der "Heiligen Allianz", Metternich, neben dem Vater eines Systems, das in der Zukunft zu noch größerer Repression führen sollte, Karl Marx, - beide kurzfristig zur gleichen Zeit in London, unerkannt füreinander irgendwo in der Weltstadt die Schritte kreuzend.*

Hitlers Machtantritt hatte ja nicht nur Menschen in die Diaspora getrieben - ganze Bibliotheken mußten auf Wanderschaft gehen, ungelitten, ungewürdigt von den neuen Barbaren. Eine der berühmtesten war die "Kulturwissenschaftliche Bibliothek" von Aby

Warburg an der Heilwigstrasse 116 in Hamburg, die im Mai 1926 als Zentrum zur Erforschung des "Einflusses der Antike auf die nachantiken Kulturen" ihre Pforten geöffnet hatte, den Betrieb aber nur sieben Jahre aufrechterhalten konnte. Ende 1933 wurden die 20 000 Bände nach London verfrachtet, wo aus der vormaligen Bibliothek Warburg das bis heute international renommierte Warburg Institute der University of London hervorging. (Das Warburg-Haus in Hamburg ist inzwischen restauriert und im September 1995 als neues Zentrum für kunsthistorische Forschungen eröffnet worden.)

Dieses Londoner Exil-Institut, der in Wien entwickelten Methodologie der wissenschaftlichen Aufarbeitung von Kunstgeschichte verpflichtet, holte sich 1936 einen gerade geflüchteten jungen Wiener Wissenschaftler, Ernst Gombrich, als Forschungsassistenten an Bord. Es war wie der Zündungsmoment im Prozeß der Kreativität selber - Gombrich, ausgestattet mit einer enzyklopädischen Perspektive, sollte mit seinen Veröffentlichungen zu einem festen Begriff der Kunstbetrachtung und Kulturinterpretation in Großbritannien werden. Seine Publikationen waren Uraufführungen: Wie man Gemälde betrachtet und rezipiert, wurde durch Gombrich nicht nur zum festen Bestandteil des einschlägigen Universitätskanons, es erreichte auch, mit Büchern in hoher Auflage, das allgemeine Publikum und prägte sich gewohnheitsstiftend ein.

Bücher wie "Die Geschichte der Kunst", "Kunst und Illusion", "Wahrnehmung und Realität", "Das Image und das Auge" - lasen sich wie Etappen von Gombrichs friedlicher Kulturrevolution in Großbritannien. Die Schüler des Meisters sind Legion, und sein Erbe wird durch sie - darin ist sich die Fachwelt einig - weit ins 21. Jahrhundert hineinstrahlen.

Nikolaus Pevsner war 31 Jahre alt, als die Nazis antraten. Er hatte sich bereits einen Namen gemacht, an der Staatlichen Gemäldegalerie in Dresden und als Göttinger Dozent für Kunstgeschichte, dem es vor allem die Geschichte der Kirchenarchitektur angetan hatte, eine damals noch junge Disziplin. "Leipziger Barock" war das Thema seiner Dissertation gewesen - ein Oeuvre von barocker Dimension schließlich sollte Pevsner selber ausstoßen. Es überbrückte viel von der kulturellen Fremdheit, die noch immer zwischen der Insel und dem Kontinent herrschte, und zeigte den Briten Wege zu sich selbst - zu ihrem eigenen architektonischen Erbe und seiner europäischen Dimension.

Der größte Vermesser und Registrator der baukünstlerischen Substanz Großbritanniens wurde dann Pevsner selber. 1951 begann er sein monumentales, schließlich auf 46 Bände angewachsenes Lexikon "The Buildings Of England" - eine lückenlose Bestandsaufnahme aller Baulichkeiten des Landes, die auch nur die kleinste architektonische Aufmerksamkeit für sich beanspruchen konnten. 32 dieser 46 Bände bestritt Pevsner allein, das Land durchkämmend, Grafschaft für Grafschaft, unermüdlich in seiner Entdeckerfreude. Eine schönere, bedeutsamere, überwältigendere Liebeserklärung an seine britische Wahlheimat hat kein Deutschsprachiger jemals vorgetragen.

blickpunkt 22

Wie Marx und Engels in Großbritannien vergeblich auf die Revolution hofften

*Wie anders doch als die Verfolgten des 20. Jahrhunderts Marx und Engels auf ihr Gastland blickten! Wieviel kritischer, verwirrter wohl auch über die Auswirkungen der "industriellen Revolution". Den Terminus hatte übrigens **Friedrich Engels** geprägt, 1845, im Vorwort zu seinem in Leipzig erschienenen epochalen Werk "**Die Lage der arbeitenden Klasse in England**". 25 Jahre jung war Engels damals und nicht politisch verfolgt wie sein Freund Marx, sondern in kaufmännischer Lehre in **Manchester**, wohin ihn Engels sen., ein Wuppertaler Textilfabrikant, 1842 zu Geschäftspartnern geschickt hatte. Mit fesselnder Beobachtungsgabe geschrieben, war "Die Lage der arbeitenden Klasse in England" das erste Buch seiner Art überhaupt, das sich hellsichtig und gezielt dem Grundthema des heraufziehenden Industriezeitalters widmete: Der horrenden "Verelendung" - wie die Sozialisten mit Recht sagten - eines Großteils der "lohnabhängigen" Bevölkerung in den von Slums umringten Industriestädten der führenden Handelsnation ihrer Zeit, England.*

*Ach, wären doch Engels und **der 1849 in London eingetroffene Marx** bei ihren Analysen geblieben, statt sich in Prophetie zu verirren! Die Nähe zur Quelle, aus der sie schöpften, der Anblick von so viel real existierendem Elend verleitete sie* zu der Schlußfolgerung, ein Ort, an dem dieses himmelschreiende Unrecht möglich sei, müsse gleichzeitig der Ort sein, an dem die Entrechteten, das Proletariat, sich auch erheben würden, um das herrschende "System" vom Thron zu stoßen und sich von seinen Ketten zu befreien. **"England ist der klassische Boden für diese Umwälzungen"** - schon dieser Satz aus dem Vorwort des Buches "Zur Lage..." war an der britischen Mentalität vorbeigeschrieben, machte aus einer aktuellen Notlage das Muster für prädestinierte Entwicklungen. "Umwälzungen" und "klassischer Boden" - das war reines **Wunschdenken**, die Hoffnung, daß England ihm den Gefallen tun werde, seine und danach die Marxsche Theorie von der Zwangsläufigkeit der proletarischen Revolution zu bestätigen. Aber England, stur wie immer, spielte nicht mit.

Karl Marx und ...

Seinen ersten Eindrücken hätte Engels folgen sollen! Schon bald nach der Ankunft in Manchester, 1842, resümierte er besser als im Buch drei Jahre später: "Die Engländer werden immer noch von der gewaltsamen Revolution durch ihren Respekt vor dem Gesetz, der ihnen angeboren ist, zurückgehalten", liest man in einem seiner Briefe. Genau so sah es übrigens zehn Jahre später **Theodor Fontane**, der beste Großbritannien-Kenner seiner Zeit, der nicht müde wurde, seinen "äußersten Unglauben an eine englische Revolution von unten oder gar von allerunterst" zu bekennen.

Umsonst. Marx und Engels gewöhnten sich an, auf die proletarische Revolution in England, zu lauern. Im **Juli 1866**, bei einer Arbeiterdemonstration im Hyde Park, schlägt Marx' Herz wieder einmal höher. Würde es zur Kollision kommen? Würde der revolutionäre Funke überspringen? Nein, wieder nichts! Kein Blut sei geflossen, bedauert er in einem Brief an Engels in Manchester. "Diese dickköpfigen John Bulls, deren Schädel gerade für die Knüppel der Konstabler erschaffen zu sein scheinen, werden nichts ohne einen wirklich blutigen Zusammenstoß mit den herrschenden Mächten erreichen", schreibt er mißgelaunt. Aber er macht sich Hoffnung: **"Zuerst braucht der Engländer eine revolutionäre Erziehung..."**, um hinzuzufügen: **"... und zwei Wochen würden dazu genügen."**

... Friedrich Engels: die Lage der arbeitenden Klasse richtig gesehen, aber falsch beurteilt

Zwei Wochen! Zwei Jahrtausende würden nicht reichen... Es kann die beiden Umsturz-Theoretiker nicht sehr für ihr Gastland eingenommen haben, daß das erwartete UFO, die Revolution, ausblieb. Jedenfalls hat der Cardiffer Germanist

CULTURE - KULTUR

> George Gillespie auf einen Umstand hingewiesen, den er selber als "peinlich" bezeichnet: Nicht ein einziges günstiges Urteil oder freundliches Wort über England oder englische Persönlichkeiten finde sich im Gesamtwerk der beiden. Schlechte Verlierer?

Was ihm selber an seinem Gastland einzigartig erschien und was er ihm zurückschenken wollte, faßte Pevsner in seiner nicht minder berühmten, später als Buch herausgegebenen Vortragsreihe "Das Englische der englischen Kunst" zusammen. Zur Popularisierung des Gelehrten trug auch bei, daß er in Allan Lane einen Verleger gefunden hatte, der gerade dabei war, mit den beiden Publikationsreihen "Pelican" und "Penguin" Großbritanniens erstes Taschenbuch-Empire aufzubauen und dabei nach Möglichkeiten suchte, Bildungsthemen populärwissenschaftlich aufzuarbeiten. Mit Pevsner als Autor und Herausgeber erschien daher 1953 die erste Ausgabe der "Pelikan-Weltgeschichte der Kunst", eine Enzyklopädie, die noch heute nicht abgeschlossen ist.

Die Flüchtlinge wollten "lebende Interpreten zwischen verschiedenen Kulturen" sein, wie einer der ihren, der Politologe Karl Mannheim, es einmal formulierte. "Sie trugen ganz sicher dazu bei, Großbritannien weniger insular zu machen", resümiert Paul Johnson. Und europäischer dazu. Im Nachlaß von Aby Warburg fand man einen Hinweis auf die Widmungsinschrift, die in den Grundstein seines Hamburger Instituts (1926) eingelassen worden war: "Dem guten Europäer". Ein besserer Epitaph für dieses Kapitel der englisch-deutschen Beziehungen, geboren in dunkler Stunde und doch leuchtend bis in unsere Tage, läßt sich nicht denken.

Zu den Londoner Einrichtungen der höheren Bildung, die schon lange vor Hitler international ausstrahlten, gehörte die "London School of Economics", gegründet von den "Fabianern" Sidney und Beatrice Webb um die Wende zum 20. Jahrhundert. An der LSE lehrte schon Anfang der 30er Jahre der in Wien geborene Friedrich von Hayek, Wirtschaftswissenschaftler, Kon-junkturforscher und ordnungspolitischer Kopf par excellence. Radikal-liberal, anti-interventionstisch, anti-Keynes, gehörte v. Hayek neben Röpke, Eucken und (später) Müller-Armack zu den entscheidenden Wegbereitern einer Politik des freien Marktes.

In die Londoner Zeit (1931 bis 1950) fällt die Veröffentlichung seines wohl einflußreichsten Werkes, "Der Weg zur Knechtschaft" (1944), das später in Margaret Thatcher nicht nur eine glühende Bewunderin fand, sondern eine Politikerin mit der Entschlossenheit, Hayeks Empfehlungen zur Grundlage ihres eigenen Wirtschaftsprogramms zu machen. Der Kampf um den "Thatcherismus" war letztlich auch ein Kampf um von Hayek und seine Philosophie, die 1974 mit dem Nobelpreis für Wirtschaftswissenschaften geehrt wurde.

Ein anderer gebürtiger Wiener, der Philosoph Karl Popper, wurde seinerseits nach dem Kriege an die LSE berufen, was die europäische Verzweigung dieser renommierten Forschungsstätte weiter kräftigte. Die renommierte Institution übertrug ihm die Leitung der philosophischen Abteilung, während er parallel dazu an der Universität London Logik und Wissenschaftliche Methodenlehre unterrichtete (1945 bis 1969).

Noch in seinem neuseeländischen Exil in Christchurch hatte Popper wie auch von Hayek gerade sein Hauptwerk publiziert, "Die offene Gesellschaft und ihre Feinde" (1945). Es wurde so etwas wie das Gebetbuch aller Marxismus-Kritiker, die wichtigste Widerlegung sozialistischer Heilsverkündungen generell, die - neben vielen anderen - auch einen "Realpolitiker" wie Helmut Schmidt nachhaltig beeinflussen sollte. In seinem Nachruf auf Popper bekannte der Altbundeskanzler:

Geehrt: Karl Popper erhält das Bundesverdienstkreuz mit Stern und Schulterband

"Ich verdankte ihm die rationale Begründung für meine instinktive Abneigung gegen alle Formen von politischen Utopien und Visionen - einschließlich der vielerlei Spielarten des Marxismus." (DIE ZEIT, 23. 9. 1994)

Auch Popper galt, wie von Hayek, als führender Kopf des Liberalismus; dabei bezeichnete er sich selber vorzugsweise als einen Moralisten und Skeptiker in der Nachfolge Kants und der englischen Aufklärung, vor allem des Empirismus eines Shaftesbury oder Hume.

Poppers Überzeugung, daß menschliche Vernunft prinzipiell fehlbar sei, und daß es Fortschritt nur geben könne durch ständige Überprüfung, "Fehlbarkeitstests", denen sich die Vernunft zu unterwerfen habe, paßte in der Tat wenig zum Hegel-Zweig des deutschen Idealismus, aus dem bei Marx der Despotismus unfehlbarer Theorien geworden war.

Sie paßte umso besser in die britische philosophische Tradition von "Versuch und Irrtum", von *Versuch und Kompromiß*, wie es Herbert Spencer im 19. Jahrhundert nannte. Aber besaßen nicht auch die Deutschen einmal einen Lessing, Friedrich Nicolai oder Moses Mendelssohn? Was war die "Ringparabel" aus Lessings "Nathan der Weise" anderes als ein vorweggenommener Popperscher "Falsifikationstest", an dem jeder Anspruch auf absolute Wahrheit scheitern mußte? So wurde Karl Popper nach dem Zweiten Weltkrieg zum wichtigsten Erneuerer dieses europäischen Kulturerbes - ein Vermittler der besten Schule, ein Jude aus Wien, vertrieben vom Nationalsozialismus, zum Wahlbriten geworden, dem demokratisch wiederbelebten Deutschland ein Freund und der SPD ein wichtiger Berater bei der Abfassung des reformerischen "Godesberger Programms" von 1959, mit dem die deutschen Sozialdemokraten ihre Wende zum Westen besiegelten.

Deutschland: Wo politische Reformen fehlten, flüchtete der Geist früh in Theorie und Spekulation ...

*Wieviel im **Charakter einer Nation** ist a priori angelegt und wieviel geprägt durch die Geschichte, den "gesellschaftlichen Überbau", wie Marx gesagt hätte? Die Antwort kann Bibliotheken füllen. Sicher ist, daß politische Systeme und ihre Entfaltung mitverantwortlich sind für Mentalität und Denkweisen einer jeweiligen Gesellschaft. Andererseits muß vor der Herausbildung einer politischen Ordnung eine bestimmte Disposition existiert haben, so etwas wie eine nationale Eigenart, die genau diese und keine andere Ordnung entstehen ließ. Und so müßte man dann doch wieder stärker auf ein Apriori im Nationalcharakter schließen...*

*Wie auch immer: In **England** hatte die "Herrschaft von oben" spätestens seit der "Glorreichen Revolution" 1688/89 ausgespielt, es galt von nun an der im*

Parlament verankerte politische Wille, *"der noch nicht der des Volkes war, aber dennoch im Namen des Volkes sprach"* (**H. D. Gelfert:** *"Typisch englisch - Wie die Briten wurden, was sie sind"*, 1995). Spiegelbildlich dazu entwickelte sich die englische Philosophie: Empirismus, Pragmatismus, politische Selbstbestimmung - das waren ihre Stichworte.

In **Deutschland** dagegen herrschte eine andere Realität: Autoritär, zur Restauration neigend, gegen bürgerrechtliche Reformen. Und so nahm auch das Denken eine andere Richtung, eine ihm gemäße, in die "Innerlichkeit" gehende. Dort fanden die Deutschen letztlich das einzig unangefochtene Feld ihrer freien Entfaltung vor. Im abstrakten Denken lag gegenüber einer Wirklichkeit konkreter Unterdrückung das Heil und leider auch die Verführung zur Kompromißlosigkeit, zur rigiden "Konsequenz", zur Vereinzelung.

Ein von deutschen Männerchören seit dem 19. Jahrhundert mit Inbrunst geschmettertes Lied sagte eigentlich alles:

"Die Gedanken sind frei / wer kann sie erraten?
Sie fliehen vorbei / wie nächtliche Schatten,
Kein Mensch kann sie wissen, / kein Jäger erschießen
Mit Pulver und Blei, / die Gedanken sind frei!

Ich denke, was ich will / und was mich beglücket,
Doch alles in der Still / und wie es sich schicket...

"Alles in der Still" - das war der Ausdruck einer Bürgerschaft, die selber lange politisch stillhalten mußte. "Räsoniert, so viel ihr wollt, aber gehorcht!", hatte Friedrich der Große, sonst ein fortschrittlicher Geist, seinen Untertanen eingeschärft. Zensur, Kerker und Obrigkeitsdenken sorgten dafür, daß in der Tat **nur die Gedanken frei** blieben.

So gingen Politik und Philosophie ihre getrennten Wege. Das fiel Besuchern bald auf, etwa **Madame de Staël**, *die auf ihrer ersten Deutschland-Reise 1803 irritiert schrieb:*

"Die großen Geister Deutschlands ergehen sich in den heftigsten Argumenten bezüglich der Welt der Ideen, und niemand darf sich in ihre Spekulationen einmischen. Aber was die wirkliche Welt angeht - da sind sie nur zu gewillt, sich der Autorität zu beugen."

Es war wohl mehr ein Müssen als ein Wollen... Schon **Goethe** hatte geklagt:

> "Deutschland? Aber wo liegt es? Ich weiß das Land nicht zu finden,
> Wo das gelehrte beginnt, hört das politische auf."

"Das Ding an sich", Grundbegriff der idealistischen Philosophie, "die Hauptbeschäftigung der besten Geister" (Friedrich Gundolf), - es wurde zum Ersatz für eine Wirklichkeit, an der man nicht teilhaben, die man nicht mitgestalten durfte. Gegenüber dem **Sein**, von dem man ausgesperrt blieb, wurde das **Sollen**, die Welt der Vorstellungen und der unerprobten Imperative, zum um so wichtigeren Lackmustest für den deutschen Intellekt.

... lernte aber auch bald, Witze darüber zu machen

Politische Verengung - Flucht ins abstrakte Denken: Diese Dialektik dauerte lang genug, aber wie zur Kompensation lernten die Deutschen, gelegentlich über ihren Überschuß an Spekulation und ihr Defizit an Realität zu spotten. Schon zur Zeit, als Professor Hegel in Berlin seine philosophische Architektur erläuterte, kreiste der folgende Witz:

Ein junger Philosophiestudent, 20 Jahre alt, schreibt an seinen Vater:
    "Wie die Welt sein sollte, weiß ich nun; es lohnt sich daher nicht der Mühe, sie kennenzulernen, wie sie wirklich ist."
Apropos **Hegel** *- auch über ihn gab es früh einen Standardwitz, der zu einem Stereotyp über die Deutschen allgemein geworden ist.*
Jemand fragt den berühmten Gelehrten: "Was ist denn nun, wenn Ihre Theorien nicht mit der Wirklichkeit übereinstimmen?" Darauf Hegel: "Um so schlimmer für die Wirklichkeit!"

Goethe *witzelte zum Ruhme der Briten:*
    "Während die Deutschen sich mit der Auflösung philosophischer Probleme quälen, lachen uns die Engländer mit ihrem großen praktischen Verstande aus und gewinnen die Welt." (Gespräche mit Eckermann, 1. September 1829)

Mit das Beste zum Thema schrieb **Heinrich Heine** *in "Deutschland - Ein Wintermärchen" (1844):*

CULTURE - KULTUR

Franzosen und Russen gehört das Land,
Das Meer gehört den Briten,
Wir aber besitzen im Luftreich des Traums
Die Herrschaft unbestritten.

Hier üben wir die Hegemonie.
Hier sind wir unzerstückelt;
Die andern Völker haben sich
auf platter Erde entwickelt.

Ist es nicht merkwürdig, so fragte vor einiger Zeit der Oxforder Historiker **Timothy Garton-Ash**, warum es im Englischen heißt:
"What on Earth is the matter here?"... wo der Deutsche zum Ausdruck derselben Frustration formuliert:
"Was um Himmels willen ist hier los?" Merkwürdig - oder bezeichnend?
Was ist aus der Schule des deutschen spekulativen Denkens geblieben? Noch immer **die Scheu vor dem Eintreten in die Realität.** In keiner Gesellschaft wird so viel und so langwierig wie in der deutschen über Schritte aus der gesellschaftlichen Verkrustung gesprochen - und dann kommen sie doch nicht, diese Schritte. Statt dessen eine neue Konferenz, ein neues Seminar, eine neue Akademietagung. Die Diskussion über eine Reform des Ladenschlußgesetzes beispielsweise zog sich über mehrere Jahrzehnte hin, eine ganze Generation ging darüber in Rente. Erst im Sommer 1996 ging die Debatte mit einem "Reförmchen" - einem reformlet - zu Ende.

Auch über diese deutsche Scheu, mit dem ersten Schritt die tausend Füße der Bedenken (und ihre Träger) außer Kraft zu setzen, erzählte man sich schon vor 170 Jahren den entsprechenden Witz. Und der geht so:

Der Deutsche kommt nach seinem Tode auf dem Wege in die Ewigkeit an eine Weggabelung. Das eine Schild weist "Zum Himmel", das andere "Zu Vorträgen über den Himmel". Kein Zweifel, wohin es unseren Deutschen zieht, zu den Vorträgen natürlich...

CULTURE - KULTUR

Aber mit der Generation der Poppers und Hayeks, den um 1900 Geborenen, verlor die Geschichte der LSE mitnichten ihre "deutsche Konnexion". Vielmehr war es ein Deutscher, der 1974 bis 1984 die Leitung des Instituts übernahm: Ralf Dahrendorf, einer der bekanntesten Soziologen und Gesellschaftswissenschaftler der Gegenwart. Dahrendorf konnte aus einer außerordentlichen Breite an Lebens- wie Berufserfahrung schöpfen. Professor in Konstanz, Staatsminister in Bonn, Vordenker der deutschen Liberalen Partei, EG-Kommissar: Die LSE setzte mit ihm an der Spitze ihren Ruf als hohe Schule unangepaßten Denkens fort, getreu dem Handbook, das alle Bewerber um einen Studienplatz erhalten. "Dies ist nicht der richtige Ort für Sie, wenn Sie einige Jahre in der Gesellschaft Gleichgesinnter verbringen wollen...", heißt es da herausfordernd.

Als Rektor (Warden) von St. Antony's, Oxford, der er inzwischen ist, und naturalisierter Brite dazu, hat Dahrendorf 1995 zum 100-Jahre-Jubiläum der LSE in der Oxford University Press *die* Geschichte der Schule vorgelegt, reich an *stories* wie an *history*, ein Leitfaden quasi der letzten einhundert Jahre britischer politischer und geistiger Entwicklung. Er sei "seit Prinz Albert der einflußreichste Deutsche in Großbritannien", schrieb kürzlich ein englisches Blatt über Lord Dahrendorf. Das ist ein Kompliment auch für Deutschland selber, welches reich sein muß, Köpfe wie ihn der Insel zum Geschenk machen zu können...

Im Dialog mit den 68ern geschult: Ralf Dahrendorf

Daß die Schnittstelle zwischen Idee und Praxis nicht selten eine besondere Kreativität stiftet, belegt auch Kurt Hahn, der in den 30er Jahren aus prinzipieller Gegnerschaft Nazi-Deutschland verließ und die Gordonstoun School in Schottland gründete, eine Stätte eigener Ausprägung von Charakter und Lebensanschauung. Hier treffen sich die Vorliebe fürs *outdoor* und das Abenteuer, für Selbstbeherrschung und Dienst an der Gemeinschaft mit Ideen von Menschenbildung und Persönlichkeitsformung. Keines ist dem anderen fremd, das

Deutsche ergänzt sich mit dem Britischen - schon Salem, Hahns deutsche Erstgründung, basierte ja auf einer Mischung aus Traditionen beider Länder. Sowohl der Herzog von Edinburgh als auch Prinz Charles, sein Sohn, haben Gordonstoun durchlaufen, wobei der Thronfolger, seinem eigenen Zeugnis nach, dort weniger glückliche Jahre zugebracht hat als sein Vater.

Die Bücher, die sie übereinander schreiben, waren für Briten und Deutsche oft so etwas wie kulturelle "Augenöffner"

Dahrendorfs Standardgeschichte der **London School of Economics** ist fast typisch für die intellektuelle Intimität der anglo-deutschen Beziehungen: Der Autor "von draußen" schließt in seinem "Gastland" eine lange bestehende Lücke oder zeichnet neue Perspektiven, die das Sehen verändern helfen. Die Leistungen der deutschsprachigen Emigranten in Großbritannien belegen dieses Muster auf eindrucksvolle Weise. Auch **Friedrich Engels** Werk über **"Die Lage der arbeitenden Klasse in England"** war ein "Augenöffner" für das Großbritannien seiner Zeit (1845). Oft aber war es die Insel, die im Prozeß der gegenseitigen Erhellung vorne lag, vor allem bei Biographien, Monographien - einem literarischen Genre, das unter den Briten früher als anderswo seine Hochblüte erreicht hatte.

Wer hat das wohl fesselndste Buch über die Deutsche Bundesbank geschrieben? Ein Brite, **David Marsh**, der langjährige Bonn-Korrespondent der "Financial Times": **"Die Bundesbank - die Bank, die Europa beherrscht"** lautete sein provokanter Titel. Es kam gerade rechtzeitig 1992 auf den Markt um die Pfundkrise vom September 1992 mit den entsprechenden Einsichten begleiten zu können. Vor Marsh hatten frühere Kollegen von ihm mit ihren Büchern zur deutschen Politik in Deutschland selber ein großes Echo erzielt. Terrence Prittie etwa, Bonn-Korrespondent der "Times", der 1965 eine der frühesten Gesamtdarstellungen des ersten Bundeskanzlers vorlegte, "Adenauer" (die deutsche Fassung erschien 1971: "Konrad Adenauer. Vier Epochen deutscher Geschichte"). Oder Jonathan Carr, der aus Deutschland für die "Financial Times" und den "Economist" berichtete, mit der ersten Monographie des fünften deutschen Bundeskanzlers, "Helmut Schmidt" (1985/1993). Und kein Buch zur deutschen Ostpolitik ist in den letzten Jahren so intensiv diskutiert und rezipiert worden wie "Im Namen Europas" (1995) von Timothy Garton-Ash.

Aber wer hätte gedacht, daß auch das Standardwerk **"Die großen deutschen Rieslingweine"** *(1994)* von einem Briten stammt, dem 1960 geborenen Londoner **Stuart Pigott**. Die Deutschen müssen auf ihn gewartet haben... Der junge Mann schrieb mit 23 Jahren seinen ersten Fachaufsatz für das Weinmagazin "Decanter", nahm sich 1989 eine Wohnung in Bernkastel an der Mosel und lebt seit 1993 in Berlin, wo er malt und schreibt. **Stuart Pigott** und **Hugh Johnson** haben außerdem 1995 den **"Atlas der deutschen Weine"** überarbeitet und neu herausgebracht.

Macht man einen Sprung zurück ins 19. Jahrhundert, begegnet man sofort **Thomas Carlyle** und seinem großen, bis in unser Jahrhundert reichenden Einfluß in Deutschland mit Büchern wie **"Das Leben Schillers"** *(1825)*, **"Helden, Heldenverehrung und das Heroische in der Geschichte"** *(1841)* oder der sechsbändigen (!) **"Geschichte Friedrichs des Großen"** *(1858-65)*. Carlyle erweiterte seine Studien zur deutschen Kultur und Geschichte ins Enzyklopädische, weit über das hinausgehend, was **Thomas de Quincey** vor ihm als damaliges Defizit unter den Briten beklagt hatte: "Die deutsche Literatur der Gegenwart (...) ist die reichhaltigste der Welt. Die Reichtümer dieser Mine sind kaum gerüchteweise in unserem Land bekannt." Doch war es seine Ideologie des Helden, die ihm später in Deutschland zu zweifelhaftem Ruhm verhelfen sollte: Die Nationalsozialisten sahen in ihm einen willkommenen Stichwortgeber für ihre Zwecke. In Carlyles **Friedrich-Biographie** las **Adolf Hitler** sogar noch im März 1945 im Bunker der umkämpften Reichskanzlei, in der Hoffnung, ihm, Hitler, werde vielleicht ein Wunder zuteil wie dem preußischen König, dessen Glück im Siebenjährigen Krieg durch den Tod der russischen Kaiserin Elisabeth (am 5. 1. 1762) eine Wende nahm. Carlyle hatte gerade dieses Kapitel mit besonderer Leidenschaft ausgeschmückt.

Dieser kurze Überblick darf nicht enden ohne **George Henry Lewes** und sein zweibändiges **"Das Leben Goethes"** *(1855)* - die erste erfolgreiche Goethe-Biographie überhaupt, die auf dem Kontinent allgemein und in Deutschland im besonderen lange Zeit über die Bücherschränke des Bürgertums zierte. Noch der erste Präsident der jungen Bundesrepublik Deutschland, **Theodor Heuss**, erinnerte während seines **Staatsbesuchs in Großbritannien 1958** liebevoll an diesen Namen. In der "County Hall" in London sagte Heuss auf einem Empfang am 22. Oktober 1958: "Der erste 'richtige' Biograph von Goethe war ein Engländer, George Henry Lewes. Sein 1855 erschienenes Werk war in meiner Jugend die auch in Deutschland selber am meisten verbreitete Lebensgeschichte *des Mannes." Kein geringerer als **Rainer Maria Rilke** (1875-1926) wurde durch dieses Buch von seiner Berührungsangst gegenüber Goethe befreit, dem er vor der Lewes-Lektüre "Persönlichkeitskult und olympische Unnahbarkeit" nachzusagen pflegte.*

*140 Jahre später - und wieder ist es ein Brite, der Oxforder Literaturwissenschaftler **Nicholas Boyle**, der mit einer neuen Goethe-Biographie Furore macht, gerade auch in Deutschland, wo die Kritik den ersten Band seines "magnum opus" mit ungeteiltem Lob überschüttet hat:* **"Goethe - Der Dichter in seiner Zeit"** *(Band I: 1749 - 1790)*

7. Bildungsaustausch über den Kanal hinweg heute

Reisen bildet, sagt man, auch wenn wir oft mit Stereotypen durch die Welt hasten. Das genau ist ein Problem, wenn vom Jugend- und Bildungsaustausch, wie ihn Deutschland und Großbritannien auch offiziell pflegen, die Rede ist: Tausend Einflüsse greifen nach dem Menschen, haben ihn vielleicht schon geprägt mit Bildern und Vorstellungen vom Partnerland, die oft von vorgestern stammen (siehe auch die jüngste Umfrage in Großbritannien unter 10- bis 16Jährigen, Kapitel I, Seite 20). Hand aufs Herz: Wer reist heute noch auf die britischen Inseln oder nach Deutschland und kann sagen, er sei frisch und unbelastet von Vorprägungen über die "Tommys" und "die Hunnen", die "Krauts" und die "Hooligans", britische Euroskeptiker oder die Bundesbank?

Aber wir haben früheren Generationen gegenüber einen Vorteil: Die Mobilität unserer Lebensweise kann viele dieser alten Formatierungen - wie man heute sagen müßte - rascher hinter sich lassen. In der Tat ist die Hoffnung berechtigt, daß die interaktive Welt von heute auch dazu führt, nationale Stereotypen immer irrelevanter zu machen. Im Internet herrscht Kommunikation wie im schwerelosen Raum - Vorurteile dürfen ihre Schwerkraft verlieren, viele einst hinderliche Eigenschaften, persönliche wie nationale, sich in Material für Gruppenspiele verwandeln.

Viele, Jugendliche vor allem, denken wenn sie reisen, ohnehin ganz handfest und praktisch: Sie wollen ihre

Fremdsprachenkenntnisse aufbessern - die Beherrschung einer zweiten Arbeitssprache wird immer wichtiger, kann das entscheidende Moment für berufliche Chancen sein. Dabei fällt sofort eine große Diskrepanz ins Auge: Daß die Deutschen Englisch lernen wollen/müssen, ist hinlänglich bekannt, aber gilt Gleiches auch umgekehrt? Nein, im Gegenteil. So wie in "Macbeth" der Wald von Birnam einst nach Schloß Dunsinane vorrücken soll, so rückt die ganze Welt schon heute der Insel auf den Leib, begierig, die englische Weltsprache zu lernen - was also sollen sich die "Insulaner" viel um Fremdsprachen bemühen, noch gar um diese "fürchterliche deutsche Sprache" (Mark Twain)?

Die Zahlen sprechen für sich: Nur ca. 120 000 britische Schüler lernten 1995 Deutsch bis zur GCSE-Stufe (ungefähr Mittlere Reife) - immerhin ein Anstieg um 20 000 seit 1991. Auf deutscher Seite dagegen sind es 3, 75 Millionen englischlernende Schüler. An circa 80 deutschen Gymnasien gibt es heute deutsch-englische bilinguale Züge, auf britischer Seite bisher noch keinen.

Solche Schieflagen spiegeln sich auch im allgemeinen Reisevolumen nach hüben und drüben. Laut der schon im Eingangskapitel (S. 17) zitierten MORI-Umfrage vom November 1994 hatten nur 6 Prozent aller Briten in den zwölf Monaten zuvor Deutschland, hingegen 24 Prozent der Deutschen die Insel bereist. Dabei zählt der Tourismus nach wie vor zum potentiellen Hauptlieferanten von realistischeren Bildern über den anderen.

Die Wirkungen dieser Freizeitmigration auf die tatsächliche Veränderung von Stereotypen (stark? weniger stark? unerheblich?) bedürfen allerdings noch weiterer Erforschung. Auch täuscht der direkte deutsch-britische Vergleich, wie ihn MORI anstellte. Die Deutschen mögen stärker nach Europa ausfächern als ihre britischen Vettern und die Insel ohnehin als ein Muß für das Englischlernen bevorzugt ansteuern. Aber nur wenige Europäer verbringen andererseits so viel Lebens- und Berufszeit außerhalb ihres Mutterlandes wie die Briten. Hier spielen die Staaten des Commonwealth eine ungebrochen wichtige Rolle. Sie sind in vielen Fällen jedoch nur bedingt "Ausland", zeigen sie doch allenthalben vertraute Spuren, die die einstige Kolonialmacht, wie zur Wiedererkennung und zum Sichwohlfühlen, zurückgelassen hat, angefangen mit Englisch als der gesetzlichen Sprache und endend mit Cricket oder dem Bowling-Spiel.

Doch zurück zur Situation an den Schulen und Hochschulen. Auf deutscher Seite sind viele Hände im Spiel, wenn es um die Förderung der deutschen Sprache in Großbritannien geht. 55 Deutschlektoren des DAAD (Deutscher Akademischer Austauschdienst) unterrichten derzeit an britischen Hochschulen, ein Fachberater kümmert sich um Deutsch im Schulbereich. Das Goethe-Institut bietet Stipendien für Fortbildungskurse an, hilft mit pädagogischer Verbindungsarbeit und Werbekampagnen und entwickelt zusammen mit der BBC einen neuen Sprachlehrfilm.

"Das ist es, was unseren Weibern gefällt!" - Wie der alte Goethe über die jungen Briten dachte

Goethe ist selber nie in England gewesen, aber in London hatte sein Herzog, **Carl August von Weimar,** *mit Johann Christian* **Hüttner** *einen erstklassigen Beauftragten vor Ort, und der hielt auch den Geheimrat auf dem laufenden und versorgte ihn mit allen gewünschten Neuerscheinungen des Buchmarktes. Unter den aufsteigenden britischen literarischen Genies während seiner Spätzeit hatte es ihm vor allem* **Lord Byron** *angetan (den er schließlich in "Faust II" in der Figur des "Euphorion" - ein Sohn des Faustus und der Helena - verewigte). Eine umfangreiche Korrespondenz ergänzte Goethes Kontakte zur Insel.*

*Doch der Geist Britanniens wurde ihm in seinen hohen Jahren auch physisch ins Haus gebracht, durch einen unendlichen Strom junger Besucher, Sprößlinge aus vornehmen Familien zumeist, die es sich nicht nehmen ließen, der Stadt Weimar und dem berühmtem Mann ihre Aufwartung zu machen. (***Henry Crabb Robinson** *- wir begegneten ihm bereits apropos der Gründung des Londoner University College - war beispielsweise einer von ihnen.)*

Gespielt irritiert über die Ablenkung, dabei immer mit großem Respekt für die Eigenart der Besucher und was diese ihm über den britischen Charakter verrieten,

CULTURE - KULTUR

> gab Goethe mehrmals ausführliche und amüsante Schilderungen über diese Vorgänge zum besten. So gegenüber **Eckermann** am 12. 3. 1828:
> "Die Engländer scheinen überhaupt vielen anderen etwas voraus zu haben. (...) So jung und siebzehnjährig sie hier auch ankommen, so fühlen sie sich doch in dieser deutschen Fremde keineswegs fremd und verlegen; vielmehr ist ihr Auftreten und ihr Benehmen in der Gesellschaft so voller Zuversicht und so bequem, als wären sie überall die Herren und als gehöre die Welt überall ihnen.
> Das ist es denn auch, was unseren Weibern gefällt und wodurch sie in den Herzen unserer jungen Dämchen so viele Verwüstungen anrichten. Als deutscher Hausvater, dem die Ruhe der Seinigen lieb ist, empfinde ich oft ein kleines Grauen, wenn meine Schwiegertochter mir die erwartete baldige Ankunft irgend eines neuen jungen Insulaners ankündigt. Ich sehe im Geiste immer schon die Tränen, die ihm dereinst bei seinem Abgange fließen werden. - Es sind gefährliche junge Leute; aber freilich, daß sie so gefährlich sind, das ist eben ihre Tugend."
> "Eigentlich finden die Irländer in meinem Hause am meisten Beifall."
> (an Sulpice Boisserée, 12. Oktober 1827)
>
> "Wenn mich auch keine andere Nation mit Besuchern so belästigt (...) wie die englische, so muß ich doch auch zugeben, (...) daß kein anderer Landsmann, was splendide Schicklichkeit betrifft, es dem Engländer zuvortut."
> (zu Friedrich Förster, 16. Oktober 1829)

Schätzungsweise 30 000 britische und deutsche Schüler nehmen jährlich an Austauschprogrammen teil, für die vielfach Bundesländer hier, Grafschaften dort verantwortlich zeichnen, aber auch Städte, Gemeinden und Landkreise via ihre jeweiligen Partnerschaften. Gut 400 solcher Partnerschaften gibt es heute zwischen beiden Ländern. (Siehe auch Kapitel IV, 4.) Das reicht aber bei weitem nicht, gerade die deutsche Nachfrage zu sättigen: In allen Bundesländern gibt es lange Wartelisten deutscher Schulen für die Aufnahme von Schulpartnerschaften mit Großbritannien.

Es überrascht daher nicht, daß der British Council mit Sprachprojekten in Deutschland gar nicht schnell genug nachkommen kann - Kunststück! Englisch ist halt *in*, auch in den neuen Ländern. In Leipzig hat der "Council" eine neue Zweigstelle eröffnet. Zu einer englisch-sprachigen Vortragsreihe mit britischen zeitgenössischen Autoren kamen an vier Tagen ins Zentrum des British Council in Köln sage und schreibe über tausend Besucher. Asymmetrie der Zahlen, so weit das Auge reicht.

Etwas besser steht es im Bereich der Oberschulen. Der "Pädagogische Austauschdienst" der Ständigen Konferenz der Kultusminister der Länder in der Bundesrepublik Deutschland (KMK) und das "Central Bureau for Educational Visits and Exchanges" tauschen knapp 800 deutsche Fremdsprachenassistenten, die in britischen Schulen Deutsch unterrichten, mit gut 500 für den Englischunterricht in Deutschland eingesetzten britischen Lehrkräften aus, die jeweils vom Gastland finanziert werden. Die Diskrepanz der Zahlen erklärt sich einfach daraus, daß die deutschen Länder weniger Geld zur Verfügung haben.

Asymmetrie macht sich auch bemerkbar im Vergleich der Studentenzahlen: 8000 deutsche Studenten waren 1995 an britischen Hochschulen immatrikuliert, während im gleichen Zeitraum nur 2 500 Briten in Deutschland studierten. Die deutsche Zahl überrascht dennoch: Immerhin ist das Studium auf der Insel in gewissen Fällen alles andere als kostenlos, die jungen Deutschen müssen also durchaus bereit sein, in die Tasche zu greifen für den "pädagogischen Vorteil" einer befristeten Studiendauer an britischen Universitäten. Interessanterweise sind ja für ein ganzes 'Undergraduate'-Studium keine Gebühren zu zahlen; diese entstehen erst bei einer Immatrikulation für ein, zwei oder drei Semester.

Freilich gibt es Begabten-Stipendien für das Studium in Großbritannien - 265 Jahresstipendien hat der DAAD derzeit vergeben. Zusammen mit dem British Council wird daneben ein projektbezogenes Wissenschaftler-Austauschprogramm unterhalten. Im Zeitraum 1995/96 ging es um 300 solcher Vorhaben, an denen 700 Forscher beider Länder beteiligt sind.

Auch die Europäische Union springt allmählich mit ihren Austauschprogrammen an - so mit SOKRATES, LEONARDO ("Jugend für Europa III"). Die beiden genannten schließen die berufliche Bildung mit ein: So kamen 1995 rund 2000 deutsche "Auszubildende" in den Genuß eines EU-geförderten Aufenthalts in Großbritannien für ihre berufliche und sprachliche Ausbildung.

CULTURE - KULTUR

> **blickpunkt 26**
>
> **Berufsausbildung: Deutsch-britisches Joint Venture**
>
> Man kann nicht alles dem Staat überlassen, dachten sich einige namhafte britische Großfirmen und ihre deutschen Pendants, vertreten durch die Deutsche Industrie - und Handelskammer, und gründeten 1988 in London die **"Britisch-Deutsche Berufsschule"**. Diese bietet auf der Basis des dualen deutschen Systems eine zweijährige Ausbildung an, mit einem Abschluß, der in beiden Ländern anerkannt wird (das ist wichtig, da es solche gegenseitige Anerkennung der Abschlüsse beispielsweise im Universitätsbereich noch immer nicht gibt): das "Higher National Diploma in Business and Finance" und den deutschen "Industrie-" beziehungsweise "Bankkaufmann". Das Projekt ist ein Schrittmacher auch für die weitere deutsch-britische Wirtschaftsverflechtung (siehe dazu Kapitel III).

Alles ist Austausch, alles ist Migration, alles vibriert von Ideen und Geldmangel... Wären da nicht die Medien, die von sich behaupten, sie klärten uns übereinander auch dann noch auf, wenn wir portemonnaieschonend zu Hause sitzen, Zeitungen studieren, im Internet surfen oder das Fernsehen einschalten. Aber wer schult die Medien, diese nicht mehr so "heimlichen Verführer", und welchen Unterschied macht ein Tropfen auf dem heißen Stein?

Den Unterschied, der von einem *steten* Tropfen ausgeht, der den Stein bekanntlich höhlen soll. Darauf müssen wohl alle jene bauen, die das Unmögliche anpeilen, im Medienbereich ein neues Bewußtsein auszusäen über Irrtümer, Komplexitäten und das Profil nationaler Eigenarten. Ein neues Projekt dieser Art hat 1995 die Auslandsabteilung des Bundespresseamtes gestartet: Je fünf Journalisten erhalten zwei Monate lang in Redaktionen des Partners auf der anderen Seite des Kanals die Möglichkeit, über den bekannten Tellerrand hinauszublicken und neue Möglichkeiten des Verstehens zu entdecken, abseits aller gängigen Klischees.

Einen kräftigen Anschub sollen die deutsch-britischen Beziehungen durch drei mediengestützte Projekte der jüngsten Zeit erhalten, die auf je unterschiedlichen Kommunikationsebenen daherkommen: Als Druckerzeugnis, als Video, als CD-Rom. Zwei

CULTURE - KULTUR

internationale Preise hat inzwischen das 1995 hergestellte Video über Briten und Deutsche (und wie sie sich gegenseitig ebenso befruchten wie mißverstehen) einheimsen können. "If only we all played cricket" - das steht für eine beschönigungsfreie Aufarbeitung gegenseitiger Vorurteile und Halbwahrheiten.

Auftraggeber dafür war das Foreign Office, das im übrigen auch als Verleger fungiert für Michael Jenners gerade (in zwei Sprachausgaben) vorgelegte Broschüre "Szenen einer Beziehung - Großbritanniens deutsches Erbe". Jenner ist ein Pionier seines Fachs, er gräbt nach, wo andere vor ihm desinteressiert weggeschaut haben und entdeckt in Geschichte und alltäglicher Gegenwart die erstaunlichsten Spuren einer anglo-deutschen Symbiose. Seine Forschungen haben auch dieses Buch vielfach angeregt und beflügelt.

Völliges Neuland betritt, last but not least, eine im Entstehen begriffene CD-ROM, "Stop-Press", ein gemeinsam vom British Council, dem Goethe-Institut, dem deutschen AA und dem britischen Foreign Office gefördertes Projekt. Es wird, wenn die Hoffnungen der Planer in Erfüllung gehen, eine umfassende Datenkollektion anbieten mit zweisprachigem Generalindex über die deutsch-britischen Beziehungen und die interaktive Möglichkeit von Dialog und Surfspaß. Man weiß schon, womit man sein Publikum, die 16- bis 25Jährigen, zu ködern hofft.

Wäre die technische Vervollkommnung von Information, wie wir sie heute erleben, der Gradmesser für die Qualität von internationalen oder bilateralen Beziehungen, dann müßte die deutsch-britische Partnerschaft erblühen wie nie zuvor!

Verlassen kann man sich darauf freilich nicht, denn vor den Erfolg haben die Götter den Menschen gesetzt... So bleibt als wichtige Ergänzung dieser neuen Lernmöglichkeiten der klassische Weg von Bildung und Weiterbildung unverzichtbar. Da ist von einem bedeutenden pädagogische Gründungsakt zu berichten, parallel konzipiert für beide Märkte, den deutschen und den britischen: Das neue "Institut für Deutschlandstudien" an der Universität Birmingham, das im Herbst 1994 seine Tore öffnete, und daneben das "Großbritannien-Zentrum" an der Humboldt-Universität in Berlin, das ein Jahr später die Arbeit aufnahm, zum

Auftakt beehrt durch Prinz Charles auf dessen Deutschlandreise im November 1995.

Diese zwei neuen Schwerpunkte landeskundlicher Studien gesellen sich zu anderen bereits bestehenden Bildungsadressen von Rang - etwa dem Deutschen Historischen Institut in London, dem Zentrum zur Erforschung der deutschen Gegenwartsliteratur an der Universität Swansea (Wales) oder der "Wiener Library" in London, mit ihrer Dokumentation zur NS-Zeit. Institutionen dieser Art wirken wie Leuchttürme in einem Meer der Ablenkung und Vergeßlichkeit.

Wie Fürst Pückler in England auf Brautschau ging

Sie reisen auf die Insel, um Englisch zu lernen? Vielleicht steht ein Urlaub in Wales, Schottland oder im Lake District bevor? Oder eine Reise nur zum Shopping? Alles gute Gründe, sich Britannien zu nähern. Fürst Hermann von Pückler-Muskau hatte einen anderen: Er ging nach England der Brautschau wegen, und zwar aus Geldnot, in die ihn seine ganz persönliche Leidenschaft fürs Englische gebracht hatte. Fürst Pückler liebte Gärtnerei und Parkgestaltung, er umgab sein Stammhaus mit der Kunst des landscape gardening, aber die Kosten dafür drohten, ihn in den Ruin zu treiben. So verließ er im September 1826 im Alter von 41 Jahren das heimische Gut Muskau (nicht weit von der sächsisch-schlesischen Grenze) sowie seine Gattin Lucie, um in England eine reiche Erbin "aufzureißen" und so seine zerrütteten Finanzen sanieren zu können. Also doch: Um einzukaufen... Wife-shopping! How shocking!

Lucie, eine geborene von Hardenberg (sie war die Tochter des berühmten preußischen Staatskanzlers Karl August Fürst von Hardenberg), willigte ein - mehr noch: Sie ließ sich pro forma scheiden, sollte ihr Hermann doch unter den Reichen und Schönen Albions freie Hand haben.

Aber es wurde nichts daraus. Dabei gab sich der Abenteurer alle nur denkbare Mühe während der über zwei Jahre, die er reisend und defilierend auf der Insel zubrachte. Allein 1827 registrierte er während acht Monaten eintausendvierhundert Morgenvisiten! Gründlich waren die Deutschen eben schon immer - der englische Adel, von der Gentry bis zur Hocharistokratie, galt freilich als

CULTURE - KULTUR

der reichhaltigste seiner Zeit. Doch auch im Bürgertum zu fischen, war sich unser Fürst nicht zu schade - auf die Mitgift kam es ihm an.

Zweimal hätte es fast geklappt. Miss Gibbins, eine Arzttochter aus Brighton, fesselte ihn ungemein. Sie war schön und hätte 50 000 Pfund eingebracht, die niedrigste Summe, für die sich Pückler zu verkaufen gewillt war. Doch ach!, so seufzt er in den Briefen an seine daheimgebliebene "Schnucke" (so nannte er seine geliebte Lucie), sie war auch "seelenlos" und nach Herkunft und Erziehung wohl doch ein bißchen "zu gewöhnlich". Mit der Juwelierstochter Harriet Hamlet war er dann sogar angetraut, man sollte besser sagen, mit ihrer Mitgift, stolzen 200 000 Pfund. Aber Harriet roch irgendwie Lunte - die Scheidungsumstände des Fürsten kamen ihr verdächtig vor. Kein ordentlicher Ehebruch? Was war denn das? Religiöse Skrupel bewogen das Mädchen schließlich, sein bereits gegebenes Wort zurückzunehmen.

Pückler-Muskau wurde in London zu einer stadtbekannten Erscheinung, schon seine Morgen- und Abendtoilette konnte es mit "Beau" Brummel und der Koterie von Dandys um den ausschweifenden Georg IV. spielend aufnehmen. Die Briefe aus dieser Zeit, 1830 anonym von ihm unter dem mystifizierenden Titel "Briefe eines Verstorbenen" herausgegeben, machten ihn über Nacht europaweit berühmt.

Fürst Pückler brauchte eine reiche Erbin, um seine Gartenleidenschaft zu finanzieren

8. Lieder ohne Worte: In den deutsch-britischen Beziehungen ist viel Musik...

Der Lord Mayor konnte nicht umhin: Er wurde enthusiastisch. Es war das Festbankett in der Londoner Guildhall am 21. Oktober 1958 zu Ehren von Theodor Heuss, dem deutschen Bundespräsidenten, und der Redner erwärmte sich also:

"Ihr Land ist seit Generationen die Wiege der Musik und die Geburtsstätte von Musikern. Als 'Past Master' der Musikergesellschaft der Stadt London darf ich sagen, wieviel Freude und Inspiration die Werke ihrer Landsleute durch die Jahrhunderte hindurch Millionen Menschen in allen Teilen der Erde geschenkt haben. Dies ist ein Export, der seit eh und je die Grenzen zwischen den Staaten umging und Menschen aller Völker durch ein gemeinsames Band und in einer allgültigen Sprache vereinte. Diesem großen Erbe bringen wir alle unsere tiefe Dankbarkeit und Wertschätzung entgegen."

Die Worte kamen, wie sie klangen: Freundschaftlich, bewundernd und sie taten den deutschen Besuchern überaus gut. Der erste Staatsbesuch eines deutschen Bundespräsidenten in Großbritannien nach dem Kriege war überschattet von kritischen Reminiszenzen und offen zutage tretenden Gesten der Zurückhaltung, Skepsis. Zu viele Steine lagen noch immer im Wege, zuviel Erinnerung, zuviel Leid. Aber mit diesen wenigen Sätzen gab der Hausherr der Londoner Guildhall den Blick frei in gänzlich andere Richtung, auf die völker- und zeitverbindende Grundlage der deutschen Kultur: Die Musik.

Das war kein taktisches Kompliment, sondern Ausdruck einer Einschätzung, die in Großbritannien Tradition hat, Echo eines Urteils, das lange vor dieser Rede der frühere Premierminister Arthur James Balfour 1904 so formuliert hatte:

"Wenn die Musik aller anderen Nationen zerstört würde, dann wären wir um viele Meisterwerke ärmer, aber das musikalische Leben ginge weiter. Wenn die Musik Deutschlands zerstört würde, ginge das musikalische Leben nicht mehr weiter."

Heute, am Ende des 20. Jahrhunderts, hat Großbritannien den Deutschen diese Wertschätzung längst in gleicher Münze zurückgegeben durch den Reichtum seiner eigenen Musikkultur, die sich mit der deutschen in fruchtbarem Austausch verbindet und verbündet.

Auf deutschen Musikbühnen, in deutschen Konzertsälen gehören britische Dirigenten inzwischen zum festen Bestand, und ein renommiertes Haus wie die Bayerische Staatsoper erlebt unter seinem Intendanten Peter Jonas seit 1994 eine neue Hochblüte. Vier Dirigentennamen ragen besonders hervor: Sir Colin Davis, der bis 1995 neun Jahre lang das Symphonieorchester des Bayerischen Rundfunks leitete sowie die Ausbildung des Nachwuchses an der Münchner Musikhochschule; Sir John Eliot Gardiner, der langjährige Chefdirigent des Norddeutschen Rundfunks und mit Nicholas McGegan Leiter der Händel-Festspiele in Göttingen; Sir Neville Marriner, der seinen Namen lange Zeit über mit dem Radio Symphonieorchester Stuttgart verband, und schließlich und endlich Simon Rattle, Chef des Birmingham Symphony Orchestra, der regelmäßig bei den Berliner Philharmonikern gastiert und im Herbst 1995 in der Frankfurter "Alten Oper" mit seiner Neueinspielung sämtlicher Symphonien Beethovens beeindruckte. (Die "Alte Oper" könne sich, so schrieb die "Frankfurter Allgemeine Zeitung" damals, dieses Ereignis "als Ruhmesblatt in die Hauschronik einheften".)

Thront über der deutschen Musik: Ludwig van Beethoven

Das Bonner "Beethoven-Marathon" im Dezember 1995 wurde britisch eröffnet: Mit Sir Edward Heath als dem Einführungsredner und Roger Norrington als Dirigenten, den man mit dem BBC Symphony Orchestra und dem BBC Choir für Beethovens "Missa Solemnis" verpflichtet hatte - auch dies ein großes Kompliment an die britische Musikkultur.

Aber warum bei der klassischen Musik stehenbleiben? Ist nicht die Musical-Kultur von heute ein veritabler Nachfolger dessen, was "Klassik" in ihren Anfängen war, ehe wir sie idealisierten und musealisierten - Unterhaltung? Da ist sogleich von Sir Andrew Lloyd Webber zu reden. Seinen Musicals können auch die Deutschen nicht widerstehen, sie taten ein übriges und bauten für zwei von ihnen eigene Theater: in Bochum für "Starlight Express", in Wiesbaden für "Sunset Boulevard".

Die "Philharmonic Society" und Beethoven: Es geht um eine große Symphonie und um viel Herz...

Zwei Anläufe - 1815, 1817 - waren vergeblich. Dann endlich, 1822, klappte es: Ludwig van Beethoven versprach, binnen Jahresfrist eine von der "Philharmonic Society of London" bestellte Symphonie zu schreiben. **Honorar: 50 Pfund** *Sterling. Die Ablieferung verzögerte sich bis zum* **April 1824***, Beethoven quittierte eigenhändig den Erhalt des Honorars.* **Es war die Neunte Symphonie.** *Auf das Exemplar der Abschrift für die Londoner notierte er: "Grosse Symphonie geschrieben für die philharmonische Gesellschaft in London von Ludwig van Beethoven."*

Wenige Jahre danach kam die Kunde der bitteren wirtschaftlichen Not des Komponisten an die Themse. Prompt ging **eine Spende von 100 Pfund** *zu ihm nach Wien. Es war das Todesjahr des Komponisten. Dieser, von Krankheit gezeichnet, schrieb einen bewegten Dankesbrief nach London: Die Großzügigkeit der "Gesellschaft" habe ihn "in tiefster Seele gerührt". Er versprach eine neue Symphonie, "deren Entwürfe auf meinem Schreibtisch liegen". Acht Tage später starb er, am 26. März 1827.*

Eine Generation später zahlte **Felix Mendelssohn-Bartholdy** *Beethovens Dankesschuld auf seine Weise zurück. Der Leipziger Kapellmeister, wieder einmal in London und verantwortlich für die "Philharmonic", konnte* **1844** *deren Rücklagenfonds mit großem Verwaltungsgeschick um 400 Pfund Sterling aufbessern, womit ein bedrohliches Defizit in der Kasse auf einen Schlag getilgt war. Am 27. Mai 1844 übrigens führte Mendelssohn den damals 13jährigen* **Joseph Joachim** *als neuen Geigenvirtuosen in London ein, mit Beethovens Violinkonzert.*

CULTURE - KULTUR

> Die "Philharmonic Society of London", 1813 gegründet, erhielt 1913 ihre königliche Charter. Sie ist nach dem Leipziger Gewandhaus die zweitälteste Konzerte gebende Musikgesellschaft Europas.

Doch sind Kassenerfolge noch kein Gradmesser. Allemal macht der Ton die Musik, in einem Universum der Möglichkeiten. Karlheinz Stockhausen etwa wird in Großbritannien kenntnisreich rezipiert, einen Namen machten sich auch der Berliner Regisseur Peter Stein mit seinen Operninszenierungen bei der Welsh National Opera Company in Cardiff und Pina Bausch mit ihrem Wuppertaler Tanztheater. Umgekehrt gehören die Werke eines Benjamin Britten, Michael Tippet oder Peter Maxwell Davies in Deutschland zum etablierten zeitgenössischen Repertoire, und wiederum umgekehrt war es Sir Thomas Beecham, der große Dirigent, der zu seiner Zeit dafür sorgte, den deutschgebürtigen Komponisten Fritz ("Frederick") Theodor Albert Delius (1862-1934) in Großbritannien heimisch zu machen. Ein Geben und Nehmen, wie es enger nicht sein kann. In der Partnerschaft von Dietrich Fischer-Dieskau und seinem Klavierbegleiter Gerald Moore fand es seinen vielleicht schönsten Ausdruck.

Wer erinnerte sich unter den großen Stimmen dieses Jahrhunderts nicht an die Altistin Kathleen Ferrier oder den Tenor Peter Pears, unvergeßlich letzterer in der Uraufführung von Benjamin Brittens "Peter Grimes" (1945)? Weltstars, die heute etwa in Caroline Watkinson, Mezzosopran, oder dem Bariton Bryn Terfel gefeierte Nachfolger finden. Terfel, 1965 in Nordwales geboren, gastiert inzwischen auf allen Bühnen der Welt, so bei den Salzburger Festspielen, wo er 1995 in der Rolle des Leporello begeisterte. Aber auch als Liedersänger ist er angetreten, sich unentbehrlich zu machen. Seine Einspielung von Schuberts Schwanengesang (SAIN, Nordwales, SCDC 4035) mit ihrer zwischen dem Kraftvollen und dem Zarten ausgreifenden Musikalität hat die Kritiker aufmerken lassen.

Nicht wenig tun sich die Briten seit langem auch auf ihre Musikkritik zugute, wenngleich die Praktiker des Fachs sich heute

wohl zurückhaltender äußern würden als George Bernard Shaw, der schrieb:
"Musik ist eine europäische, wo nicht eine Weltsprache. Diese Sprache ist meine Muttersprache. Ich verstehe vielleicht nichts von Klopstock oder Herder, aber von Bach, Haydn, Mozart, Beethoven, Wagner und Richard Strauss verstehe ich mehr als die meisten Deutschen."

"Das ist eine stolze Feststellung, aber sie ist sicher nicht unberechtigt", kommentiert Rudolf W. Leonhardt diesen Satz mit zustimmender Lakonie. Shaws Wagner-Begeisterung, eloquent verteidigt in seinem Essay "The Perfect Wagnerite", erreichte Höhen, welche die Deutschen von heute fast betreten machen könnten.

Großbritannien, Deutschland und die Musik - natürlich begann alles mit Georg Friedrich Händel - pardon, George Frederick Handel (1685-1759), der, wie man weiß, in Deutschland geboren wurde, sich aber mühelos in den berühmtesten englischen Komponisten der Neuzeit verwandelte... Sagen wir doch so: Händel war Europäer, ein großer dazu, der die Musiktraditionen seiner Zeit zu einem einzigartigen Gipfel zusammenführte.

1711 war er nach London gekommen, der 1710 frisch ernannte Kurfürstliche Kapellmeister zu Hannover, auf Einladung von Queen Anne, die dem schon berühmten Musiker eine monatliche Apanage in Aussicht gestellt hatte. Gleich nach seiner Ankunft brachte Händel seine in nur zwei Wochen komponierte Oper "Rinaldo" in London zur Uraufführung. Es wurde ein rauschendes Ereignis. Kein Wunder, daß er es mit der Rückkehr nach Hannover nicht eilig hatte, was seinen deutschen Brotherrn, Georg Ludwig von Braunschweig-Lüneburg, den Hannoveraner Kurfürsten, aufs höchste entrüstete. Aber das Londoner Parlament enthob den Komponisten aller Sorgen, berief es doch drei Jahre später eben diesen deutschen Fürsten als George I. auf den britischen Thron. Nicht Händel mußte nach Hannover zurück - Hannover kam zu ihm, nach London!

Während der erste Georg seinem neuen Stammland immer fremd blieb und sein Leben lang kein Englisch lernte, entdeckte sein "doppelter" Untertan Händel in England bald das ihm gemäße Element, ließ seinen Umlaut fahren, nahm 1726 die Staatsbürgerschaft an und machte sich daran, London zu einem der bedeutendsten Zentren des europäischen Musiklebens aufzubauen. Unter ihm erlebte das königliche Opernhaus Covent Garden 1734 seine erste große Saison.

Der musikalische Ruf Londons sollte 1762 den jüngsten Bach-Sohn, Johann Christian, bewegen, von Mailand nach London überzusiedeln, ein Schritt, der seine reife Schaffensphase einleitete und jene sinfonischen Werke hervorbrachte, die später auf Mozart eine so tiefe Wirkung ausübten.

Großbritannien, "Land ohne Musik": Eines der ältesten herumgereichten Schlagwörter

Es gehört zum Wesen des Stereotyp, daß es auf Urteilen baut, die mit der Wirklichkeit nur sehr wenig zu tun haben, so die Behauptung, daß Musik und Musikalität auf den britischen Inseln kein Zuhause hätten. Ach so? Festspiele in Glyndebourne, Aldeburgh, Bath oder Edinburgh, das Opern- und Musikleben Londons, die Nationaloper von Wales, die Symphonieorchester und die Chorgesellschaften des Landes - überall die Evidenz einer Musikkultur, die ohne die Begeisterungsfähigkeit der Menschen gar nicht hätte entstehen können. Nicht umsonst haben **Lord Yehudi Menuhin, Sir George Solti** *oder* **Alfred Brendel** *Großbritannien zu ihrer Wahlheimat erkoren.*

Das deutsche Vorurteil über "die Inseln ohne Musik" entstammt, wie so viele unserer gegenseitigen Stereotypen, dem 19. Jahrhundert und der Ära der steigenden Rivalität zwischen den beiden Ländern. "Es ist jammerschade, daß die englische Nation so unmusikalisch ist. Nun, macht nichts! Heute abend werden wir Ihnen etwas vorführen..." läßt **Katharine Mansfield** *den deutschen Posaunisten, den "Herrn Professor", herablassend gegenüber seiner englischen Gesprächspartnerin bramarbasieren. Ihre erste Kurzgeschichtensammlung* **"In einer deutschen Pension" (1911),** *der wir diese Szene entnehmen, ist überhaupt eine Fundgrube solcher Vorurteile, von der Erzählerin mit unaufdringlichem Sarkasmus ans Licht gehoben.*

Inzwischen muß nicht mehr die Taubheit das letzte Wort haben und auch nicht die Liebe zur sogenannten E-Musik. Wir leben heute nach einem erweiterten Kulturbegriff, der die Trennschärfen, wie Pedanten sie lieben, längst aufgehoben hat. Das öffnet den Zugang zu einem John Lennon oder Andrew Lloyd Webber wie zu musikalischen Verführungen "der anderen Art".

blickpunkt 29

Händel widerfuhr das, was 200 Jahre nach ihm die durch die Nazis vertriebenen England-Ankömmlinge ihrerseits bestätigen sollten: Das Eintauchen in das Gastland öffnet den Blick für neue Horizonte und beflügelt den Zugereisten zu singulären Durchbrüchen in seinem Fach. So machte sich Händel die aufkeimende Sing- und Chorkultur der Briten zunutze, stellte ihr mit seinen Oratorien eine neue Herausforderung und befestigte damit ihren europäischen Rang.

Und ihre Beliebtheit im eigenen Lande! Nach der Uraufführung des "Messias" in Dublin (1742) wurde die Londoner Einspielung zu einer überwältigenden Huldigung an den Komponisten. Zum Auftakt des "Halleluja"-Chores erhoben sich mit dem König George II. und seinem Hofstaat die Zuhörer und spendeten begeisterte Ovationen.

Auch Joseph Haydn fiel auf seinen zwei England-Reisen, 1791/92 und 1794/95, unter den Bann von Händels Oratorien, die er erst in London kennenlernte. Seine eigenen großen Kompositionen in diesem Fach, sowohl die "Schöpfung" als auch die "Jahreszeiten", obwohl erst nach der Rückkehr beendet, sind auf diese englischen Anregungen, namentlich auf die glänzenden Händel-Aufführungen, zurückzuverfolgen. Auch die zwölf "Londoner Symphonien" schließlich wurden zu einem Dokument der in Britannien erreichten künstlerischen Hochreife Haydns. Wiederum vier Jahrzehnte später fand die durch Händel begründete britische Oratorientradition erneut einen deutschen Meister, der zu ihr paßte: Mendelssohn.

Der Musikkritiker Rick Jones brachte anläßlich einer Betrachtung über die London "Proms" Händels Leistung sehr schön auf den Punkt:

"Der große deutsche Emigrant sah auf Britannien mit dem objektiven Blick des von außen Kommenden. Er sah die Dinge in großem Maßstab. Ihm schwebte phantastischer königlicher Pomp vor, er hörte himmlische Chöre. Wo Henry Purcells Hofmusik mehr verschwiegen und für Kirchenchor-Zuschnitt komponiert war, gedacht zur Aufführung in den Kapellen der königlichen Residenzen, gingen Händels Oratorien aufs Großartige, auf mächtige Chöre

und Instrumentalbesetzungen, die besser in solche modernen Architekturwunder wie die St. Paul's Kathedrale paßten."
("Evening Standard", 15. 9. 1995)

Felix Mendelssohn-Bartholdy (1809-1847) hatte seit seinem ersten Besuch auf der Insel, 1829, einen Narren an Großbritannien gefressen - daraus wurde bald eine Gegenseitigkeit. Besonders Schottland hatte es ihm angetan. Insgesamt zehnmal überquerte er während seines kurzen Lebens den Kanal in Richtung England, oft zu längeren Aufenthalten dort.

Wir kennen und schätzen die "Schottische Symphonie", die "Hebriden"-Ouvertüre, den "Sommernachtstraum" - aber es war die Oratorienkultur, von Händel ins europäische Bewußtsein gehoben, welche Mendelssohn auf ganze besondere Weise mit den Briten zusammenschweißen sollte. "Das Land mit der langen Chortradition hatte seit Händel keinen überragenden Komponisten mehr gehabt und empfing Mendelssohn mit offenen Armen", schreibt Uwe Krämer (CD-Programmheft zum "Elias", "maestro", M2YK 46455)

George Frederick Handel: Natürlich ein Engländer - oder?

Dafür brachte der Leipziger Gewandhauskapellmeister die beste Beglaubigung mit. Schon 1829, hundert Jahre nach ihrem Entstehen, hatte er am 14. April in Berlin mit der Zelterschen Singakademie Bachs Matthäus-Passion dem Vergessen entrissen und damit neues Interesse für dieses Musikgenre in Deutschland geweckt. Ein großer Erfolg wurde dann 1836 in Düsseldorf sein erstes eigenes Oratorium "Paulus", dessen englische Erstaufführung in Liverpool der Komponist selber noch im September des gleichen Jahres leitete. Zwischen 1840 und 1846 kam er fast jedes Jahr einmal nach England, wo die ebenso begeisterten wie geschulten Oratorienfans "ihren" Händel aus seinen Händen entgegennahmen.

Wie Viktoria und Albert ihren lieben Freund Felix einmal unfreiwillig in die Erschöpfung trieben...

*Königin Viktoria und ihr Prinzgemahl waren große Musikliebhaber, sie sangen, spielten gekonnt vierhändig Klavier und luden den genialen deutschen Komponisten Mendelssohn-Bartholdy wiederholt zu sich in den Buckingham Palast ein, mit ihnen zu musizieren, am Klavier oder der Orgel. Besonders die **"Lieder ohne Worte"** hatten es ihnen angetan, von denen Mendelssohn etliche erstmalig in ihrem Beisein erklingen ließ, zur Verzückung der königlichen Ohren. Er selber hatte von den musikalischen Fähigkeiten seiner Gastgeber eine aufrichtig hohe Meinung.*

*Da Viktoria eine unermüdliche Tagebuchschreiberin war, wissen wir von einem köstlichen Ereignis bei der ersten Begegnung mit dem damals 33jährigen, am **16. 6. 1842**. Mendelssohn hatte gerade vorgespielt, wonach er launig den Wunsch äußerte, man möge ihm ein beliebiges Thema nennen, das er zu variieren gedenke. Und wie er auf die Vorschläge, die dann kamen, einging! Darüber Viktoria in ihrem Tagebuch: "Wir gaben ihm zwei zur Auswahl - **'Rule Britannia' und die Österreichische Nationalhymne.** (...) Er spielte beide, und zwar gleichzeitig: Die Nationalhymne mit der rechten Hand, 'Rule Britannia' mit der linken! Der arme Mendelssohn war ganz erschöpft, als er damit fertig war."*

*Bei seinem nächsten Besuch, am **30. 5. 1844**, stand keine ähnliche Akrobatik auf dem Programm. Dafür spricht Viktoria von ihrer ungebrochenen Freude in der Gesellschaft dieses Musikers. Noch einmal ihr Tagebuch: "Wir gingen in den Salon, um Mendelssohn zu treffen, und unterhielten uns eine zeitlang mit ihm. Er spielte uns dann wunderbar vor, aus seinem 'Sommernachtstraum' und den 'Liedern ohne Worte'. Er ist ein so umgänglicher und fähiger Mann, sein Gesicht strahlt einfach Intelligenz und Genie aus." Und wieder, am **10. Juni 1844**: "Wir spielten einige der 'Lieder ohne Worte', die Mendelssohn für uns freundlicherweise als Duett arrangiert hatte..."*

... und warum Mendelssohns Popularität in Großbritannien seit Viktorias Zeiten ungebrochen ist

*Der große Erfolg Mendelssohns im viktorianischen England und seither spricht für **ein bezeichnendes Kapitel deutsch-englischer Befruchtungen**. Peter*

CULTURE - KULTUR

*Lamb faßt zusammen: "Der gut aussehende junge Deutsche besaß viele jener Eigenschaften, welche die Viktorianer so bewunderten: Persönlichen **Charme**, enormen **Einsatz und Fleiß**, dazu große **Organisationsgabe** und einen **jüdischen Hintergrund**, der im damaligen London sehr gut ankam, wo Nathan Rothschild zu den führenden Finanziers gehörte und ein Benjamin Disraeli Viktorias Premierminister werden sollte. In seiner eigenen Heimat erging es Mendelssohn als Juden weniger gut. In Leipzig bespuckte ihn einmal ein sogenannter hoher Herr und schimpfte ihn 'Judenjunge' (...) Sein privates Leben schien ebenso wohl geordnet wie seine Musik. Nicht der Hauch eines Skandals verdunkelt die Erinnerung an ihn." (Programmheft zu einer CD-Aufnahme der "Lieder ohne Worte" - "hypérion", CDA 66221/2)*

__Chopin__ und __Schumann__ wurden im viktorianischen England als "zu modern und emotional, irgendwie instabil" angesehen, schreibt Lamb; __Brahms__ und __Wagner__ waren noch nicht recht bekannt; __Mendelssohns__ Klavier- und Orchsterstil dagegen "klangen wohlerzogen und liebenswert, innerhalb seiner Ausdrucksgrenzen von zarter Verlockung und ansteckender Ausgelassenheit - eine Ausgelassenheit, die nie in geschmacklosen Überschwang abglitt. (...) Es ist offensichtlich, daß Mendelssohns Kunst für das angelsächsische Temperament weiterhin einen besonderen Appeal ausüben wird."

Mit Mendelssohn feierte England Oratorienfestspiele, die die früheren Aufführungen unter Händels Leitung an Enthusiasmus noch übertrafen. So war es nur natürlich, und zwar für beide Seiten dieser fruchtbaren Wahlverwandtschaft, daß ein Auftrag zur Komposition eines neuen Oratoriums an Mendelssohn erging, diesmal vom "Birmingham Music Festival". Vier Tage lang, vom 25. bis 28. August 1846, sollte Birmingham dann ein von Massenchören dominiertes Musikfest feiern, mit Haydns "Schöpfung", Händels "Messias", Teilen von Beethovens "Missa Solemnis" und der Uraufführung von Mendelssohns "Elias."

Darling des Königshauses und der Viktorianer: Felix Mendelssohn-Bartholdy

Es herrschte während der Vorstellung eine Stille und Ergriffenheit, welche die zweitausend Menschen im Saal fast völlig vergessen machte - das jedenfalls berichtete der gefeierte Gast später selber. Stürmisch verlangte das Publikum nach zahlreichen

Wiederholungen. So mußte die gesamte Szene vom Beginn des Regenwunders bis zum Schluß des ersten Teils komplett wiederholt werden. (Eberhard Rudolph im CD-Programmheft zum "Elias", Philips *Classics*, 420 106-2) Das "Music Festival" hatte eine Chorbesetzung mit einmaligem Volumen aufgeboten: 396 Sänger, davon 204 Soprane, 60 Altstimmen, 60 Tenöre und 72 Bässe. (Selbst bei der zuvor größten Choraufführung, der Händel-Gedächtnisfeier 1784 in der Westminster Abtei, am Vorabend von Händels 100. Geburtstag, waren es "nur" 300 Stimmen gewesen.)

Noch in Birmingham erreichte den Komponisten ein offizielles Dankschreiben aus dem Buckingham Palast. Darin wurde Mendelssohn als "Elias der neuen Kunst" gefeiert, der sich "durch Genius und Studium" gegen alle falschen Priester behauptet und das Ohr wieder "an den reinen Ton nachahmender Empfindung und gesetzmäßiger Harmonie gewöhnt" habe.

"Gesetzmäßige Harmonie" - hat es jemals einen treffenderen Ausdruck für die Sehnsüchte des Biedermeiers, der frühen Viktorianer gegeben als den Namen Mendelssohn?

Wie aus Carl Halle Sir Charles Hallé wurde und Manchester sein Glück mit ihm machte

Händel lies seinen Umlaut fallen, Carl Halle - nicht gerade typisch britisch! - gab sich einen französischen Akzent, dann kam - wieder mehr im Stil der Insel - der spätere Adelstitel hinzu: So schnell werden aus Deutschen Briten und im Verlauf dieser Metamorphose berühmte Kinder ihrer Wahlheimat. Richtig? Falsch! In der deutsch-britischen Symbiose (heute würde man sagen Synergie) geht es durchaus komplexer zu, aber bestimmte Muster gibt es schon, Parallelität von Lebensläufen und vor allem immer wieder diese erstaunliche Quintessenz: Die beiden "Vettern" sind in bestimmten Bereichen ihrer Betätigung dermaßen natürlich aufeinander abgestimmt, daß man sich ungläubig fragt, wie sie jemals auf den Gedanken gekommen sein mögen, Krieg miteinander zu führen...

Carl Halle, 1819 im westfälischen Hagen geboren, Pianist und Klavierlehrer, kam nach England wie viele Liberale seiner Generation aus politischen Gründen. In den Umbrüchen der 40er Jahre wurde ihm der Kontinent zu heiß, und so nahm er schon im **März 1848** von Paris aus seinen Weg **nach London**. Noch im gleichen Jahr folgte er einer Einladung nach Manchester - Stadt nicht nur der "Industriellen Revolution" (Friedrich Engels), sondern auch einer beträchtlichen Musikkultur. Hallé, wie er sich von nun an nannte, sollte dazu beitragen, diese auf internationales Niveau anzuheben. Er wurde Dirigent der "Gentlemen's Concerts", gründete die "St. Cecilia Society", gab als Pianist Gastkonzerte in zahlreichen englischen, später auch kontinentaleuropäischen Städten, edierte klassische Klavierwerke, gastierte als Dirigent im ganzen Commonwealth und wurde der Begründer des **"Hallé Orchestra"** von Manchester, der ältesten stehenden Orchestereinrichtung der Insel.

Auslöser waren die **Manchester Musik- und Theaterfestspiele von 1857**, für die Hallé eigens ein Symphonieorchester zusammengestellt hatte. Dieses sollte verabredungsgemäß nach Ende der Festspiele aufgelöst werden, doch Hallé entschloß sich, es zu einer ständigen Einrichtung zu machen. Am 30. Januar 1858 gab das Orchester sein erstes Konzert in der "Free Trade Hall" von Manchester - Beginn einer illustren Karriere, die auch durch Hallés Nachfolger am Dirigentenpult markiert ist - Namen wie Hans Richter, Hamilton Harty, John Barbirolli. Zum musik- und kunstliebenden Königshaus unterhielt Charles Hallé freundschaftliche Kontakte. Mehrfach war er im Buckingham Palast oder in Haus Osborne auf der Isle of Wight Gast der Königin und ihrer Familie. **1852** hatte er die **britische Staatsangehörigkeit** angenommen, **1888** wurde er **geadelt**, **1895 starb er**, während einer Konzerttournee in Südafrika. Noch **1893** hatte er das **"Royal Manchester College of Music"** gegründet, bis heute eine der renommiertesten Musikhochschulen Großbritanniens.

Noch ein Brite aus
Wahlverwandtschaft:
Sir Charles Hallé

Wirtschaft: Geld kennt keine Grenzen, die britisch-deutsche Kooperation auch nicht

I. *Standort Großbritannien - verführerisch wie nie*

John Bridge, Chef der Northern Development Corporation in Newcastle-on-Tyne reibt sich die Hände: "Es wird einen Ruck durch den Nordosten geben", frohlockt er. Sein Kollege John Morrison von der zuständigen Handelskammer pflichtet ihm bei: "Diese Arbeitsplätze sind das beste, auf das wir hoffen konnten. Sie ermöglichen uns wirklich einen Start in die Zukunft."

Ungewöhnliche Töne. Ist hier wirklich von den Deutschen die Rede, diesen im Stechschritt marschierenden, anderen den Liegestuhl an der Sonne streitig machenden Deutschen der Karikatur? Nein, von denen bestimmt nicht und von "den Deutschen" auch nicht, aber von denen aus München immerhin, von Siemens, dem Technologiemulti, und der strahlt jetzt für Nordengland Zuversicht und Zukunft aus. Siemens nämlich gab im August 1995 bekannt, das geplante Halbleiterwerk der nächsten Generation, der Generation der smarten "Logik-Chips", werde im Hadrian Business Park in North Tyneside angesiedelt werden. Eine Investition von zwei Milliarden DM, Arbeitsplätze für 1500 Menschen, zusätzlich zu den 10 000, die schon heute von den britischen Siemens-Tochter- und Beteiligungsgesellschaften beschäftigt werden. Da verblassen alle Pickelhauben und die Hunnen, die sie tragen...

In der Welt der industriellen Arbeitsteilung passieren bemerkenswerte Dinge. Darunter auch dies: Die deutsche Wirtschaft hat Großbritannien als einen ihrer wichtigsten Investitionsstandorte entdeckt; 1994 rückte das Vereinigte Königreich an den USA vorbei an die erste Stelle unter den Ländern mit deutschen Auslandsinvestitionen. 14,7 % der gesamten deutschen Anlagensumme gingen auf die Insel, gegenüber 10 % im Jahre 1993: Eine Steigerung von fast 50 Prozent. Und der Trend setzt sich mit Riesenschritten fort. Die Summe von 3,5 Milliarden DM im Jahre 1994 nahm sich ein Jahr später schon nur noch winzig aus. Für 1995 beziffert die Deutsch-Britische Handelskammer in London die deutschen Investitionen mit 10,6 Milliarden DM - eine absolute Rekordmarke. Die Spitzenposition der Insel gilt auch, wenn man die Jahre seit dem Fall der Mauer zusammenfaßt. Geld schreibt seine eigene Geschichte.

Nach den Amerikanern und Japanern sind die Deutschen dabei, sich zu den anlagefreudigsten ausländischen Unternehmern in GB überhaupt zu mausern: Von deutschen Tochterfirmen oder -Beteiligungen hängen schon heute 150 000 britische Arbeitsplätze ab.

Vorsprung durch Technik (I): Was Sir William Siemens, Audi, Steffi Graf und Bosch gemeinsam haben

Im 19. Jahrhundert war es gang und gäbe, in der damals führenden Industrienation, in Großbritannien, seine wirtschaftlichen Talente zu schulen und zu erproben. **Friedrich Engels** *wurde von seinem Vater nach Manchester geschickt, zum Studium der dortigen Textilindustrie;* **Julius Reuter** *ging 1851 nach London, um seine Nachrichtenagentur zu gründen. Und auch* **Wilhelm Siemens (1823-1863)**, *einer der zehn Siemens-Brüder, war neugierig auf die Hauptstadt des Empire, wo er 1843 mit nichts als einem Lötpatent in der Tasche eintraf. Er verkaufte es für 1600 Pfund Sterling.*

1844 kehrte er zurück, mit weiteren Erfindungen im Gepäck - eine davon, der "chronometric governor", wurde auf der von Prinz Albert inspirierten Great Exhibition von 1851 ausgezeichnet und eröffnete im Strand 1852 seine Geschäfte. Sie liefen gut, so daß **William Siemens**, *wie er jetzt hieß, schon 1858 eine kleine Fabrik nahe der Lambeth Bridge starten konnte, mit einer Produktpalette wie Kühlungsmaschinen, Pyrometer, Widerstandsmeßgeräten etc. Zugleich arbeitete er weiter an seinem schon 1857 erfundenen* **Regenerativgasofen**, *der zu einem Umschwung in der gesamten Pyrotechnik führen sollte.*

"Vorsprung durch Technik": *Siemens hatte das Händchen dafür,* **113 Patente** *wurden insgesamt* **unter seinem Namen** *registriert. 1870 schloß er sich mit seinem Bruder Carl zu "Siemens Brothers" zusammen. Zu den Aufgaben*

WIRTSCHAFT

der Firma sollte es bald gehören, London an prominenten Stellen mit elektrischem Licht auszustatten: Die Royal Albert Hall, das Britische Museum, das Embankment entlang der Themse, die Waterloo Bridge, das Savoy Theater. Es war wie die Abtragung einer deutschen technologischen Schuld: 1827 hatte ein englisches Unternehmen in Berlin die ersten Gasbeleuchtungsanlagen installiert. Auch der Bau der Telegraphenlinie von London nach Kalkutta, 11500 Kilometer lang, war William Siemens' Werk. 1883 erhob Königin Viktoria ihn in den **Adelsstand**. Er starb im gleichen Jahr.

1994 wurde die *"Sir William Siemens Medal"* aus der Taufe gehoben - eine Auszeichnung für junge Briten, die mit ihren Leistungen zum Studium der Naturwissenschaften und des Ingenieurwesens angespornt werden sollen.

Der Slogan *"Vorsprung durch Technik"* (siehe auch Kapitel II/2), mit dem die Marketing-Strategen Ende der 80er Jahre die Automarke **Audi** unter den Briten heimisch zu machen begannen, muß in der Geschichte der Werbung als ein Geniestreich gelten. Nicht nur verstärkt die Nicht-Übersetzung bewußt den Faktor "Aura", die klassische Voraussetzung ehrfürchtig gemurmelter Urteile über fremde Kulturen, sondern die Aussage selber beschreibt einen Wertbegriff, mit dem Ausländer die Deutschen und diese sich selber offenbar übereinstimmend identifizieren. (Mehr darüber bei **David Head**, *"Made in Germany - The Corporate Identity of a Nation"*, 1992).

Vorsprung durch Technik: Steffi Graf

Als **Steffi Graf** 1988 zum erstenmal **Wimbledon** gewann, ging der Autokonzern Opel mit ganzseitigen Anzeigen unter dem in Riesenlettern gedruckten Motto MADE IN GERMANY in die Werbung, mit einem Photo der Tennisspielerin und dem Audi-Slogan in Langfassung: "In Wimledon hat Steffi Graf wieder einmal bewiesen: Zuverlässigkeit, ausgefeilte Technik und Präzision führen zu den größten Erfolgen. Wir von Opel denken nicht anders." Also auch Steffi in Wimbledon: **Vorsprung durch Technik** - "deutsch" wie es im Buche steht.

"In London, **Bosch** communications go underground." Mit diesem Slogan weist seit 1995 Bosch-Telecom darauf hin, daß die **Central Line** innerhalb des **Londoner U-Bahn**-Netzes jetzt mit dem neuesten digitalen Kommunikationssystem der Firma ausgerüstet ist, "Dikos" - ein Plus für die Verständigung zwischen den einzelnen Stationen und für Reaktionsmöglichkeiten auf jede Art von Notsituationen. **Vorsprung durch Technik** - jetzt auch im Londoner Untergrund!

WIRTSCHAFT

"There's no business like business", freut sich der britische Schatzkanzler. Des einen Freud ist des anderen Leid - umgekehrt sieht es mit dem Kapitalfluß nämlich eher mager aus, 600 Millionen DM in deutsche Richtung, um es genau zu sagen (1994). Solche Investitionszurückhaltung der Ausländer in Deutschland ist freilich nicht auf die Briten beschränkt. Nur bei Anlage- und Aktienwerten, die deutsche und britische Unternehmen im Land des jeweils anderen insgesamt halten, fällt der Abstand noch nicht so ins Auge: 23,1 Milliarden DM in Großbritannien, 17,8 Milliarden in der Bundesrepublik (Zahlen bis Ende 1993).

Viele Faktoren machen Albion für Investitionen aus Teutonien interessant. Bei Siemens sprach aktuell eine "Näher-am-Markt"-Analyse für England, das schließlich der drittgrößte Halbleitermarkt Europas, der sechstgrößte der Welt ist. Damit setzt das Münchner Werk seine weltweite Dislozierung von Chip-Werken fort. Die Fabrik in Newcastle wird die fünfte sein, nach Regensburg, Villach (Österreich), Paris und Dresden. Montagestandorte befinden sich auch in Singapur und Malaysia, ein weiteres Werk in den USA ist in der Planung.

Aber vor allem genuine Standortvorteile hat Großbritannien heute deutschen Unternehmen (und nicht nur ihnen) anzubieten:

- Niedrigere Lohn- und Lohnnebenkosten,
- flexiblere Arbeitszeiten und Schichtregelungen,
- Investitionszuschüsse bei hilfsbedürftigen Regionen,
- niedrige Körperschaftssteuer,
- geringere Gewinnbesteuerung und - nicht zu übersehen -
- kürzere Genehmigungsfristen.

Ein Vergleich bei nur vier der genannten Punkte ergibt: Die Löhne in GB liegen etwa um die Hälfte unter denen in Deutschland, Lohnnebenkosten bei 67%; die Besteuerung der einbehaltenen Gewinne macht in der Bundesrepublik 62% aus, in GB 33%; deutsche Genehmigungverfahren dauern heute durchschnittlich zwölf Monate, britische sieben, wenn nicht weniger. Ganze 21 Tage hatten sich die Behörden zur Genehmigung des neuen Siemens-Chip-Werkes in Newcastle ausbedungen. Sie unterschritten diese Zeit noch um zwei Tage.

Eine gezielte Politik der Verbesserung deutsch-britischer Beziehungen muß man hinter diesen Entwicklungen nicht vermuten. Vielmehr erleben wir heute auch im EU-Binnenraum einen immer härter werdenden Wettbewerb um Investitionen und Arbeitsmärkte, und in diesem Vergleich hat die Insel aufgrund ihrer nach den Thatcher-Jahren bereinigten Kostenstruktur einen Zeit- und Konditionsvorsprung gegenüber vielen anderen europäischen Wettbewerbern errungen, der einfach auffällt und den die deutsche Industrie - wie auch bei anderen Auslandsanlageplätzen - einfach für sich ausnutzt, wo der heimische Standort in vielen Belangen Probleme schafft.

Mag dies alles eine unausweichliche Folge internationaler Wirtschaftsverflechtung sein, den deutsch-britischen Beziehungen kann es dennoch nicht schaden. Denn Geld und Arbeit sind keine abstrakten Größen, sie sind vielmehr dazu geeignet, neue Verknüpfungen unter Menschen zu stiften, und können auf die Dauer gesehen durchaus alteingesessene Verhaltensweisen und Attitüden zwischen einzelnen Mitgliedern der europäischen Familie verändern. In den Midlands, im englischen Nordwesten oder im südlichen Wales etwa, dort also, wo die erhöhte deutsche ökonomische Aktivität neue Arbeitsplätze entstehen läßt, wird man sich vielleicht angewöhnen, anders über "die Deutschen" zu denken, als es im Bild der britischen Karikatur erscheint.

Anfänglich ist davon in der Regel wenig zu spüren. So bleibt der *Panzer* das beliebte stereotype Requisit zur Darstellung des spürbaren Vordringens deutschen Kapitals im britischen Markt. Anfänglich. Unter der Oberfläche dann macht neues Denken - so bleibt zu hoffen - aus solchen Versatzstücken bestenfalls ein spielerisches Anhängsel alter Attitüden.

Zu den spektakulärsten deutschen *take-overs* der letzten Jahre unter den englischen "Vettern" (und im Preis der Siemens-Investition vergleichbar) zählen der Kauf der Autofirma Rover durch BMW (920 Millionen Pfund), die Übernahme der Londoner

Investmentbank "Morgan Grenfell" durch die Deutsche Bank (950 Millionen Pfund), die Akquisition des pharmazeutischen Zweigs der Drogeriekette Boots durch BASF (850 Millionen Pfund).

Die Deutsche Bank ist seit 1994 sogar dabei, ihr gesamtes Investmentbanking- und Aktiengeschäft von Frankfurt nach London zu verlagern, eine Entwicklung mit großer Sogkraft auch für andere deutsche Geldinstitute. So hat die Dresdner Bank mit "Kleinwort Benson" ihrerseits ein Londoner Haus erworben, das die Kapitalmarktgeschäfte ähnlich bündeln soll, wie das bei der "Deutschen Morgan Grenfell" geschieht. Mit "Thornton Fund Management" konnte die Dresdner ein weiteres Londoner Haus für Vermögensverwaltung hinzuerwerben. Die Commerzbank scheiterte zunächst mit der geplanten Übernahme von "Smith New Court", konnte dafür aber im Frühjahr 1995 den Erwerb der angesehenen Londoner Investmentgesellschaft "Jupiter Tyndall Plc" verkünden.

Da mögen auch die deutschen Landesbanken nicht zurückbleiben... Als erste von ihnen ist die "West-LB" (Düsseldorf) ins Investmentbanking eingestiegen mit einer eigenen Londoner Tochter, der "West Merchant-Bank". Sie wird demnächst die Belegschaft von 350 auf 600 Mitarbeiter aufstocken, um ihr internationales Aktien- und Anleihegeschäft besser bewältigen zu können.

London und Frankfurt: Zwei Zentren einer Ellipse...

Der Wettlauf um den Sitz der zukünftigen **Europäischen Zentralbank** *ging zwar zugunsten Frankfurts aus - der Vorläufer, das Europäische Währungsinstitut (EWI), hat inzwischen seine Arbeit am Main aufgenommen. Aber London als Bankenplatz und internationales Finanzzentrum ist in seiner Stellung dennoch nicht zu erschüttern. Das weltweite Investment- und Vermögensgeschäft wird sogar verstärkt an der Themse abgewickelt. Auch viele US-Finanzriesen - zum Beispiel Merrill Lynch - tätigen ihre Transaktionen gerne über die City. Mehr als 500 ausländische Banken und Bankhäuser haben sich in London angesiedelt, in Frankfurt sind es immerhin 258, doch 188 davon nur mit kleinen Repräsentanzen. Ende 1994 waren an der* **Londoner Börse** *unter insgesamt 9603 Werten*

3189 Aktien notiert - in Frankfurt dagegen nur 875. Ein deutliches Bild. Tendenz steigend. **Aktien** *gehörten unter den vorsichtigen Deutschen bisher nicht zum bevorzugten Anlageobjekt. Das mag sich mit der verstärkten Investment-Aktivität der deutschen Banken in der City ändern. Die Main-Metropole kann mit London nur bei festverzinslichen Wertpapieren mithalten und überflügelt London bei den* **Renten***: 7693 sind in Frankfurt notiert, 6414 in London (Stand ebenfalls Ende 1994).*

... aber woher kamen alle diese Privatbankiers in der City?

Viele der **britischen Handelsbanken** *und privaten Geldinstitute sind* **deutschen oder deutsch-jüdischen Ursprungs,** *zurückgehend auf Bankiersfamilien, die ihre Handelsgeschäfte teilweise oder gänzlich, früh an die Themse verlagerten, das Zentrum des britischen Kolonialreiches.* **Hambro** *beispielsweise - der Name entstand durch die falsche Buchstabierung von "Hamburg" - Ein Kopenhagener Beamter hatte 1779 dem Hamburger Kaufmann Calmer Levy eine Handelslizenz auf den Namen seiner Heimatstadt ausstellen wollen. Ein Zweig der Familie gründete später in London die "Bank Hambro". Berühmt natürlich die Familie* **Rothschild***. Nathan Mayer von Rothschild, einer der fünf Söhne des Frankfurter Bankhausgründers Mayer Anselm Rothschild, ging zunächst 1798 nach Manchester, um sich schließlich 1803, 26jährig, mit seiner Geschäften in London niederzulassen. Er unterstützte Wellington bei seinen Operationen gegen Napoleon, und es heißt, daß er mit der frühen Kunde von Napoleons Niederlage bei Waterloo an der Londoner Börse enorme Gewinne landen konnte. Ein interessanter Kasus von frühem insider trading. Nathans Söhne führten das Haus unter dem Firmennamen "N. M. Rothschild & Sons" weiter.* **Kleinwort** *wiederum hatte seine Wurzeln in Hamburg,* **Schröder** *in Quakenbrück. Bekannt auch der Name* **Warburg***, die große Hamburger Kaufmannsdynastie. (Gründungsort war das westfälische Warburg). Siegmund Warburg und der noch heute unverwüstliche Henry Grunfeld waren vor den Nazis nach London geflohen und gründeten dort 1946 ihre Merchantbank S. G. Warburg. Zu unfreiwilligem Ruhm kam zuletzt der Name* **Baring***. Die Familie, aus Bremen stammend, hatte ihr Bank-geschäft erst nach Exeter verlagert, dann im 19. Jahrhundert nach London - bis ein gewisser* **Nicholas Leeson** *in Singapur die traditionsreiche Merchantbank* **Barings** *aufs Spiel setzte und ruinierte.*

Bei dieser Umschichtung im Bereich Finanzgeschäfte fällt übrigens auf, daß beim Personal der einheimische Fachmann oft, sogar meistens die höhere Befugnis über den deutschen Spezialisten behält oder zugesprochen bekommt, selbst wenn dieser weiterhin von seiner deutschen Basis aus operiert. Man will britisch bleiben oder werden, auch wenn deutsches Geld im Einsatz ist. Der Finanzplatz London verführt zu weltweitem Appeal, ja, das genau ist das Gütesiegel, das die deutschen Häuser sich im harten Konkurrenzkampf auf dem Investmentmarkt zulegen wollen.

Natürlich geht das gerade in der Gründerphase nicht ohne Reibungsverluste ab. Drei seien genannt: Zum einen recht hemdsärmelige Personalabwerbungspraktiken, die viele der solchermaßen "angezapften" Konkurrenten verärgern; sodann hier und da Enttäuschung auch bei eigenen deutschen Fachkräften, die ihre Frankfurter Selbständigkeit jetzt gegen einen britischen Vorgesetzten eingetauscht sehen... Das sind nette Typen allemal, aber vielfach jünger und zugleich erfahrener im angelsächsischen Trennbankensystem, das im Gegensatz zum Typus deutsche Universalbank frühere Spezialisierung fördert. Und wie man diese unterschiedlichen Handelsusancen, die da aus amerikanischen, britischen und deutschen Traditionen unter dem Dach eines Investmenthauses zusammenfließen, miteinander versöhnt, will auch erst noch gelernt werden.

Probleme des Übergangs. Auf jeden Fall ist jetzt Wachstum auf einem zukunftsträchtigen Markt angesagt, wo man zur Aufholjagd angesetzt hat. London mit seiner risikofreudigen Finanzkultur ist dabei, die mehr auf Sicherheit bedachte Mentalität der Deutschen wenn nicht umzukrempeln, so doch auf neue Spuren zu setzen. Die City macht Beine. Im übrigen rechnet man ja auch aus Deutschland mit einem Anlagebedarf für jene Millionenwerte, die in den nächsten Jahren von der ersten deutschen Nachkriegsgeneration auf deren Erben übertragen werden. Notabene: Neue Sicherheitsnetze in dem nicht unheiklen Umgang mit Kapitalmärkten, Aktien, Anleihen und Derivaten haben inzwischen alle Investmenthäuser nach der Barings-Pleite ihren Kunden versprochen.

Die Liste des deutschen Engagements in Großbritannien reicht von der Nobel-Ebene bis zu den nicht weniger signifikanten mittleren und kleinen Unternehmen. Unter den Großen hat beispielsweise Bosch schon Ende der 80er Jahre auf die verbesserten Aussichten für den britischen Automobilmarkt gesetzt und eine größere Investition in Südwales getätigt, seine bisher größte im Ausland überhaupt. In Miskin/Cardiff wurde eine Produktionsstätte für Motorteile aufgezogen, insbesondere für eine neu entwickelte, leistungsstarke Lichtmaschine; auch eine Bosch-eigene Benzinpumpe wird hier zusammengesetzt, alles nach neuesten Erkenntnissen des *lean management*. Für das stark von der Rezession gebeutelte Südwales bedeuten diese Entscheidungen einer deutschen Firma einen ähnlichen Hoffnungsschub wie für Newcastle das geplante Chip-Werk von Siemens.

Vorsprung durch Technik (II): Britisches Design läßt Schumacher siegen; BA - die Deutschen billiger fliegen

Jetzt, wo er bei Ferrari angedockt hat, der zweimalige Formel-1-Weltmeister **Michael Schumacher**, *kann man ja das britische Understatement lüften: Das Benetton Technologie-Zentrum in Enstone, Chipping Norton (Oxfordshire), war zwar nicht alles, aber ohne die 190 Marktexperten, Koordinatoren und Techniker wäre alles nichts gewesen für den deutschen Lenkradmeister aus Kerpen bei Köln.*

Tief in der englischen countryside versteckt, am Rande der idyllischen Cotswolds, liegt das Hauptquartier von **Benetton Formula Ltd.**, Produktionsstätte des 1994er und 1995er Siegermodells "Mild Seven Benetton Renault B195 Formel 1". Das Whiteways Technical Centre bedeckt eine 17 Morgen große Fläche. High Tech im Hocheffizienz-Look, alles unterliegt kompositorischer Logik, perfekt ineinandergreifend. Die Anlage entstand **1993**, man arbeitet an einem von Renault gelieferten Motor, der Rest ist **britisches workmanship** - Kompetenz bei Entwurf und Styling von Rennwagen, Erfahrung bei ihrer Herstellung, eine Ingenieurleistung, die eher in die Raumfahrt paßt. Das Material und die Einzelteile von Grand-Prix-Kreationen unterliegen heute Anforderungen im Grenzbereich dessen, was Technik überhaupt noch leisten kann.

Fuhr mit britischen technischen Knowhow zu Weltruhm: Michael Schumacher

Und doch ist "Benetton Formula Ltd." **ein europäisches Gemeinschaftswerk:** Italienisches Unternehmertum, französische Motorentechnik, britische Ingenieurexpertise und zwei Jahre lang ein deutscher Fahrer, der das Team zum Sieg fuhr.

Könnte man die Qualität der deutsch-britischen Beziehungen nach der Zahl der Flüge messen, welche die beiden nationalen Fluglinien **British Airways** (BA) und **Lufthansa** täglich aufbieten, um die Partnerländer und deren wichtigste Zielorte miteinander zu verbinden, die höchsten Noten müßten europaweit vergeben werden.

Aber Partnerschaft ist nur die eine Seite der Medaille, Konkurrenz die andere. Lufthansa konnte 1994 38,4 % Anteile von **Business Air** erwerben, jener Fluglinie, die 1993 Schlagzeilen gemacht hatte mit ihrem ersten "Bank Shuttle" zwischen dem Londoner City Airport und Frankfurt/Main. Mit Business Air erhält Lufthansa in Manchester einen neuen regionalen Schwerpunkt zum Ausbau mit

> Anschlußrouten nach Schottland und Wales.
> British Airways ihrerseits übernahm 1992 Delta Air und gründete noch im gleichen Jahr die Deutsche BA, eine eigenständige neue Fluglinie, bei der die Muttergesellschaft eine Beteiligung von 49,5 % hält. Die Deutsche BA "beschattet" inzwischen mit ihren Flügen die Lufthansa auf fast allen innerdeutschen Routen. Und wie! Im Sommer 1996 vergab die Bundesregierung an die Deutsche BA den lukrativen Auftrag zur Beamtenbeförderung auf der Shuttle-Strecke Bonn-Berlin - auf ihr ist beim anstehenden Umzug der Hauptstadtfunktionen nach Berlin ein erstklassiges Geschäft zu machen.
> Auch ins Ausland hat die Deutsche BA mit neuen Linienflügen das Tor geöffnet zu weiterem Preisdruck nach unten, zum Vorteil der Kundschaft, die beispielsweise heute schon mit dieser Linie um fast ein Drittel preisgünstiger nach Moskau fliegen kann als früher, sofern sie den Zeitverlust eines Zwischenstops in Berlin nicht scheut.
> Mit ihrem Jungfernflug **nach Leipzig im März 1992** eröffnete übrigens die **British Airways** als erster ausländischer Carrier eine Linienverbindung England-Sachsen.

Vier weitere Beispiele mögen die Vielfalt der deutschen Investitionen in Großbritannien beleuchten:

- **Umwelt:** Die Birminghamer Tochter der Düsseldorfer Lindemann-Gruppe hat sich heute zum größten britischen Hersteller von Spezialmaschinen für das Recycling von Industrie- und Haushaltsabfall entwickelt.

- **Telekommunikation**: Mit zehn Prozent und der Absicht auf weitere Optionen ist die VEBA-Gruppe bei Cable & Wireless eingestiegen, um sich im kommenden deregulierten europäischen Telekommunikationsmarkt besser qualifizieren zu können. (Umgekehrt hat British Telecom kürzlich mit der deutschen VIAG abgeschlossen, um der Deutschen Telekom in Deutschland künftig besser entgegentreten zu können.)

- **Lebensmittel**: Die Alois-Müller Milchprodukt-Kette beherrscht mit ihrer Shropshire-Tochter inzwischen 25% des britischen Yoghurtmarktes.

- **Nutzfahrzeuge:** Bereits 1989 fusionierte der deutsche Gabelstapler-Hersteller Linde mit der englischen Firma Lansing-Bagnall zum heute auf dem Weltmarkt führenden Unternehmen "Lansing Linde". 45 Millionen Pfund ging als Gründungsinvestition sofort in das Fertigungzentrum in Basingstoke, Hampshire ein. Dem Linde-Beispiel folgte fünf Jahre später die deutsche Jungheinrich, die den zweitgrößten britischen Gabelstapler-Hersteller Lancer Boss akquirierte.

Was ist das Geheimnis der unternehmerischen Synergie zwischen den beiden Ländern? Sir Bryan Nicholson, Expräsident des britischen Unternehmerverbandes (CBI), sprach 1995 in einem Interview mit der "Financial Times" vom "Komplementärfaktor": Die unterschiedliche Businesskultur von Briten und Deutschen stütze und stärke sich gegenseitig im Prozeß des Austauschs. *"Man bekommt den besten Deal, wenn man das Beste von beiden zusammenführt"*, meinte auch John Towers, der Chef bei den BMW-eigenen Rover-Werken, auf Befragen der FT.

Deutsche langfristige Investitionsstrategien, die Betonung von Ausbildung, von Mitspracherecht der Arbeitnehmer, von "Durchsetzung, Genauigkeit im Detail und Arbeitsdisziplin" (John Towers) - das sind die Stärken, die der deutsche "Einzahler" mitbringt. Er selbst profitiert bei Übernahme oder Beteiligung von den niedrigeren Produktionskosten, größerer britischer Expertise in einigen High-Tech-Bereichen, namentlich der Telekommunikation, und vor allem größerer Flexibilität am Arbeitsplatz und im Produktionsprozeß. Sir Bryan zieht eine optimistische Bilanz:

"Die deutsche Tradition, Mitarbeiter ins Unternehmen und dessen Entscheidungen mit einzubeziehen, hat schon jetzt geholfen, Veränderungen

WIRTSCHAFT

in Richtung einer konstruktiveren britischen Arbeitskultur auf den Weg zu bringen".

Etwas anderes, vielleicht das Wichtigste überhaupt, kommt hinzu: Das deutsche Management ist in der Regel um fortgesetzte Unabhängigkeit seiner britischen Akquisition bemüht, während man gleichzeitig so viel wie möglich voneinander lernen will.

Bernd Pischetsrieder, Vorstandsvorsitzender von BMW, hob das ausdrücklich auf dem ersten gemeinsamen Management-Treffen von Rover und BMW hervor, das am 18. April 1994 im British Motor Industry Heritage Centre zu Gaydon kurz nach dem *takeover* der britischen Autofirma durch den bayerischen Konzern stattfand. Dabei machte er *einen* Unterschied zwischen BMW Rolls-Royce, die 1992 zu einer Firmenmarke für Flugzeugtriebwerke fusionierten, und Rover BMW:

"Im Gegensatz zu BMW Rolls-Royce werden Rover und BMW als Autofirmen nicht auf nur einem Pfad in die Zukunft gehen, sondern auf parallelen Wegen, die zu einem gemeinsamen Ziel führen. Unsere Marken und unsere Unternehmen sollen unabhängig bleiben. Im Markt und in den Augen der Kunden werden beide Partner ihre jeweils eigene Stärke demonstrieren."

Eine willkommene Nachricht damals für Rover und einige mißtrauische Beobachter in der Stammheimat Birmingham und im übrigen Großbritannien. BMW hat gehalten, was es versprach: Die britische Autofirma, die so renommierte Marken wie Austin, Morris und MG, Triumph, Landrover, Riley und Rover baut, genießt unter der Ägide des BMW-Kapitals in der Tat größere Unabhängigkeit als unter ihren früheren Eigentümern Honda und British Aerospace. Dazu noch einmal John Towers:

"Ich kann mir kein britisches Investitionsszenario vorstellen, das zu dem geführt hätte, was wir heute haben. Wir haben bessere Chancen zum Erfolg unter BMW als bei irgendeiner der anderen Varianten, die durchgespielt worden waren."

So sah es wohl auch die Universität Birmingham, die dem deutschen Unternehmer in Anerkennung seiner Verdienste im Juli 1996 den Ehrendoktor verlieh.

"Jaeger" und "Doc Martens": Die deutsch-britische Symbiose in den Marken unserer Alltagskleidung

"How do you do?" fragt der Brite und erwartet darauf nicht mehr als ein "How do you do?" von seinem Gegenüber. In Deutschland dagegen darf eine ähnliche Frage nach dem Befinden durchaus mit einem umfassenden Bericht über den eigenen Gesundheitszustand quittiert werden. Denn die Gesundheit ist des Deutschen liebstes Kind und steht Pate für zwei der erstaunlichsten Geschichten im deutsch-britischen Wirtschaftsaustausch.

*Gesundheitsfragen ließen den kränkelnden Naturforscher und Physiologen Professor Doktor **Gustav Jäger** aus Stuttgart nicht los. An Soldaten, die krank aus dem Deutsch-Französischen Krieg von 1870/1 heimkehrten, stellte er fest, daß diese sich einen Teil ihrer Probleme durch falsche Bekleidung - leinene Unterkleider, darüber Kleidung aus anderem Pflanzenfasergewebe - selber zuzuschreiben hätten. Tiere, so hielt Jäger dagegen, hätten es doch viel besser dank ihrer natürlichen Bekleidung aus Wolle oder Haaren. Für Jäger war die Folgerung klar: **Wolle als Kleidungsstoff** auch für den Menschen! Denn Wolle isoliert gegen jede Art extremer Temperaturen, und naß verursacht sie beim Träger kaum Erkältungen oder rheumatische Erkrankungen. In der Schrift **"Die Normalkleidung als Gesundheitsschutz"** (1880) propagierte er seine Thesen mit aller Kraft.*

*Bekehrt war sofort ein gewisser **Mr. Tomalin**, ein Lebensmittelimporteur aus London, der das Buch übersetzte und unter dem Titel **"Health Culture"** zu einem Bestseller machte. Tomalin ging weiter, kaufte sich von dem süddeutschen Professor das Verwendungsrecht des Namens "Jaeger" und startete bereits 1884 die Herstellung von Bekleidung nach dem Jäger-Prinzip. Der unförmige Name seiner Firma: "Dr Jaeger's Sanitary Woolen System Company Ltd." Ein Welterfolg mit deutschem Namen und britischem Geschäftssinn war im Entstehen. **Jaeger Wollkleidung** traf man bald überall: Stanley trug sie, als er am Kongo den verschollenen Dr. Livingston suchen ging, Scott und andere trugen sie gegen die arktische Kälte, Oscar Wilde und G. B. Shaw bei ihrer Arbeit, wie Michael Jenner herausgefunden hat.*

Heute nimmt die Weltfirma Jaeger das ursprüngliche Verdikt gegen Kunstfasern nicht mehr ganz so ernst, aber Wolle, Mohair, Cashmere und

Kamelhaar machen noch immer das Markenzeichen aus, jetzt auch in neuem, modisch-jungem Design.

Auch die nächste Geschichte hat mit der Gesundheit zu tun. Es ist frühe Kriegszeit, Zweiter Weltkrieg, Seeshaupt am Starnberger See. "Sommer überfiel uns, kam über den Starnberger See / Mit Regenschauern ...", hatte **T. S. Eliot** in seinem berühmten Poem "Das Wüste Land" (1922) geschrieben. Aber diesmal herrscht Winter, und der Arzt **Dr. Klaus Maertens** hat es mit einem Skiunfall zu tun, dessen Folgen er in Seeshaupt auszukurieren hofft. Die Schmerzen im Fuß wollen nicht nachlassen, und so konstruiert Maertens zusammen mit seinem Kollegen Dr. Funck einen komfortablen **Gehschuh** mit einer neuen Art Luftkissensohle aus alten Autoreifen. Das half so schnell, daß die beiden Erfinder auf den Gedanken kamen, Schuh und Sohle zu patentieren und kommerziell zu nutzen. Mit großem Erfolg. Zunächst als Komfortschuh für ältere Damen mit Fußproblemen konzipiert, verkauften sich die luftkissengefederten Schuhe bald in ganz Europa.

Ende der 50er Jahre beschlossen Maertens und Funck, das Geschäft von GB aus zu expandieren. Partner wurde die Vulkanisierfirma Wollaston (sie gehört heute zur Griggs Gruppe), die 1960 die Lizenz erhielt, die Sohlen weltweit zu vertreiben. Wollaston anglisierte den Namen zu **"Dr Martens"** und nahm am 1. 4. 1960 die Produktion auf (das noch heute populäre Modell "1460" ist eine Erinnerung an den Eröffnungstag der Herstellung). Was niemand ahnen konnte: Die Jugendkultur der späteren 60er Jahre erkor sich die "bover boots" zum Markenzeichen ihres Protests. Kein Fuß der beautiful people, kein Punker, der sich nicht mit den **Doc Martens**, den DMs, schmückte. Es heißt, **Nancy Sinatra** habe sie im Sinn gehabt für ihren Hit "These boots are made for walking". Noch heute sieht man sie an den Füßen von Mannequins und Popstars - leider auch von Skinheads auf Macho-Marsch.

Die Schuhe mit ihrem markanten Sohlenprofil jedenfalls haben ein Kapitel der deutsch-britischen Symbiose geschrieben, das man nur als markant bezeichnen kann.

Mit der Philosophie des eigenen Profils, der unternehmerischen Selbständigkeit im Rücken, dabei gesichert durch das finanzielle Polster der Münchner, die vorerst auf Dividenden ihrer britischen Akquisition verzichten, und last but not least wegen der Wechselkursvorteile des Pfundes gegenüber der überstark gewordenen DM konnte Rover 1995 eine wichtige langfristige Investitionsentscheidung treffen: Zwei Millionen Pfund Sterling werden für die Produktionsentwicklung in den kommenden fünf Jahren freigesetzt. Das ist eine Steigerung der Investitionssumme von 60% im Vergleich zu den vorangegangenen fünf Jahren und verbessert die Konkurrenzlage des Konzerns im britischen und weltweiten Markt auf einen Schlag.

Auch Siemens verfährt - und das sehr erfolgreich - mit seinen britischen Töchtern nach ähnlichen, weltweit erprobten Prinzipien: Das örtliche Management soll wichtige Entscheidungen möglichst selber treffen. Der Vorteil für alle Beteiligten liegt auf der Hand.

Noch irgendwelche Fragen zu den britisch-deutschen Stereotypen? Bestimmt nicht von der Geschäftswelt auf beiden Seiten des Kanals. Der Einsatz deutschen Kapitals auf der Insel ist ein Vorgang mit enormen wirtschaftlichen wie kultursoziologischen Konsequenzen. Das müssen merkwürdige "Hunnen" sein, die ihre Anglophilie in Business-Entscheidungen zu gegenseitigem Gewinn ummünzen. Doppelt merkwürdig, dies in einem Land zu tun, das doch eigentlich nichts als Teepausen, Faulenzer und Streiktage kennt...

Wie das Etikett "Made in Germany" von den Briten mit gänzlich unerwarteten Folgen erzwungen wurde

*Eine vortreffliche Illustration dafür, wie Rivalität umschlagen kann in Selbstschädigung, liefert die Geschichte des Etiketts **"Made in Germany"**. Im Rückblick mag man über diese Episode der deutsch-britischen Wirtschaftsbeziehungen lachen, zu ihrer Zeit fand London sie alles andere als lustig.*

*Wir schreiben das letzte Drittel des 19. Jahrhunderts, die wirtschaftliche Potenz des neugegründeten Deutschen Reiches macht sich auf den Weltmärkten bemerkbar und dringt auch in Großbritannien mit dort ungern gesehener Kraft ein. Die heimische Industrie wittert Verrat, die deutschen Hersteller von Fertigwaren des Alltagsgebrauchs werden als **Piraten englischer Markenartikel** angeprangert. Sie produzierten, so lautet der Vorwurf, vielfach in beunruhigender Nähe zum englischen Design - namentlich bei Tischgeräten, Bestecken, Küchenutensilien in Silber, Messing oder Stahl - und verwirrten damit den braven britischen Verbraucher, der fälschlicherweise glaube, er habe es mit Produkten seines eigenen Landes zu tun.*

*Besonders in Sheffield und Manchester wird bewegt Klage geführt und erhört: Im Jahre **1887** verabschiedet das Unterhaus den **"Merchandise Marks Act"**, das Gesetz über die Kenntlichmachung deutscher Markenartikel mit ihrem Ursprungsland. Die Stoßrichtung ist eindeutig: Aus Verärgerung heraus sollen die besagten deutschen Gebrauchsgüter mit dem Etikett **"Made in Germany"** stigmatisiert und damit diskriminiert werden.*

*Wohl keiner der Parlamentarier hatte damit gerechnet, daß diese Maßnahme, die der Protektion der heimischen Industrie dienen sollte, wie ein Bumerang eben auf diese zurückflog. **"Made in Germany"**: Was als Kainsmal auf der Stirn des ausländischen Hauptkonkurrenten gedacht war, wurde - Ironie der Geschichte! - bald zu einer Empfehlung seiner Wertarbeit. Eine bessere Werbung hätte sich die stürmisch nach vorn drängende deutsche Wirtschaft nicht ausdenken können.*

*Nicht die Möglichkeit, das Original vom vermeintlichen Plagiat unterscheiden zu können (wie man in Westminster gehofft hatte), stand hinfort im Vordergrund der Überlegungen der Verbraucher. Nein, sie wurden geradezu mit der Nase auf die so gekennzeichneten Produkte gestoßen und erlernten damit rasch die Kunst, gute von weniger guter Ware zu unterscheiden, was nur allzu oft zu Ungunsten des britischen Produkts ausfiel. Diskriminierung war durchaus die Folge, aber nicht in der erdachten Richtung. **Die Karriere des Gütesiegels "Made in***

> *Germany" nahm ihren Anfang.*
> *Schaden fügte sich London damit auch in Überseemärkten zu, gerade auch in seinem eigenen Empire.* Die "kostenlose Werbung" (David Head) *erleichterte es der jeweiligen örtlichen Wirtschaft, Produkte deutschen Ursprungs zu identifizieren und in direkten Kontakt mit den deutschen Herstellern zu treten, wenn man weitere Lieferungen auch verwandter Produktpaletten ordern wollte.*
> *Kurzum, die Nachfrage nach "Made in Germany" stieg sprunghaft an und konnte auch nicht mehr gebremst werden, als das Gesetz später ergänzt wurde durch die Auflage, daß alle Importwaren nach ihren Herkunftsländern zu kennzeichnen seien.*
> **Vorsprung durch Werbung** *mit freundlicher Hilfe des Konkurrenten!*

2. *Britisches Engagement in den Neuen Ländern und in Berlin: Vorsprung durch Vielfalt*

Wo von Einsatz die Rede ist, da könnten die Briten mithalten. Ihr neuer Tummelplatz in Deutschland sind die neuen Bundesländer. "Mithalten" bezieht sich dabei nicht auf das Investitionsvolumen. Das zu vergleichen, wäre abwegig, da es sich in Großbritannien um den entwickelten Markt einer hochindustrialisierten Wirtschaft handelt, in den Neuen Ländern dagegen um eine Region, die noch mit den Hinterlassenschaften des sozialistischen Ruins zu kämpfen hat. Einsatz hier muß man an der Diversität, der schieren Vielfalt des britischen Engagements messen. Und an dem unternehmerischen Mut, der sich von außen in völliges Neuland wagt, wenn auch gelegentlich gestützt von britischen Töchtern, die sich bereits auf dem (alten) westdeutschen Markt etabliert hatten.

125 Firmen in den neuen Bundesländern hat die Treuhand an britische Unternehmen verkauft - ein europäischer Spitzenplatz. Bauwesen, Ingenieurberatung, Energie, Umweltschutz, Infrastruktur, Erschließungsaufgaben - die Palette ist imposant. Bei Investitionen im Wert von bisher 2,5 Milliarden DM verpflichtete man sich zu dem Erhalt von rund 15 000 Arbeitsplätzen.

Aus der großen Zahl seien einige prominente Beispiele hervorgehoben, wobei man sich auf Überraschungen gefaßt machen muß, etwa bei der Umwelt: Auch britische Firmen nämlich haben inzwischen Erfahrung sammeln können mit Umweltsanierung, so beim Wasser, verseuchten Böden (etwa Militärgelände), etc. Die folgende Aufzählung soll, wie gesagt, nur ein Hinweis sein auf die Vielfalt des Gesamtengagements britischen Kapitals in den neuen Bundesländern:

ReadyMix
investiert im neuerworbenen ReadyMix-Zementwerk in Rüdersdorf 500 Millionen DM in eine umweltfreundliche Anlage.

Carbon Link (Wigan)
besitzt mit der Aktivkohle und Umweltschutz Technik GmbH (AUG) in Doberitz eine neue Produktionsstätte für Aktivkohle zur Wasseraufbereitung, Abgasreinigung und für andere Anwendungsgebiete des Umweltschutzes.

blickpunkt 37

Bitte keine Schönfärberei! Was tut Großbritannien *wirklich* für die Umwelt?

Wir alle sind reiche Erben, reich an Vorurteilen. In Großbritannien geistert weiter der zackige Deutsche umher, monokeltragend, reglementiert. Ältere Deutsche, nicht mit den Beatles großgeworden, wissen alles über das Land mit wenig Musik, viel Business und noch mehr Nebel. Nur, **der Londoner Nebel** *- das war einmal. Im Erdinger Moos, dem Gebiet von Münchens neuem Flughafen, heißt es häufiger: "Keine Sicht." Der britische Nebel war zudem nie ein Naturereignis, sondern ein menschenverursachtes Übel größten Ausmaßes. Gegen die Verschmutzung durch fossile Brennstoffe vor allem im Ballungsgebiet Südostengland ging daher schon das 1956er Gesetz zur Reinerhaltung der Luft energisch vor. Mit buchstäblich strahlendem Erfolg: Im Winter etwa sehen die Briten heute 70 Prozent mehr von der Sonne als noch vor vierzig Jahren.*

Als nächstes kam die **Themse** *an die Reihe, schwerstbelastet durch Abwässer und Chemikalien. Auch hier eine positive Bilanz: Schon Anfang der 80er Jahre wurde die erste Forelle an der Westminster Bridge gesichtet. Ein Bericht der UN-Umweltorganisation UNEP attestierte 1985, daß die Themse weniger bleiverunreinigt sei als Rhein oder Seine. Übrigens gehörte in den 70er Jahren zu den Vorkämpfern einer umweltentlasteten Themse auch ein gewisser* **Richard Adams**, *damals Beamter in der Öko-Abteilung der Londoner Stadtverwaltung. Man kennt Adams heute besser als den Autor solcher modernen Kinderbuchklassiker wie "Watership Down" oder "Shardik", die es ihm erlaubten, den Büroplatz ganz gegen eine freie Existenz als Autor einzutauschen.*

Und dann kam die EG... Es ist offensichtlich, daß **Brüssel** *dem ökologischen Denken in Großbritannien Beine gemacht hat. Während die EG (die heutige EU) nicht unbedingt zu den Institutionen gehört, auf die sich die meisten Kabinettsressorts in London zum Beweis ihrer Erfolge berufen würden, ist es im Umweltministerium gerade umgekehrt: EG-Richtlinien werden gerne zitiert, weil an ihnen gemessen die Umweltpolitik des Landes sich immer besser sehen lassen kann. Von 1983 bis 1995 wurde Großbritannien beim* **Europäischen Gerichtshof** *nur zweimal wegen Verstöße gegen die EG-Umweltgesetzgebung verklagt. Damit hat das Land nach Dänemark das kleinste "Öko-Sündenregister" aller Mitgliedsländer.*

WIRTSCHAFT

Das britische **Umweltschutzgesetz von 1990**, die **"Nationale Strategie für eine ökologisch nachhaltige industrielle Entwicklung" vom Januar 1994**, tragen erste Früchte. So ist beispielsweise zwischen 1985 und 1993 die Quecksilber-, Cadmium- und Bleieinleitung in britische Küstengewässer um über die Hälfte zurückgegangen, bei Quecksilber allein um über 69 Prozent. 86 Feuchtbiotope wurden der internationalen "Ramsar-Konvention" unterstellt, sowie 102 Vogelschutzgebiete. Auch im Recycling gab es einen Sprung nach vorn. Keine Kommune, die nicht leicht erreichbare Sammelcontainer für Glas und Abfall ausweist.

Stolz weist London gegenüber den Rio-Teilnehmerstaaten darauf hin, daß es seinen Ausstoß an **Kohlendioxyd** und anderen Treibhausgasen bis zum vereinbarten Datum 2000 nicht nur - wie zugesichert - auf den Stand von 1990 sondern vielleicht sogar um 6-14 Millionen Tonnen unter diese Marke senken werde.

Weniger gut sieht es bei den teilweise veralteten **Müllverbrennungsanlagen** aus und dem **Dioxin**, das sie freisetzen. Das Umweltschutzministerium mußte im Februar 1995 zugeben, daß 19 der 21 größten Müllverbrennungsanlagen des Landes die erlaubten Dioxin-Höchstwerte weit überschreiten. Überhaupt stellen die **Schwefeldioxid-Emissionen** der Industrie, wenn auch seit 1970 um 50 Prozent abgesenkt, noch immer die größte Umweltgefahr für die Bevölkerung dar. Das Ansteigen von Asthma-Erkrankungen macht große Sorgen. Ein Sachverständigengremium hat jetzt empfohlen, einen **neuen SO2-Richtwert** für Großbritannien festzuschreiben.

Umweltminister **John Gummer** startete am 6. Februar 1995 die **"Going for Green"- Kampagne** zur Steigerung des allgemeinen Bewußtseins für Umweltschutz und ökologischen Denkens im Lande. Dafür wurde unter anderem die folgende Zeichentrickwerbung im Fernsehen eingesetzt: Eine dreiköpfige Dinosaurier-Familie liegt in dauerndem Umweltstreit. Vater Ron ist der Muffel, ein Ekel Alfred des Naturschutzes, Mutter Brenda steht irgendwie hilflos dazwischen, aber Billy, das Söhnchen, vertritt die Zukunft, ganz auf Öko eingestellt, versteht sich. Wie zum Attest, daß sich hier auf der Insel etwas tut, hat die Europäische Umweltagentur **Derek Osborn**, Abteilungsleiter im britischen Umweltministerium, 1995 zum neuen Vorsitzenden gewählt. Derek muß ein Bruder von Billy sein - ein Dino mit Zukunft.

British Gas

Die Gesellschaft beteiligt sich unter anderem an der Gasversorgung in Halle, Sachsen-Anhalt, der "Verbundnetzgas" in Leipzig und der "Gasversorgung Leipzig GmbH". Wieder einmal ist "Vorsprung durch Technik" im Spiel: Verträge in Leipzig, Berlin, Halle, Magdeburg, Dresden und Chemnitz hat British Gas dank ihrer Expertise abschließen können, die jetzt im Verbund mit ortsansässigen Unternehmen bei gemeinsamen Projekten zum Tragen kommen soll. Im Ostteil Berlins beispielsweise wurden moderne Polyäthylen-Rohrleitungen durch das Innere verrotteter Eisenrohre verlegt, was das Auswechseln dieser Rohre unnötig machte.

BMW Rolls-Royce,

1992 entstanden, baut in Dahlewitz, vor den Toren Berlins, ein neues Montagewerk für die gemeinsam entwickelten Flugtriebwerke der neuen 700er-Serie, dem Nachfolgemodell der weltberühmten Rolls Royce "Tay"-Triebwerke. Der neue "Gulfstream V" Corporate Jet für Nonstop-Flüge etwa von New York nach Tokio, von London nach Singapur beispielsweise wird mit BMW Rolls-Royce BR 710-Triebwerken ausgerüstet sein.

GKN,

ein marktführendes britisches Unternehmen für Kfz-Bauteile, übernahm die VEB Sachsenring Automobilwerke Zwickau Mosel - heute GKN Gelenkwellenwerk Mosel (GWM) - und machte es zu einem Hauptlieferanten für homokinetische Antriebswellen, die heute nach Ost-und Westeuropa exportiert werden.

Seymour Powell
ist dabei, dem Image des früheren DDR-Fahrradherstellers MuZ ein komplettes Facelifting zu verpassen, und zwar mit dem "Skorpion", einem nach britischem Design entworfenen Jugendrad, das auf der Birminghamer Bike Show 1994 mit großem Enthusiasmus aufgenommen wurde. Revolutionär an dem neuen Rad ist, daß es geklebt, nicht mehr geschweißt ist und eine optimale Relation zwischen Gewicht und Antriebskraft mitbringt.

BICC Cables,
einer der führenden europäischen Kabelhersteller, hat die KWO Kabelwerke Oberspree erworben mit 2200 Angestellten. Umfangreiche Investitionen sind geplant. Mit KWO wird BICC zu einem der wichtigsten Kabellieferanten in ganz Deutschland und in Osteuropa.

Agrarwissenschaft
Britische Firmen, von denen etliche bereits mit neuen Agrargenossenschaften in Ostdeutschland zusammenarbeiten, haben sich zusammengetan, um ein Betriebsmanagement-Ausbildungsprogramm für Studenten der Agrarwirtschaft der Humboldt-Universität in Sparsholt bei Winchester (Hampshire) zu fördern, einem führenden agrarwissenschaftlichen College in GB.

Der Fall der Mauer, ausgelöst durch eine politische Revolution, hat eine kulturelle Revolution unübersehbaren Ausmaßes nach sich gezogen. Die Westwendung eines halben Kontinents, der von der Eigengestaltung seiner Geschichte ausgeschlossen war, setzt dabei kaum zu stillende Nachholbedürfnisse frei. Die Antwort darauf kann nicht nur im Geschäftlichen liegen, wie dringend auch immer die wirtschaftliche Erholung sein mag. Der Mensch lebt nicht von Bilanzen allein.

blickpunkt 38

Wie der Bauer Tim Evans aus Sevenoaks in Kent zu einer neuen Spezies wurde: Zu einem "Brossi"

Es war Sommer 1992, und Tim Evans stand vor dem Aufgeben. Auf der Suche nach Farm- und Weideland im Osten Deutschlands und nach einer günstigen Kaufgelegenheit wäre er fast an seinem mangelhaften Deutsch, an sturen Behörden und zugeknöpften Banken gescheitert - wenn, ja wenn er nicht an einem seiner letzten Abende bei einem Essen einen Westdeutschen getroffen hätte, dessen Schwager gerade dabei war, sein ehemaliges Familiengut in Sachsen-Anhalt zurückzuerwerben. Gehört, getan: Fahrt zum betreffenden Anwesen Gut Wittenmoor, 2500 Hektar, sechs Stunden Besichtigung, dann zurück nach Bonn, wo der prospektive Partner damals wohnte, den Laptop heraus und rasch die Zahlen durchgespielt: Der Deal war perfekt.

"Soweit ich weiß, bin ich der einzige britische Bauer im Osten Deutschlands, vielleicht der einzige, der verrückt genug ist, überhaupt so etwas zu machen. Aber seit 1992 läuft's einfach blendend", sagte er einem heimischen Fernsehteam. Tim Evans, ein Brite, der in den Neuen Ländern Viehwirtschaft betreibt - ein waschechter Brossi, ein Unikat.

Dabei stellt sich heraus: Wiederum kristallisiert sich im Begriff *culture* ein großer Teil der neuen Erwartungen, steht doch das Angelsächsische, beginnend mit der englischen Sprache, auf der Wunschliste der neuen Freiheit weit oben. An dieser Nahtstelle gehen "Wirtschaft" und "Kultur" ineinander über, der Geldverkehr in die Kommunikation, Ökonomie in Eudämonie in die Frage, wie der Mensch sich einrichtet im heutigen *way of life*, wie er sein Glück findet.

Die BBC, der British Council, das Central Bureau for Educational Visits and Exchanges stellen sich auf diese Herausforderung ein und investieren entsprechend stark in den neuen Ländern sowie in Berlin. Seit 1990 haben 350 Englischlehrer aus den neuen Bundesländern die Möglichkeit erhalten, als Sprachassistenten an britischen Schulen zu arbeiten. Immerhin an die 150 britische Lehrer kamen umgekehrt an ostdeutsche Schulen.

WIRTSCHAFT

Fachstipendien für Wirtschaft, Recht, Management, Internationale Beziehungen, Umwelt stehen bereit. Der Jugendaustausch selber kommt hinzu (siehe auch Kapitel II, 7). Welchen Stellenwert Deutschland insgesamt dabei einnimmt, kann man dem Umstand entnehmen, daß in Großbritannien ein Viertel aller öffentlichen Mittel für den Jugendaustausch allein in Austauschprogramme mit Deutschland gehen. In absoluten Zahlen mag das nicht aufregend sein, aber die Relation spricht für sich.

In Berlin-Charlottenburg wurde im September 1994 auch eine britische Privatschule gegründet, die erste ihrer Art in Berlin mit britischem Lehrplan: Ein Angebot vor allem für die expandierende internationale Wirtschaft und die künftige diplomatische Gemeinde der Stadt. Alles geht in die Startlöcher.

Das gilt auch und erst recht für die Medien. Redakteure von Landesrundfunkanstalten und ihren Regionalbüros in Potsdam, Chemnitz, Dresden oder Leipzig tauschen die Plätze mit ihren Pendants beim deutschsprachigen Dienst der BBC in Bush House in London. Darüberhinaus hat die BBC "Antenne Brandenburg" in Potsdam und "Sachsen Radio Dresden" mit Satellitenempfangsanlagen ausgestattet, sodaß diese Sender BBC-Nachrichten und andere Programme über ihre eigenen Frequenzen übertragen können. Auch "Sachsen Radio Leipzig" kommt mit BBC-Sendungen, die über Satellit empfangen werden. Die alte Tante BBC, schon seit 1938 mit deutsch-sprachigen Programmen dabei, scheint wie mit neuer Berufung erfüllt. Das Fernsehprogramm des "World Service" jedenfalls soll bis 1997 in ganz Deutschland zu empfangen sein.

Deutsch-britische Beziehungen: In der Summe des Einsatzes zählt der einzelne nicht weniger als die große Organisation. Kommt aber beides, individuelle Energie und institutioneller Rückhalt zusammen, darf man sich auf bemerkenswerte Ergebnisse gefaßt machen. So im Falle der 44 Jahre alten, aus Sussex stammenden Germanistin Penelope Willard, die als Geschäftsführerin der traditionsreichen "Franckeschen Stiftungen" im ostdeutschen Halle dieses gemeinnützige Unternehmen um ein markantes Kulturprofil bereichern möchte. Und zwar in Form einer Forschungsstätte, deren

WIRTSCHAFT

Aufbau die rastlose Penelope, unterstützt vom internationalen Renommee des neuen Direktors der "Stiftungen", Paul Raabe, mit großem Elan vorantreibt. Wenn das "Interdisziplinäre Zentrum für Europäische Aufklärung und Pietismus-Forschung" erst einmal steht, können die Stadtväter es dieser Engländerin danken, daß Halle um eine wissenschaftliche Attraktivität reicher geworden ist.

Nirgends steht die enge Verknüpfung zwischen Deutschland und Großbritannien sichtbarer vor Augen als in der Architektur, und es ist in Berlin, wo dies am meisten hervorscheint. Nicholas Grimshaw zeichnet für den Entwurf der neuen Industrie- und Handelskammer verantwortlich; der allzu früh verstorbene Sir James Stirling, hat sich mit dem Gebäude des Wissenschaftszentrums verewigt (er baute auch die erweiterte Stuttgarter Staatsgalerie); in der Plattenbausiedlung Berlin-Hellersdorf schließlich wird John Thompson, Freund von Prinz Charles, einen Umbau zu menschenfreundlicher Gestaltung vornehmen.

Entwarf die neue Berliner Industrie-und Handelskammer: Nicholas Grimshaw

Die architektonische Verknüpfung Berlins mit England trägt historisch natürlich vor allem den Namen Friedrich Schinkels, des großen Baumeisters Preußens zu Anfang des 19. Jahrhunderts. Schinkel, der auf einer Rundreise durch Großbritannien 1826 auch britische Industriearchitektur studieren konnte, ließ sich bei seinem eigenen Entwurf für das Alte Museum am Berliner Lustgarten stark von der ionischen Kolonade des nach Sir Robert Smirke gebauten Britischen Museums inspirieren.

Ein Sprung über die Zeiten: Heute setzt wiederum ein britischer Architekt den wichtigsten Akzent in Berlin, Sir Norman Foster. Er gewann den prestigeträchtigen Wettbewerb zur Umgestaltung des Reichstages. *"Einen britischen Architekten mit der Verantwortung für das neue deutsche Parlament betrauen? Undenkbar, daß das jemand auch nur ernsthaft hätte erwägen können"*, bekannte Sir Norman in einem Zeitungsgespräch. Fosters Entwurf lebt von der Idee der Licht- und Blickdurchlässigkeit, vom Prinzip des offenen Zugangs für alle in diesem Herzen des Parlamentarismus. Niemand kann sich der anrührenden Symbolik entziehen, daß Groß-britannien, nachdem es einen wesentlichen Beitrag zum Wiederaufbau der deutschen Demokratie geleistet hatte, jetzt auch den Architekten stellt, der das Haus der Demokratie, das zukünftige deutsche Parlament, instandsetzt.

Wirtschaft und *human resources*, Ökonomie und Gestaltung - das ergibt einen eigenen Kreislauf, in dem nichts ausgeschlossen bleibt. "Kapital" ist alles. Wir leben mit Produkten der materiellen und der geistigen Manufaktur, beziehen Löhne und Signale, Honorare und Aha-Erlebnisse. Wir konsumieren und kommunizieren. Es wachsen die Geschäfte und das Verstehen. Die deutsch-britischen Beziehungen könnten die Verletzungen des Jahrhunderts jedenfalls bald hinter sich gelassen haben, sind sie doch zu einem Stück lebender Moderne geworden, in einem Europa friedlichen Wettbewerbs.

Daran werden auch Aufgeregtheiten und Aufstände um Rinderwahnsinn oder Eurowährung nichts ändern - hoffentlich.

Mehr Licht für den Reichstag: Norman Foster macht sich um das deutsche Parlament verdient

Die Rolle Großbritanniens beim Aufbau der deutschen Demokratie

Zusammenarbeit auf amtlicher und nichtamtlicher Ebene

I. *An den Pforten der Hölle*

Im Sommer 1945 bereiste der Schriftsteller Stephen Spender (1909-1995) das zerstörte Deutschland, um im Auftrag der Alliierten Kontrollkommission, deren Mitglied er war, Möglichkeiten für den demokratischen Aufbau und die Wiederherstellung kultureller Einrichtungen in dem besiegten Land auszukundschaften. Spender war im Oktober 1943 mit einem in der Zeitschrift "Horizon" publizierten Aufsatz über "Hölderlin, Goethe and Germany" aufgefallen, worin er entschieden die deutsche Kulturtradition gegen die Barbarei des Nationalsozialismus verteidigt hatte.

Der Autor kannte Deutschland seit 1929 aus ausgiebigen Reisen und Aufenthalten dort. Wie seine Zeitgenossen Christopher Isherwood und W. H. Auden besaß auch er eine große Affinität zur deutschen Kultur und konnte daher mit Kennerschaft und Überzeugung in der dunkelsten Stunde des deutschen Ansehens in der Welt für "das bessere Deutschland" das Wort erheben.

Sein Buch über die Erfahrungen in dem seelisch und materiell total zerbombten Land ("European Witness", 1946; "Deutschland in Ruinen", 1995) erregte beträchtliches Aufsehen. Neben den Schilderungen, die im gleichen Sommer 1945 George Orwell auf Reisen durch Deutschland für den "Observer" ablieferte, war hier eines der bedeutendsten Augenblicksbilder der "Stunde Null" der deutschen Geschichte entstanden, packend noch heute zu lesen in seiner Beobachtungsschärfe und Interpretationstiefe.

Spender wußte wohl, für welches Publikum er schrieb, vielmehr: Mit welcher Stimmung er bei den britischen Lesern zu rechnen haben würde. 54 Prozent der Bevölkerung hatten in einer ersten Nachkriegsumfrage bekannt, die Deutschen "zu hassen". Das reichte in tiefere Gründe als die antideutsche Hysterie während des Ersten Weltkriegs. Es gab nichts zu beschönigen, zu verheimlichen, zu reduzieren: Die deutsche Schande lag unübersehbar vor aller Weltöffentlichkeit. In England war die Erinnerung an die "Battle of Britain", das Trauma der Invasionsfurcht von 1940, noch allzu präsent, und die britischen Soldaten, die im April 1945 das Grauen der Leichenberge von Bergen-Belsen entdecken mußten, wähnten sich an diesem Ort wie an den Pforten der Hölle.

Aber Spender kam es darauf an, sich nicht von der Erschütterung des Augenblicks in Pessimismus und Anklage fortschwemmen zu lassen. Diese hätte auch die eigene Adresse nicht aussparen können: Im Bild der deutschen Ruinenwüste nämlich erlebte Spender, darin vielen seiner Landsleute gleich, die Schrecken jener Vernichtung nach, von der das besiegte Land auch aus der Luft heimgesucht worden war. Es addierte sich für ihn das Elend einer auf ihrer niedrigsten Stufe angekommenen Ziviliation. Darüber, und über Deutschland im besonderen, machte er gegen Ende seines Besuches in der zerstörten Reichskanzlei in Berlin eine Bemerkung, deren Treffsicherheit uns über die Zeiten hinweg berührt:

"Als wir die Reichskanzlei verließen, kam mir der Gedanke, der psychologische Schlüssel zum Verständnis des Nationalsozialismus und seiner Macht über seine Gefolgschaft könne darin zu finden sein, daß Hitler, sozusagen ehe er Hitler wurde, der Architekturstudent war, der die Prüfungen nicht bestand, die ihn zum Architekturstudium an der Universität Wien qualifiziert hätten; und daß Goebbels, sozusagen ehe er Goebbels wurde, der Student an der Universität Heidelberg war, der ein schlechtes Versdrama über das Leben Christi schrieb. Der Architekt, der nichts errichtet hatte, verwandelte die Grundmauern der Städte Deutschlands in Staub. Der Prophet, der Gott nicht verstehen konnte, war ein Agent Satans geworden in einer Gesellschaft, in der der Herrschaftsbereich des Satanismus sich bis dahin auf ein paar Seiten bei Baudelaire und Dostojewski beschränkt hatte.

Diese beiden waren nicht einfach Tyrannen, die ihre Zeit hatten und dann wieder verschwanden und große materielle Zerstörungen und großes körperliches Leid hinterließen (...) Was sie ein für allemal zerstörten, ist die Illusion des modernen Bürgertums, der Mensch als soziales Wesen habe nicht die Wahl zu treffen zwischen Gut und Böse. Sie stürzten fast die gesamte deutsche Mittelklasse - zusammen mit großen Teilen der Mittelklassen Europas und der restlichen Welt - in physische und moralische Verdammnis, indem sie sie dazu zwangen, wirklich böse zu sein und sich auf ganz und gar sündige Taten einzulassen..."

Spender ergänzte die Analyse dieses Niedergangs mit einer allgemeinen Betrachtung über das Ende der bürgerlichen Fortschrittsseligkeit, die sich immer - so schrieb er - darauf verlassen hatte, daß die freie Konkurrenz der Kräfte und der Drang zur individuellen Selbstverwirklichung ganz von alleine zu glücklichen Ufern, zur Verbesserung der Menschheit führen würden. Diesem kruden Optimismus erteilte der Autor inmitten der Trümmerlandschaft Deutschlands eine entschiedene Absage, indem er formulierte, was zum Credo der besten britischen Geister werden sollte, die sich in dem besiegten Land ans Werk machten:

Stephen Spender, 1945: Erschütterter Zeuge der deutschen Zerstörung

"Es gibt nicht den geringsten Zweifel, daß die einzige Antwort auf diese Vergangenheit und diese Gegenwart nur die bewußte, vorsätzliche und ganz und gar verantwortungsvolle Entschlossenheit sein kann, unsere Gesellschaft auf die Wege des Lichts zu führen."

Von der Rivalität zum Haß - und zur Ernüchterung: Ein Jahrhundert der deutsch-britischen Krisen

Ein Buch über die anglo-deutschen Beziehungen müßte sehr lückenhaft sein, die Bilder in den Köpfen der Menschen diesseits und jenseits des Kanals gar nicht verständlich, wenn man die Geschichte der Rivalität zwischen diesen beiden Ländern, die im Haß ihren Gipfel erreichte, unberücksichtigt ließe. Dabei kommt es nicht auf Vollständigkeit an - ausgewählte Wegmarken dürften zur Orientierung genügen (siehe auch "Blickpunkte" 2, 5, 22, 34, 40)

Die Umrisse dieser Rivalität wurden etwa ab Mitte des 19. Jahrhunderts immer deutlicher und erreichten um 1900 ihren ersten Höhepunkt, als klar wurde, daß die Industrieproduktion des Deutschen Reiches diejenige Großbritanniens überflügelt hatte. Darauf setzte dann die deutsche Regierung mit ihrer forcierten **Flottenbaupolitik** einen weiteren Akzent, der den Konflikt mit England geradezu heraufbeschwor - ein klassischer Fall von riskantem Weltmachtpoker.

Bismarck muß sich im Grabe umgedreht haben. Der erste deutsche Reichskanzler war zwar der Meinung, England aus den Belangen Kontinentaleuropas heraushalten zu müssen - die britische Politik hielt er für "außenpolitisch unzuverlässig" (Wolfgang Mommsen). Englands Interesse am Kontinent kam ihm nur "höchst oberflächlich" vor, wie er schon bei seinem ersten London-Aufenthalt 1862, kurz vor seiner Ernennung zum Preußischen Ministerpräsidenten, zu spüren meinte. Von dieser Ansicht, nach Gesprächen mit den führenden britischen Politikern der Zeit wie **Lord Russell, Palmerston** und **Disraeli** gewonnen, rückte er nie mehr ab.

Andererseits hütete sich **Bismarck**, irgendeine der prekär balancierten europäischen Mächte unnötig vor den Kopf zu stoßen. Gegenüber London verfolgte er eine Politik "freundlicher Indifferenz" (Lothar Gall). Selbst **1884**, als Deutschland sich unter krisenhafter Beunruhigung Londons **Kolonien** in Südwestafrkika, Togo, Kamerun, Ostafrika und auf den pazifischen Inseln sichern konnte, plädierte der Reichskanzler für Behutsamkeit. Vor dem **Reichstag** sagte er in einer Rede am **28. 6. 1884:**

"Ich will einer so eng und traditionell befreundeten Regierung und Nation gegenüber, wie es die englische ist, auf keinen Fall leichtfertig vorgehen, um nicht Anlaß zu einem Konflikt zu geben, (...) auf Kosten einer Freundschaft, auf die wir Wert legen."

Eine deutliche Wende zum Unfreundlichen hatte sich freilich in der britischen öffentlichen Meinung schon mit dem **deutsch-französischen Krieg** eingestellt, als eine ursprünglich noch latent pro-deutsche Stimmung auf der Insel plötzlich umschlug - festzumachen am Datum Dezember 1870: Die Kanonen des deutschen Heeres waren auf Paris gerichtet...

"Ich höre, man bombardiert Paris!", reflektiert **Königin Victoria** am 28. 12. 1870 gramvoll in einem Brief an ihre Tochter **Vicky** in Berlin. "Zu meiner Verzweiflung schlagen die Gefühle den Preußen gegenüber hier in mehr und mehr Bitterkeit um."

Vicky, in Berlin verheiratet mit dem preußischen **Kronprinzen Friedrich**, aber von Bismarck und seinen Kreisen wegen ihrer liberalen Ansichten und offenherzigen Kritik an den preußischen Zuständen als "die Engländerin" kaltgestellt, teilt die Besorgnisse ihrer Mutter; so im Frühjahr 1871:

"Was mich sehr quält: Die Animosität zwischen unseren beiden Ländern. Sie ist so gefährlich und kann leicht großes Leid bringen. (...) Ich lebe in beständiger Angst, daß die Bande, die einmal unsere beiden Länder zu ihrem gegenseitigen Vorteil vereinten, bald zerschnitten sein könnten."

Die Antwort der Mutter läßt nicht lange auf sich warten:

"Wie schwer mein Weg ist, wo mir Mißtrauen und Verdächtigungen entgegenschlagen wegen meiner Verwandtschaften und Gefühle. Die wachsende Feindschaft zwischen den beiden Ländern - die, das muß ich sagen, in Preußen anfing und von Bismarck geschürt und ermutigt wurde - erlebe ich als große Trauer und Sorge. Aber ich kann es mir nicht erlauben, eine Kluft zwischen mir und meinen Volk entstehen zu lassen..."

Viel mit der Vergrößerung der anderen Kluft, der zwischen Briten und Deutschen, hatte der spätere **Kaiser** zu tun. **Wilhelm II**, Vickys Ältester, fühlte sich ob seiner britischen Blutsverwandtschaft zwischen Bewunderung und Ablehnung Englands ein Leben lang hin- und hergerissen, was letztlich die Rivalität zwischen beiden Ländern unheilvoll verschärfen sollte. "Ich will bis zum letzten Tropfen alles englische Blut aus meinen Adern verlieren", stampfte er einmal als Kind auf. Aber dem amerikanischen Präsidenten **Theodore Roosevelt** gegenüber bekannte er noch 1911: "Ich liebe England einfach!". Berüchtigt wurde sein Interview mit dem **"Daily Telegraph"** vom **28. 10. 1908**, in dem er sich in seiner bramarbasierenden Manier, dabei so herablassend wie larmoyant ("Ich bin ein Freund Englands, stehe aber mit dieser Meinung in Deutschland allein!") als Möchtegern-Gönner Britanniens herausputzte und damit einen Sturm der Kritik auslöste, auch im eigenen Land.

Zum deutschen Flottenbau, einem Lieblingsprojekt des Kaisers, merkt der amerikanische Historiker **Robert M. Massie** in seinem Buch "Die Schalen des

Zorns. Großbritannien, Deutschland und das Heraufziehen des Ersten Weltkrieges" (1993) ironisch an:
"Eigentlich trieb den Kaiser nur der Wunsch, auch solche Schiffe zu bauen, und der Plan, auch einmal eine so schöne Flotte wie die englische zu besitzen."
Das war so Wilhelms Art, zu versuchen, die englische Achtung zu gewinnen... Den **"Platz an der Sonne"** jedenfalls, den er für die deutsche Weltmachtpolitik postulierte, wollte er sich durch seine britischen Verwandten nicht streitig machen lassen. Sein Onkel, König **Eduard VII.** ("Bertie"), konnte ihn nicht ausstehen. Dabei hatten beide die sterbende Königin Victoria am 22. Januar 1901 in ihren letzten Minuten, in Schloß Osborne auf der Isle of Wight, liebevoll gestützt.

John Mander faßt die auf eine Entladung zusteuernde Entwicklung vor dem Ersten Weltkrieg prägnant zusammen, wenn er schreibt:
"Bis zum Erscheinen Bismarcks waren die Hohenzollern-Preußen in der Tat die 'good boys of Europe'. Die alte Tugend der Bescheidenheit, noch von Wilhelm I. so sichtlich praktiziert, wich jedoch unter Bismarck und dem Anprall der Industrialisierung und brachte jenen Parvenu, dieses sich übernehmende Imperium hervor, von dem Wilhelm II. ein so verheerendes und gleichzeitig passendes Exempel abgab."

Ein mächtiger Antrieb der Rivalität war die von beiden Seiten reklamierte **Kultur-Überlegenheit.** Großbritannien hielt sich mit seiner pragmatisch-philosophischen Tradition und den starken Freiheitswurzeln seines parlamentarischen Systems gegenüber deutschen "Träumern" wie auch gegenüber deutschen "Autokraten" einfach für die fortschrittlichere Gesellschaft. Deutschland wiederum glaubte sich philosophisch-kulturell erhaben über den angeblich flachen Empirismus der britischen Aufklärung, über britischen "Krämergeist", britischen Materialismus - und das, obwohl gerade die sogenannten "Gründerjahre" des ersten deutschen Kaiserreiches es an kommerzieller Gier durchaus mit jedem aufnehmen konnten (was **Friedrich Nietzsche** in seinen "Unzeitgemäßen Betrachtungen" bald heftig attackierte).

Schon **Friedrich Schlegel**, einer der führenden Köpfe der deutschen Romantik, nannte die Briten "eine zwischen Merkantilität und Mathematik geteilte Nation". **Richard Wagner** führte diesen Gedanken weiter und warf den Engländern vor, sie hätten nur materiellen Nutzen im Auge, während die Deutschen "eine Sache um ihrer selbst willen" zu tun pflegten. Auch der ansonsten so anglophile **Theodor Fontane** sah in der Mitte des 19. Jahrhunderts im Exzess von Kommerz ein Grundübel der britischen Gesellschaft. Über die Spuren des

"*Mammonismus*" (denen Fontane dann, ähnlich wie Nietzsche, in der Wilhelminischen Gesellschaft wiederbegegnen sollte), schrieb er während seines zweiten England-Aufenthalts, 1852:

"*England stirbt an Erwerb und Materialismus. (...) Spekulation, Rennen und Jagen nach Geld - der ganze Kultus des goldenen Kalbes ist die große Krankheit des englischen Volkes.*"

Doch die kritische Sicht, wie gesagt, war gegenseitig. So konnte schon die **"Edinburgh Review"**, als sie 1813 die Erstausgabe von Madame de Staëls **"De l'Allemagne"** rezensierte, nicht verstehen, was die französische Autorin an der deutschen spekulativen Begabung denn so bestechend fand. Den Rezensenten stieß das eher ab:

"*Die deutsche Philosophie ist verwurzelt in einer Abneigung gegenüber jedem System, das auf Erfahrung basiert oder das Glück zu seinem Zwecke hat*" -

... ein Gedanke, den **Thomas Macaulay** später in das enthüllende Bonmot kleidete: "*Ein Morgen Landbesitz in Middlesex ist besser als ein ganzes Fürstentum in Utopia.*"

Genau in diesem Denkmuster aber sah **Friedrich Nietzsche** *das klassische Kulturhandicap der Briten.* "*Das ist keine philosophische Rasse - diese Engländer*", schnaubte er in **"Jenseits von Gut und Böse"**, um mit einer vernichtenden Generalabrechnung fortzufahren:

"*Es fehlt an eigentlicher Tiefe des geistigen Blicks. (...) Gegen Hume erhob und hob sich Kant. (...) Im Kampf mit der englisch-mechanistischen Welt-Vertölpelung waren Hegel und Schopenhauer einmütig. (...) Hobbes, Hume und Locke sind eine Erniedrigung und Wert-Minderung des Begriffs 'Philosophie' für mehr als ein Jahrhundert.*"

Starker Tobak. 1914 schließlich entlud sich all dies in dem tödlichen Wahn einer kriegerischen Auseinandersetzung, wobei die Klischees und Stereotypen auf beiden Seiten dazu dienten, die Stimmung weiter anzuheizen. **Werner Sombart** *prangerte erneut* "*die schmutzige Flut des Kommerzialismus*" *in England an; sein Buch* **"Händler und Helden"** *(1916) sprach Bände über den Geist dieser Kontroverse. Der Philosoph* **Max Scheler** *setzte* "*deutschen Heroismus*" *gegen* "*englischen Krämergeist*" *ab.* **Perfides Albion!** *Aus dessen Klauen wollte* **Gerhart Hauptmann** *Shakespeare als* "*deutschen Autor*" *retten. Auch* **Thomas Mann** *legte in seinen* "*Betrachtungen eines Unpolitischen*" *mit dem Schnittmuster* "*deutsche Kultur*" *versus* "*westliche Zivilisation*" *fast so etwas wie eine kulturelle Erbfeindschaft zwischen Deutschen und Angelsachsen.*

Am Ende solcher Hysterie blieb nur noch Haß als die letzte Steigerung übrig, und die Verwandtschaft zwischen Briten und Deutschen starb auf den Feldern Flanderns wie im Ausstoß der Propaganda oder der Literatur, wie **Peter Edgerly Firchow** in seiner bahnbrechenden Studie **"The Death of the German Cousin"** (1986) geschrieben hat. Berühmt dafür wurde auf deutscher Seite das 51 Zeilen lange Poem "Haßgesang auf England" des Silbenstechers **Ernst Lissauer**, aus dem hier der Schluß zitiert sei:

> Nimm du die Völker der Erde in Sold,
> baue Wälle aus Barren von Gold,
> bedecke die Meerflut mit Bug um Bug,
> du rechnest klug, doch nicht klug genug.
> Was schiert uns Russe und Franzos'!
> Schuß wider Schuß und Stoß um Stoß.
> Wir kämpfen den Kampf mit Bronze und Stahl
> und schließen Frieden irgend einmal.
> Doch werden wir hassen mit langem Haß,
> Haß zu Wasser und Haß zu Land,
> Haß des Hauptes und Haß der Hand,
> Haß der Hämmer und Haß der Kronen,
> drosselnder Haß von siebzig Millionen,
> sie lieben vereint, sie hassen vereint,
> sie haben alle nur einen Feind:
> England!

Raffinierter im Versaufbau, aber nicht minder wuchtig klingt das Haßthema bei **Rudyard Kipling** an, in seinem Gedicht "The Beginnings":

> It was not part of their blood,
> It came to them very late
> With long arrears to make good,
> When the English began to hate.
>
> They were not easily moved,
> They were icy willing to wait
> Till every count should be proved
> Ere the English began to hate.
> (...)

It was not suddenly bred,
It will not swiftly abate,
Through the chill years ahead,
When time shall count from the date
That the English began to hate.

Es ist verblüffend, wie rasch auf englischer wie auf deutscher Seite nach der Erschöpfung des großen Krieges diese Tiraden überwunden wurden. Freilich konnte das unmittelbar nach 1918 nicht die erniedrigenden Bedingungen verhindern, die Deutschland im Versailler Vertrag aufgebürdet wurden. Unter den Briten war der Ökonom **John Maynard Keynes** einer der ersten, der vor den Folgen dieses Rachefriedens warnte. Keynes, Leiter der Delegation des britischen Schatzamtes bei der Versailler Friedenskonferenz, schrieb in einem berühmt gewordenen Essay unter dem Titel **"The Economic Consequences of the Peace"** *(1919)* hellseherisch:

"Angetrieben von krankhafter Selbsttäuschung und leichtfertiger Überheblichkeit, haben die Deutschen jene Fundamente umgeworfen, auf denen wir alle gelebt und gebaut haben. Aber die Vertreter der Franzosen und Briten laufen Gefahr, die Zerstörung, die Deutschland angefangen hat, vollständig zu machen, mit einem Frieden, der (...) noch weiter (...) jene empfindliche, komplizierte Organisation verletzen könnte, (...) die allein garantiert, daß die Europäer sich zurechtfinden und leben können."

Die Überzeugung, daß den Deutschen mit dem Versailler Vertrag Unrecht geschehen war, setzte sich in der britischen Elite der 20er und 30er Jahre weitgehend durch. Sie verband sich mit einem allgemein um sich greifenden Pazifismus der Nach-Weltkriegszeit und mündete schließlich in jene Beschwichtigungspolitik gegenüber **Hitler,** die Winston Churchill, politischer Emigrant in seinem eigenen Land, so heftig anprangern sollte. Der Historiker **Michael Howard** faßte diese eminent aufschlußreiche Phase in den deutsch-britischen Beziehungen auf einer Vortragsreise durch die Bundesrepublik Deutschland im Herbst 1994 in folgender These zusammen:

"Die Briten entwickelten bald mehr Schuldgefühle wegen Versailles als die Deutschen wegen des Krieges selber. Dieses Gefühl der 'Friedensschuld' brachte die Appeasement-Politik hervor, die von einer späteren Generation dann als neue 'Kriegsschuld' der Verantwortlichen dargestellt wurde. (...) Daher meine These: Wie die keimende Feindschaft zwischen Großbritannien und Deutschland eine der Hauptursachen des Ersten Weltkrieges war, so der Versuch der Briten, mit Deutschland wieder freundschaftlich zu sein, ironischerweise eine ebenso wichtige

Ursache für den Zweiten Weltkrieg."

Einen originellen Beitrag zur Erklärung des pazifistischen Umschwungs in Großbritannien nach dem Ersten Weltkrieg liefert auch **John Mander**, wenn er schreibt:

"Vielleicht sind die Engländer einfach keine guten Hasser. Vielleicht liegt alles wirklich nur an unserem tiefliegenden Abscheu gegenüber der Realität moderner Landkriege, von der die Angelsachsen vor 1914 keine Ahnung hatten."

Die Berichte, die **George Orwell** über seine Frankreich- und Deutschland-Reisen im Jahre **1945** im **"Observer"** und der **"Tribune"** veröffentlichte, verraten, ähnlich dem Buch Stephen Spenders von 1946, etwas von jener Talentlosigkeit der Briten zum Haß, die auch mit dem Sinn für Fairness und fair play zu tun haben muß. Unter dem 3. 3. 1945 schreibt der Autor aus Paris:

"Was einem Neuankömmling sogleich auffällt - daß fast jeder Franzose eine weit härtere Haltung gegenüber Deutschland einnimmt als fast jeder Engländer. (...) Es fällt den Franzosen schwer, zu glauben, daß die Deutschen zur selben Menschenrasse gehören wie sie."

Und unter dem 28. 4. 1945 aus Deutschland:

"Einige DPs (displaced persons) und Franzosen schienen grimmige Befriedigung beim Anblick der Verwüstungen zu spüren, die die Bomben angerichtet hatten. Ich selber konnte nichts dergleichen empfinden."

In der "Tribune" am 9. 11. 1945 erscheint ein Artikel, den Orwell später auch in seine "Collected Essays" aufnahm, unter der Überschrift "Rache ist sauer". Darin heißt es unter anderem:

"Der Nazi-Folterknecht unserer Phantasie, diese monströse Figur (...) - wer hätte 1940 nicht Luftsprünge gemacht bei dem Gedanken, SS-Offiziere getreten und gedemütigt zu sehen? Doch wenn so etwas dann möglich wird, ist es nur noch erbärmlich und widerwärtig. Das ganze Konzept von Rache und Strafe ist nur ein kindischer Tagtraum."

2. Re-education - die Menschen für die Demokratie gewinnen

Die einzige Antwort, so hatte Stephen Spender in den Trümmern der Reichskanzlei resümiert, könne nur die verantwortungsvolle Entschlossenheit sein, die Gegenwart "auf die Wege des Lichts zu führen".

Aber wie, und wie gerade den besiegten Gegner, die Deutschen? So fragte sich die politische Elite.

Schon im Kriege hatten darüber die Debatten in beiden Häusern des britischen Parlaments sowie im Kabinett und im Foreign Office hin- und hergewogt. Zu keinem Zeitpunkt während des Krieges jedoch gab es so etwas wie eine gültig zwischen allen beteiligten Ministerien abgesegnete Politik für die britische Besatzungszone oder das besetzte Deutschland insgesamt. Schließlich mußte Nazi-Deutschland erst endgültig niedergeworfen werden, nach Churchills Devise: "Keine Politik jenseits bedingungsloser Kapitulation."

Erste Ideen hatten sich immerhin um den Begriff der "Mobilisierung von Schuldbewußtsein" kristallisiert - die deutsche Bevölkerung sollte für die Dimension des Versagens von Demokratie und Humanität sensibilisiert werden. Hinzu kam die Idee, Großbritannien als ein Vorbild freiheitlicher Strukturen "zu projizieren". Im Kabinett wiederum herrschte früh Einigkeit darüber, daß ein demokratisches Deutschland die beste Garantie gegen eine Wiederbelebung deutscher Aggressivität abgeben würde. Die Diskussionen schwankten, wie David Welch in einem luziden Aufsatz ("British Political Re-education and its Impact on German Political Culture", 1992) dargelegt hat, "zwischen historistischen Interpretationen des deutschen Nationalcharakters und improvisierten Vorstellungen für praktische Schritte, je nach Lage."

Der Terminus "re-education" - Umerziehung -, der kein offizieller Begriff britischer Besatzungspolitik wurde, erlangte dennoch bald für viele (gerade unter den Deutschen) den Status amtlicher Beschreibung für die Demokratisierungskampagne der Briten in ihrem Teil Nachkriegsdeutschlands. "Umerziehung" wurde so geflügelt wie der "Fragebogen" im Zusammenhang der Entnazifizierungskampagne. Zum erstenmal war das Wort von Viscount Cecil of Chelwood in die Debatte geworfen worden, während einer

Aussprache im Oberhaus am 10. Mai 1943. Chelwood stellte die rhetorische Frage, was nach der Zerstörung des Nazismus und der Entwaffnung Deutschlands wohl geschehen werde - nur um sich selber die Antwort zu geben: Dann werde Deutschland die Chance erhalten, "sich umzuerziehen" ("re-educating herself").

Etwa zur gleichen Zeit legte der Vorsitzende eines Unterausschusses für Deutschland im "Political Warfare Executive" (PWE), Con O'Neill, ein vertrauliches Papier vor, das nicht nur die Umrisse der tatsächlichen britischen Nachkriegspolitik gegenüber Deutschland vorwegnahm, sondern weit in die Zukunft hinausgriff, mit geradezu prophetischen Perspektiven. O'Neill begann seine Studie mit dem Satz:

"Unser langfristiges Ziel ist es doch wohl, Deutschland in eine friedliche und blühende europäische Ordnung einzubeziehen."

Sodann markierte er für das britische Vorgehen die folgenden drei Themenfelder:

1. Die Deutschen davon zu überzeugen, daß wir es ernst meinen in Deutschland.

2. Sie davon zu überzeugen, daß wir in allem, was wir tun, das Ideal des Rechtsstaats hochhalten.

3. Dadurch auf die Deutschen einwirken, daß ihr "way of life" und ihr Schicksal eng mit den Westmächten verbunden sei.

Der hohe Ton der guten Absichten konnte nicht verhindern, daß der Umgang mit allem, was deutsch war, anfänglich beträchtliche Mühen machte. Schuld daran war auch das "Fraternisierungs"-Verbot, das General Montgomery, der Oberbefehlshaber der britischen Truppen und Waffengefährte von US-General Eisenhower bei der Bezwingung des deutschen Heeres im Westen, schon im März 1945 ausgegebenen hatte. Montgomerys sieben Paragraphen langer Brief endete mit dem Satz: "Kurzum: Sie dürfen sich auf keinen Fall mit den Deutschen anfreunden."

Das konnte nicht lange Bestand haben. Wie sollte man die Deutschen "umerziehen" und das Land auf die Demokratie einschwören, wenn gleichzeitig so viel Distanz zwischen den

"Erziehern" und ihren "Mündeln" herrschen sollte und die Menschlichkeit, das Salz der Demokratie, dabei zu kurz kam? Das Fraternisierungsverbot wurde denn auch im September 1945 allgemein aufgehoben.

In der britischen Besatzungsverwaltung gab es viele, die von vornherein mit dem leicht pejorativen Terminus "Re-education" wenig anzufangen wußten, Robert Birley etwa, der unvergessene

---

Menschlichkeit: Die Devise der Stunde - und seitdem

Der Alltag selber war es, der Alltag in dem besiegten und siechenden Deutschland, der allen Versuchen, die Beziehungen zwischen Besatzern und Besetzten allzu schematisch zu regeln, entschieden im Wege stand. Das erlebten zuallererst **die einfachen Soldaten** *selber. Kaum war der Kampf um die Befreiung Europas vom Nazijoch beendet, der Gegner besiegt und geschlagen, da begannen die Probleme in einem am Boden liegenden Land, mit seinen zerstörten Strukturen, der entblößten Bevölkerung. Wer war da, wenn Not nach rascher Hilfe rief? Die Besatzer! Dieses Gefühl, sie zu brauchen, wie umgekehrt das Gefühl, gebraucht zu werden - es war mehr als alles andere dafür verantwortlich, daß die menschlichen Beziehungen sich schon bald zu erwärmen begannen.*

Ein walisischer Kriegsveteran, Ex-Corporal **Dai Evans** *von der 53. Welsh Division, erinnerte sich in einem Gespräch mit dem "Hamburger Abendblatt" vom 2. Mai 1995. Es war wenige Tage nach der am 3. Mai 1945 erfolgten Übergabe Hamburgs an Brigadier Spurling, den Kommandeur der einrückenden 131. Infanteriebrigade, als Evans von seinem Vorgesetzten den Befehl erhielt, eine hochschwangere Deutsche in einem beschlagnahmten Mercedes schnell in ein Krankenhaus zu fahren. Als die Frau schließlich eines gesunden Kindes genas und für die Hilfe dankte, fügte eine zum Personal im Kreißsaal gehörende Nonne hinzu:* **"Danken Sie bitte auch Ihrem Offizier für seine Menschlichkeit."** *Immer, wenn er seitdem das Wort Menschlichkeit höre, müsse er an diese Nonne denken, erinnert sich Evans. Sein Leutnant habe damals mit den Worten reagiert: "Was für eine komische Welt! Da haben wir jahrelang versucht, diese Bastarde zu erledigen, und jetzt reißen wir uns die Beine aus, um sie zu retten."*

Unter den britische Soldaten (den **"Tommys"**, *wie sie damals in Deutschland hießen) waren viele, die so etwas wie ein Gemeinschaftsgefühl entwickelten mit*

> dem Feind von gestern - eine Hand, die sich über alle Gräben und Gräber hinweg ausstreckte und ein Gegenüber fand. Die bald nach dem Kriege entstandenen Freundschaftsgruppen von **Kriegsveteranen** auf beiden Seiten gehören zu den vielen Zeugnissen einer sich anbahnenden Aussöhnung zwischen Briten und Deutschen.

Leiter für das Erziehungswesen im britischen Verantwortungsbereich. "Der Gedanke der Re-education war ihm ein Greuel", erinnert sich Michael Thomas ("Deutschland, England über alles", 1984), "er gebrauchte den Begriff nie. Ihm kam es darauf an, die im Naziregime verschütteten deutschen Traditionen wiederzubeleben und ihnen ein bißchen englischen Geist einzuhauchen."

Unter den drei Attitüden, die - wie David Welch schreibt - im britischen Besatzungsapparat auszumachen waren: "Hoher Idealismus, arroganter Kolonialismus, pragmatische Improvisation", hielten es Birley und die meisten der in zäher Alltagsarbeit Verflochtenen mit einer Mischung aus der ersten und der dritten Haltung. Was die Gruppe in der Mitte anging, so gab der spätere Lord Annan, Historiker von hohen Graden und damals junger Offizier im Stab der militärischen Oberleitung, in einem BBC-Interview 1987 diese köstliche Schilderung zum besten:

"Mitglieder der Militärverwaltung kamen sich eher wie unter zukunftsoffenen Beduinen vor; sie neigten anfänglich dazu, die Deutschen wie intelligente Eingeborene zu behandeln."

Allgemeine Überlegungen über den Umgang mit der geschlagenen Bevölkerung enthielt ein vom Alliierten Oberkommando herausgegebenes "Handbuch". Wie viele Schriften ähnlicher Art erwiesen sich die darin niedergelegten Theorien als mehr oder weniger inadäquat gegenüber der Wirklichkeit, die man vorfand. Einzig ein wichtiges Prinzip sollte sich von bleibendem Wert erweisen: Das Prinzip der "indirect rule" - der Versuch, sich möglichst vieler noch brauchbarer deutscher Institutionen zu bedienen, um einem "breakdown" der alliierten Herrschaft selber vorzubeugen.

Man muß sich vor Augen halten: In der britischen Besatzungszone (Hamburg, Schleswig-Holstein, Niedersachsen, Bremen und das 1946 gegründete Nordrhein-Westfalen) lebten damals 23 Millionen Menschen, das war etwa die Häfte der Gesamtbevölkerung Großbritanniens selber, und 20 000 Angestellte hatte die britische Kontrollkommission in Deutschland. Angesichts der horrenden Überdehnung der britischen Wirtschaft am Ende des Krieges sowie der Versorgungslage der Bevölkerung im eigenen Land (Lebensmittelrationierung bis 1951!) kam daher gleich zu Beginn der Besatzungszeit 1945 der Vergleich auf, Großbritannien sei eine "viel zu klein geratene Riesenschlange, die an der Beute Deutschlands fast ersticke". In der Tat war London für die Besatzung "weder finanziell noch personell gerüstet" (Jochen Thies).

Auch 1945: Steuern müssen eingezogen werden! Und der Fleiß der Deutschen ist ungebrochen. Wie das?

*Was "indirect rule" konkret bedeutete, läßt sich am Beispiel des nordwestdeutschen Emslandes demonstrieren. Welches war dort die erste deutsche Verwaltungshochburg, die schon am 1. 5. 1945, also noch vor der Kapitulation, ihre Tätigkeit wieder aufnahm, in Meppen, dem Zentrum der Emsregion? Das Finanzamt! Sämtliche Steuern wurden wie bisher eingezogen, auch die am 10. April fällig gewesene Umsatzsteuervorauszahlung... (**Joachim Kuropka: "Britische Besatzungspolitik und Neubeginn des öffentlichen Lebens"**, in: "Neubeginn 1945", Vechta 1988)*

*Viele der Beoachter, die damals für die Besatzungsbehörden die Lage sondierten und evaluierten, nahmen von ihren diversen Reisen durch das zerstörte Land als Haupteindruck den ungebrochenen Arbeitswillen der deutschen Bevölkerung mit. So sah es auch **Sir Ivone Kirkpatrick**, von 1933 bis 1938 erster Sekretär an der britischen Botschaft in Berlin, 1944/45 Mitglied im politischen Office des Alliierten Oberkommandos und später von 1950 bis 1953 Britischer Hoher Kommissar für Deutschland. Kirkpatrick erwähnte in einem Brief an Außenminister **Anthony Eden** vom 26. Juni 1945 als seinen "ersten und am meisten auffallenden Eindruck aus Nachkriegsdeutschland" den "Fleiß der Menschen." Der sei ihm, so schrieb er, vor allem im Vergleich zu Frankreich*

> *aufgefallen. Die Deutschen schienen auch weniger pessimistisch und mit mehr Selbstvertrauen ausgestattet zu sein als die Franzosen.*
> *Über die Gründe für diese erstaunliche Kraft muß man nicht nur spekulieren. Sie lassen sich ermessen, wenn man andere Beobachtungen der Besatzer hinzuzieht. Diese wurden sehr sprechend in einem* **Bericht des "Political Intelligence Department"** *der britischen Besatzung vom 23. 8. 1945 zusammengefaßt. Die Argumentationslinie dieses Papiers verlief in etwa so:*
>
> *Erleichtert, der Katastrophe entronnen zu sein, geben die meisten Deutschen sich nicht viel mit der Vergangenheit ab, Schuldgefühle stehen nicht obenan. Der den Angelsachsen selbstverständliche Gedanke, daß jedes Volk verantwortlich ist für seine Führer, ist den Deutschen vielfach nicht nahezubringen. Das könnte an der Belastung durch die derzeitigen Probleme der Lebensbewältigung liegen, die anderes in den Hintergrund drängen. Aber typisch deutsch scheint auch ein Gefühl der Machtlosigkeit gegenüber dem Nationalsozialismus zu sein, sowie ein damit einhergehendes Selbstmitleid, abzulesen etwa in der immer wieder vorgebrachten Formel: "Wir sind belogen und betrogen worden."*
>
> *Hier wird, unausgesprochen, eine Verbindung gezogen zwischen dem Arbeitswillen einerseits und dem Unvermögen, sich der Vergangenheit zu stellen, andererseits - als seien die Besiegten, um sich ganz auf den Wiederaufbau zu konzentrieren, der* **"Vergangenheitsbewältigung"** *nicht sofort gewachsen wesen. Der Schluß wurde oft gezogen: Erst als sie sich wieder einigermaßen gefestigt fühlten, begannen die Deutschen, ihrer Vergangenheit - erschrocken - zu begegnen.*

Alle Überlegungen, wie man der Aufgaben dennoch Herr werden könne, mündeten daher schon früh in das Konzept, die Deutschen - sofern nicht korrumpiert - in Verwaltungs - und andere Aufbauarbeiten mit einzubeziehen. Das Prinzip der "indirect rule" verdankte sich mithin zu gleichen Teilen einer *philanthropisch* vernünftigen wie einer *ökonomisch* sinnvollen Maxime: Helfen, damit *sie* sich selber helfen konnten, sowie helfen lassen, um *sich* damit zu helfen.

Kein Zweifel auch: Der Weg nach vorn konnte nur "from the bottom up" gelingen, die Strukturen selber mußten unter Beteiligung der Menschen "von unten her" aufgebaut werden, von der Graswurzel der Gesellschaft her. Gewissermaßen als Leitfaden gab man ihnen das Schlagwort von der "Projektion Großbritannien" an die Seite: Die Wiedergenesung verlangte schließlich nach einem Modell, an dem sich "der Patient" orientieren konnte, und was bot sich Besseres an als die manifestierte Ausstrahlung der britischen demokratischen Institutionen?

Zu keiner Zeit seiner Geschichte kam Großbritannien dem amerikanischen Begriff des "Manifest Destiny", der schicksalhaften Vorherbestimmung seiner Mission näher als in diesen Jahren, als quasi der Versuch unternommen wurde, "to make Germany safe for British-style democracy", wie man im Nachhinein formulieren könnte. Eine vertrauliche Direktive des Foreign Office vom September 1945 buchstabierte diesen Gedanken mit stolzer Deutlichkeit aus. "Unsere Demokratie ist die stärkste in der Welt", hieß es da. "Exportiert, kommt sie, unter sorgfältiger Pflege, in den unterschiedlichsten Ländern neu zum Erblühen."

Der angelsächsische Idealismus dieser Anfangsjahre des deutschen Wiederaufbaus, seine "Naivität", den er angeblich mit den Amerikanern teilte, ist oft belächelt, die zugrundeliegende Prämisse der kulturellen Überlegenheit ebenso oft gerügt worden, auch von Briten selber. Der oben genannte Con O'Neill beispielsweise warnte in den meisten seiner weitsichtigen Stellungnahmen geradezu vor der Versuchung, "den Eroberten die Kultur des Eroberers überzustülpen" - ein Eindruck, der angesichts des Prinzips "Projektion Großbritannien" nicht zu vermeiden war. Unter den Deutschen grummelte und rumorte es in der Tat verschiedentlich über die "Re-education" als eine überhebliche Politik anglo-amerikanischer "Kommissare".

Das war von Fall zu Fall durchaus berechtigt, bezog sich aber mehr auf Hoheitsakte der Militärregierung, die nicht selten nach Statthalterart schaltete und waltete; wer ihr Ohr hatte, konnte sich auch in seiner Gemeinde, seinem Landkreis auf nicht gerade vorbildliche Weise aufspielen, schreibt J. Kuropka. Ein zeitgenössischer Vers-Witz lautete, wie Witze eben lauten, nämlich ohne Rücksicht auf Feinheiten des Vergleichs:

> *" Oh Herr, erhöre unsere Bitte!*
> *Gib uns das Fünfte Reich,*
> *denn das Vierte ist wie das Dritte."*

Dahinter verbarg sich, neben vielen realen Beschwerden, freilich auch die psychologisch komplexe Lage des besiegten Landes, das erst wieder zu einem neuen Selbstwertgefühl finden mußte und sich in Abwehr Luft zu verschaffen suchte. Gleichwohl, die überwiegende Mehrheit der Deutschen erkannte durchaus, daß genau dies, ihr Selbstwert, mit dem Wiederaufbau der demokratischen Kultur aufs engste zusammenhing. "Demokratie" wurde somit letztlich ein Selbstläufer, so unwiderstehlich wie unter den Kindern die Schulspeisung in der britischen Zone... Hinzu kamen der Import von lange entbehrter angelsächsischer Literatur, von westlicher Unterhaltungsmusik, kurz: Die allgemeine Attraktivität des entspannteren anglo-amerikanischen "way of life".

Aufklärung war das große Motto. "Das Menschenbild der Demokratie", so lautete beispielsweise 1947 eine Publikation der "Staatsbürgerlichen Bildungsstelle der Landesregierung Nordrhein-Westfalen", Teil einer neuen "Schriftenreihe politisch-kulturellen Inhalts". Nach Darstellung der Herausgeber sollte diese Reihe bezwecken,

"(...)die großen politischen Ereignisse des Landes und die weltanschaulichen Grundlagen der demokratischen Neuordnung einem weitesten Leserkreis in lebendig-anschaulicher und volkstümlicher Form näherzubringen. Sie will den Menschen für die Demokratie gewinnen."

Traue dem Common Sense! Mißtraue der Macht!

John Macmurray war im Sommer 1950 zu einer Vortragsreise eingeladen worden, von der Hannoversch-Mündener Zweigstelle der neugegründeten **"Deutsch-Englischen Gesellschaft e.V."** (siehe auch Kap. IV, 4, S. 140) Der angesehene schottische Philosoph (dessen kommunitaristische Ideen später auf **Tony Blairs** geistigen Werdegang großen Einfluß ausüben sollten...) hatte sich vorgenommen, seinen Zuhörern britisches Denken zu erläutern und nahezubringen.

"England - Wegbereiter der kommenden Weltkultur?" fragte die Broschüre mit Macmurrays Redetext provokant (das Original lautete bescheidener: "The Philosophical Pattern Of Our Time"), um "deutsche Schriftsteller, Essayisten, Künstler und Philosophen" zu "Gegenarbeiten" zu animieren, die man auch zu prämiieren gedachte, wie eine Banderole um das Bändchen verhieß.

Interessant wie dieses Stück Verführung zur Diskussion waren auch die Akzente, die der Redner selber gesetzt hatte. Sie werfen ein bezeichnendes Licht auf den Kulturtransport, der damals über den Kanal nach Deutschland kam und an dem sich das deutsche Verständnis des britischen Charakters bis heute orientiert hat. Zwei Dinge waren dem schottischen Denker zur Verdeutlichung der angelsächsischen Mentalität wichtig: Empirie und **Common Sense**, sowie **skeptischer Umgang mit der Macht.**

"Der Brite hat eine Tradition und eine Geschichte, die die Tendenz entwickelt haben, in persönlichen Kategorien zu denken und zu leben und menschliche Werte als persönliche Werte zu empfinden. Er widersteht dem Druck 'analoger Ideen' im menschlichen Bereich, die der Gesellschaft mit mechanistischen Konstrukten oder biologischen Zwecken ('Kampf ums Dasein') beikommen wollen. Das ist die Quelle seines Empirismus und seines Common sense. Er begegnet den technischen Problemen moderner Zivilisation mit einer Trennung von Theorie und Praxis. 'Das ist ganz richtig in der Theorie', sagt er, 'aber es geht nicht in der Praxis.'"

Und dies seine zweite Kernthese:

"So war denn die historische Aufgabe der modernen Welt: Ansammlung von Macht, um Herrschaft über die Natur zu gewinnen. (...) Aber Macht kann nie wirklich ein Ziel sein, denn sie ist lediglich ein sehr allgemeines Wort für Mittel, Instrumente. (...) Der eigentliche Zweck, dem wachsende Macht letztlich geweiht ist, ist die Freiheit. Zum Gebrauch der Macht gehören Selbst-Verständnis und Selbst-Beherrschung."

> Im Sommer 1950 konnte man davon ausgehen, daß inzwischen in Deutschland ein fruchtbarer Boden für jene Ideen und Argumente geschaffen worden war, die John Macmurray am Herzen lagen. Mit Wachsamkeit gegenüber den Verführungen von Macht ist das Land nach seinem schrecklichen Erwachen quasi neu getauft worden. Ein frühes Zeugnis findet sich bei dem Schriftsteller **Reinhold Schneider**, der 1947 auf einer Gedenkveranstaltung für die Opfer des Attentats auf Hitler, vom 20. Juli 1944, seine Zuhörer ermahnte: "Wir müssen es lernen, den zu prüfen, der mächtig zu werden strebt. Ein jeder muß sich erkennen als verantwortlicher Mitverwalter der Macht. (...) Zu viel haben wir Deutsche von Innerlichkeit gesprochen..."

"Den Menschen für die Demokratie gewinnen" - das galt inzwischen auch als *die* deutsche Losung par excellence, ein Echo auf die "projecting Britain"-Devise der angelsächsischen Planer, ein Beleg ihrer Hoffnung, daß die Westminster-Demokratie, exportiert, in fremden Ländern "weiterblühen" würde. Das Geheimnis des Erfolges war freilich, daß die Deutschen der Demokratie nicht gänzlich fremd waren - und diese nicht den Deutschen. Die Sehnsucht des deutschen Liberalismus hatte immer schon dem britischen parlamentarischen System gegolten, hatte sich aber nie unter den Bedingungen der preußischen Autokratie durchgesetzt und stand erst jetzt, nach den Irrwegen der deutschen Geschichte und dem gescheiterten demokratischen Zwischenspiel von Weimar, vor ihrer Erfüllung, mit Hilfe des hochgeschätzten Vorbildes.

Genau 44 Jahre nach der Wende von 1945 kam eine zweite Wende über die europäische Geschichte, und damit in gewisser Weise eine Wiederkehr der Lage am Ende des Zweiten Weltkrieges: Osteuropa konnte endlich das Joch des Kommunismus abwerfen und nach den demokratischen Institutionen greifen, die man schon 1945 vor sich sah, hätte Stalin nicht den Eisernen Vorhang zwischen Hoffnung und Erfüllung niedergehen lassen. Keine "alliierten Kommissare" schauten ihnen über die Schulter, als die Osteuropäer die Ruinen der kommunistischen Hinterlassenschaft verließen und sich auf den Weg der demokratischen Erneuerung begaben. Das ersparte ihnen nach 1989 zwar jene Empfindlichkeiten, die fast ein halbes Jahrhundert zuvor das besiegte und besetzte Deutschland an sich erfahren mußte - es ließ sie aber auch weit mehr allein mit sich selber, ohne jene tiefgreifende geistige und - später - materielle Hilfe, mit der die Deutschen, fleißgetrieben, so rasch wieder auf die Beine kamen und Schutz fanden.

Das schließlich hat die Psychologie zwischen Deutschen und Briten entscheidend geprägt, nicht die anfängliche Rollenverteilung von Besatzern und Besetzten. Ohnehin wandelten sich die "Besatzer", unter dem Anprall des Kalten Krieges, schnell zu "Beschützern", dann zu "Freunden". Aus dem britischen Sich-einlassen mit Deutschland nach 1945 wurde so etwas wie ein historischer *pas de deux*, nachdem sich beide Völker noch kurz zuvor im Duell auf Leben und Tod gegenübergestanden, die alliierten Bomberflotten Deutschlands Städte in Schutt und Asche gelegt hatten.

Durchbrüche in der Geschichte - sie verdanken sich offenbar ebenso dem "geduldigen Bohren dicker Bretter" (Max Weber) wie dem *surprise*, einem fast surrealistischen Element. Solchen Wenden gehen oft große Erschöpfungen voraus - die Erschöpfung nach Krieg und Verwüstung, anno 1945, und die Erschöpfung einer sich selbst nicht mehr tragenden Ideologie, 1989/90.

3. Die britische "Handschrift" in den deutschen Strukturen:
Konkrete Beispiele

Am 19. Oktober 1945 konnten die vereinigten britischen Militärkommandanten von Vechta und Oldenburg einen denkwürdigen Tag begehen: Die Eröffnung des ersten Kreistages der Britischen Besatzungszone in Vechta. Die Proklamation zu diesem Ereignis sagte alles:

"Der Kreis Vechta wird bekannt werden als Geburtsstätte der demokratischen Regierung in Deutschland. Es ist der erste Kreis in Deutschland, wo die Leute erkennen können, daß der erfolgreiche

Wiederaufbau Deutschlands von der Selbstregierung des Volkes abhängt. Es wird ihnen keine ausländische Regierung aufgezwungen. Sie werden die Regierung, die sie haben wollen, selbst wählen. Bis zur Wahl wird es gut sein, die richtige Demokratie zu erlernen. Es ist wie beim Gehen: Zunächst müssen Sie es lernen, um laufen zu können.(...) So ist es auch mit der Selbstverwaltung."

Selbstverwaltung, Demokratie "from the bottom up" - das hatte einen guten deutschen Klang: Subsidiarität. "Die Unzulänglichkeiten des Verwaltungspersonals auf allen Gebieten der britischen Administration" (Angelika Volle) verloren ihre Relevanz in dem Maße, in dem die Besatzungsbehörden mehr und mehr Leitungsfunktionen an heimische Führungskräfte delegierten, angefangen mit den untersten adminstrativen Zellen in Gemeinde und Kreis. Damit solche sich herausbilden konnten, wurde es wichtig, politische Parteien ins Leben zu rufen, demokratische Magnetfelder, um die herum sich das Spiel der Kräfte gruppieren, entfalten konnte. Vor allen anderen Besatzungsmächten ließ Großbritannien daher bereits im Februar 1946 Parteien in seiner Zone wieder offiziell zu.

Ebenfalls im Februar 1946 schuf London den "Zonenbeirat", zusammengesetzt aus Vertretern der Parteien, Gewerkschaften, Wirtschaftsverbände und der Landesregierungen. Das Korsett für dieses oberste deutsche Beratungsorgan zog man freilich sehr eng; jeder Tagesordnungspunkt, über den disktutiert werden sollte, mußte dem britischen Verbindungsstab vorher zur Genehmigung vorgelegt werden.

Der britische Einfluß auf die entstehenden deutschen Strukturen kann nicht übersehen werden - und nicht übersehen werden ebenfalls die Defizite, deren die Besatzer entweder nicht Herr wurden oder die sie erst gar nicht anrühren wollten. Einige Beispiele:

Kommunalreform

Die deutsche Tradition der Machtballung in der Hand des Bürgermeisters war den Vordenkern aus London ein Dorn im Auge. Sie fürchteten (zu Recht, wenn man die nationalsozialistische Zeit heranzog), daß aus seiner Position heraus sich auf kommunaler Ebene wieder die unerbetene Form von "Führerfigur" herausschälen könnte. Also schuf man, nach eigenem Vorbild, eine Doppelspitze - mit dem ehrenamtlichen Bürgermeister auf der einen und dem Stadtdirektor als Verwaltungschef auf der anderen Seite. Der Rat sollte als alleiniges Entscheidungsgremium gelten, der Bürgermeister nur noch "primus inter pares" sein.

Nicht erfolgreich waren die Briten dagegen in ihrem Versuch, eine andere ihrer Praktiken in Deutschland einzuführen: Den unpolitischen Höheren Beamten. Hier erwies sich die parteipolitische Tradition der Deutschen als stärker.

Gewerkschaften

Was zu Hause in Großbritannien nicht gelang oder gar nicht erst denkbar war, wegen der Existenz von Hunderten von einzelnen Betriebsgewerkschaften, förderte die britische Besatzungsmacht in Deutschland umso entschiedener: Die Einheitsgewerkschaft. So konstituierte sich im Oktober 1949 aus sechzehn Industriegewerkschaften aller Besatzungszonen der "Deutsche Gewerkschaftsbund" (DGB). Dieser ging dann weiter als die britischen Anstoßer wollten und setzte später mit der Mitbestimmung seinen eigenen Fortschritt durch.

Medienpolitik: Printbereich

Lizenzen für neue Zeitschriften und Zeitungen gehörten in den westlichen Zonen Deutschlands zu den begehrtesten Trophäen, die die Besatzer zu vergeben hatten. Dennoch muß den Briten ein besonderes Kompliment gemacht werden: Einige der auch heute noch stärksten und einflußreichsten überregionalen Printmedien der Nachkriegszeit entstanden unter ihrer Hoheit, was eine geschickte Hand verriet beim Zuschlag an die jeweiligen Lizenzträger. Zwischen 1946 und 1948 wurden in Hamburg lizenziert: Die Radio-Programmzeitschrift "Hörzu", das Wochenblatt "DIE ZEIT", das Nachrichtenmagazin "DER SPIEGEL", die Illustrierte "Stern" sowie die Tageszeitung "Die Welt".

Presseunabhängigkeit made in Britain - Vorbild für den deutschen Nackriegsjournalismus

> **Schule des Journalismus (I): Die Tageszeitung "Die Welt" unter schottischer Leitung**
>
> *Der "Welt" fiel im Rahmen der Medienpolitik der britischen Besatzungsbehörden eine besondere Rolle zu. Anders als die in freier Lizenz vergebenen übrigen Neugründungen im überregionalen Bereich blieb diese Tageszeitung bis 1953 ausdrücklich in britischer Hand, als **"Überparteiliche Zeitung für die Britische Zone"**, wie sie bis 1949 in ihrem Untertitel hieß. Sie sollte das Aushängeschild der britischen Medientradition strenger Faktentreue, Sachlichkeit und Fairness sein, und erfüllte ihren Dienstauftrag besser als den Eignern lieb war, was sie allein ihrem widerborstigen Chefredakteur, dem Schotten **Steele McRichie**, verdankte. Dazu **Michael Thomas**, deutsch-jüdischer Emigrant in Großbritannien und als englischer Besatzungsoffizier nach Deutschland zurückgekehrt, in seinen hier schon mehrfach erwähnten Memoiren:*
>
> *"Unter McRichies Leitung widersetzte sich das Blatt allen Einmischungen der Zentrale und sicherte seinen englischen und deutschen Mitarbeitern den Freiraum zur Gestaltung einer ausgezeichneten Zeitung, deren Berichte über Deutschland ein besseres Vorbild abgaben als die entsprechenden Sparten der englischen Presse."*
>
> *Nicht überraschend wurde die "Welt" in jenen Jahren zur meistgelesenen überregionalen Tageszeitung in Deutschland. Sie streifte in ihrer besten Zeit eine Auflage von über 1 Million. 1953 wurde sie an den Verleger **Axel Springer** verkauft.*

Medienpolitik: Rundfunk

Zu den wichtigsten Vorhaben der Briten in ihrer Besatzungszone gehörte der Aufbau eines unabhängigen Rundfunks. Die Bemühungen traten zunächst auf der Stelle, bis der Generaldirektor der BBC, Sir William Hayley, sich entschloß, einen der Besten seines Unternehmens, den Direktor des deutschsprachigen Dienstes der BBC, Hugh Carleton Greene, 1946 nach Deutschland zu entsenden. Hugh Greene, Bruder des Romanciers Graham Greene, kannte das Land aus der Vorkriegszeit; er hatte von 1934-1939 als

Korrespondent des "Daily Telegraph" in Berlin gearbeitet. 1940 übernahm er dann, kaum 30jährig, den 1939 als Waffe gegen Nazi-Deutschland gegründeten "Londoner Rundfunk", wie die deutschsprachige BBC bei ihren Mitarbeitern liebevoll hieß.

In der Tat galt "Hier spricht London!" in den ersten Jahre unter Greenes brillanter Führung für viele Deutsche in dem geknebelten Land als Signal der Hoffnung, das sie unter Androhung drakonischer Strafen ("Feindsender!") heimlich einschalteten. Die Entsendung 1946 nach Hamburg schmeichelte Hugh Greenes Managerqualitäten, und es dauerte nicht lange, da hatte er mit Organisationsgeschick und Einfallsreichtum aus dem "Flohzirkus", der nicht zur Aufführung reifen wollte, den neuen "Nordwestdeutschen Rundfunk" (NWDR) gemacht, dessen erster Intendant er auch prompt wurde. (Er rückte schließlich 1960 zum Generaldirektor der BBC auf und stand der "Corporation" acht Jahre lang vor).

Hugh Greene war der Nachricht, als dem Urelement des Rundfunkjournalismus BBC-*style*, geradezu inbrünstig ergeben; er sendete sie ohne Rücksicht darauf, was man im Hauptquartier in London darüber dachte. In diesen Zusammenhang gehört eine köstliche Episode. Als der Kölner Kardinal Frings in der großen Brennmaterialnot des arktischen Winters 1946/47 öffentlich erklärte, das Siebente Gebot "Du sollst nicht stehlen!" habe in Bezug auf den "Kohlenklau" keine Gültigkeit (im Volksmund bürgerte sich danach für die entsprechende Beschaffungspraxis das Verbum "fringsen" ein), tat Greene ein Übriges und gab über den Rundfunk die Route und Ankunftszeiten der Kohlenzüge bekannt...

Schule des Journalismus (II): Der deutschsprachige Dienst der BBC

Kaum zu ermessen ist die Rolle, die das deutsche Programm innerhalb der "External Services" (der Auslandsabteilungen) der BBC während der Kriegs- und Nachkriegszeit für die dort Arbeitenden spielte. Zunächst hatten hier Emigranten wie **Erich Fried**, der Lyriker; **Martin Esslin**, der namhafte Brecht-Forscher oder **Richard Friedenthal**, Autor vielgelesener historischer Biographien Heimstatt und Chance erhalten, von London aus in den deutschen Journalismus zurückzuwirken.

Wichtig für den Wiederaufbau eines freien Medienwesens im Deutschland der Nachkriegszeit wurde dann die große Zahl von "Pendlern" über den Kanal, die alle irgendwann ein Kapitel ihres Aufstiegs bei der BBC verbrachten und Grundsätze wie Objektivität, Sachlichkeit und Fairness in den deutschen Journalismus hineintrugen, Botschafter einer neuen Berufsethik. Stellvertretend für viele seien hier genannt: **Ernst Schnabel**, der nach seiner BBC-Zeit Intendant des Norddeutschen Rundfunks wurde (der NWDR hatte sich Mitte der 50er Jahre in den "Norddeutschen Rundfunk" in Hamburg und den "Westdeutschen Rundfunk" in Köln zellgeteilt), **Franz Woerdemann**, der spätere Chefredakteur des WDR, **Werner Baecker**, der sich als New York-Korrespondent des Deutschen Fernsehens (ARD) einen Namen machen sollte, der verstorbene **Carl Brinitzer** (der 1969 eines der besten Bücher über die "deutsche BBC" veröffentlichte: "Hier spricht London"), oder auch **Hanns Joachim ("Hajo") Friederichs**, auch er schon verstorben, der in vielen Fernseh-Sparten populär wurde.

Was machte die deutschsprachige BBC zur "besten Journalistenschule der Welt?", fragte ein anderer "Absolvent", **Rudolf Walter Leonhardt**, langjähriger Feuilleton-Chef der "Zeit", vor längerem einmal in seinem Blatt. Antwort: Lernerlebnisse unschätzbarer Art, die Leonhardt in eine Litanei von "Daß"-Sätzen kleidete:

"Daß solide Kenntnis des Handwerks wichtig ist; daß es nicht genügt, Spezialist zu sein; daß es keine Erkenntnis gibt, die nicht verständlich formuliert werden kann; (...) daß es nichts gibt, worüber vernünftige Leute nicht vernünftig miteinander reden können; daß es ziemlich leicht ist, brillant, und ziemlich schwer, fair zu sein; (...) daß auch der (...) Gegner erst für voll genommen werden muß, ehe man ihn bekämpfen kann; daß ein Sportreporter oft Wichtigeres leistet als ein Leitartikler; daß es keine gute Ironie gibt ohne Selbstironie; (...) daß die parlamentarische Demokratie unter allen anfechtbaren Formen der

> Herrschaftsausübung die humanste ist..."
>
> Leonhardts "Litanei" erinnert daran, was die vielgelästerte "Re-education" in Wahrheit hatte stiften wollen: Eine mit Hilfe unterschiedlichster Berufserfahrungen vermittelte Chance, demokratische Verhaltensweisen einzuüben und diese sich einzuverleiben wie eine zweite Natur. Nirgends war solche Einübung wichtiger als im Kernbereich der Kommunikation - bei den Medien. Wer da britische Schulung durchlaufen hatte, konnte sich den Aufgaben seines Berufes gewachsen fühlen. Offenherzig und nicht ohne Stolz - darin typisch für diese deutsche Nachkriegsgeneration - legt der "Zeit"-Autor und Verfasser eines frühen Standardwerkes über die Insel (**"77mal England"**) seine Dankesschuld auf den Tisch:
>
> "Wir haben so viel Britisches getankt, daß uns dieser Sprit im Laufe der Lebensfahrt nie ganz ausgehen wird. Wir sind bereit und sogar gerade dafür gut ausgebildet, Britisches zu kritisieren; aber im Grunde unseres Herzens sind wir wohl unheilbar anglophil."

Weniger erfolgreich war der britische Intendant in seinen Bemühungen, dem neugegründeten NWDR ein unabhängiges Kontrollorgan nach Art des "Board of Governors" der BBC zu verpassen, wo führende Köpfe des öffentlichen Lebens, aber keine parteiabhängigen Politiker das Sagen haben. Greene konnte nicht verhindern, daß sich bald im deutschen Rundfunkwesen

Baute den Nordwestdeutschen Rundfunk (NWDR) auf: Hugh Carleton Greene

Parteienproporz und Postengerangel zu Wort meldeten - schlimmer noch: Daß sich auch journalistische Laufbahnen im Milieu der deutschen staatlichen Rundfunkanstalten nach "Parteilagen" zu orientieren begannen.

Bildungswesen

Zum großen Leidwesen vieler, die es gerne anders gesehen hätten, kapitulierte die britische Zonenverwaltung vor der föderalen Hoheit der Länder im Erziehungswesen. Robert Birley, "Educational Adviser" des Militärgouverneurs, machte zwar regelmäßig seine Runde bei den Kultusministern *aller* Besatzungszonen, in dem Versuch, "sie aus dem kleinkarierten Föderalismus heraus und auf eine einheitliche Linie zu bringen" (Michael Thomas) - doch vergeblich.

Dabei gehörte die Dezentralisierung der Machtstrukturen in Deutschland durchaus zu den Verfassungsgrundsätzen, welche die britische Deutschland-Politik favorisiert hatte. Ein leidenschaftlicher Pädagoge wie Birley sah dagegen früh die Zersplitterungsgefahren, die sich daraus für das Bildungswesen ergeben konnten.

Angesichts dieser Lage blieb der britischen Kontrollbehörde keine andere Wahl, als sich bei den Belangen der deutschen Höheren Bildung bewußt zurückzuhalten; ihren Einfluß machte sie mehr mit der Gründung von Institutionen für die Erwachsenenbildung geltend. Dabei hätte Großbritannien im Universitätsbereich ein brauchbares Modell eigener Erfahrung einbringen können - die Möglichkeit eines Interim-Studienabschlusses durch das Bakkalaureat - vielleicht als Dank dafür, was 120 Jahre zuvor das deutsche Bildungswesen an Fortschritt den englischen Hochschulen gebracht hatte.

Statt dessen kehrte Deutschland nach 1945 zu den alten Ursachen zurück und folgt auch heute im Wesentlichen der traditionellen Struktur der "akademischen Freiheit", mit einer oft unabsehbaren Studiendauer im Gefolge - und das in einer Zeit, wo frühere Abschlüsse, das heißt der Kontakt zur praktischen Erfahrung, entscheidend wären nicht nur für die Reifung des Lebensgefühls, sondern auch - ganz handfest - für das Bestehen im globalen Wettbewerb.

Parlamentarismus

Im Urbereich der demokratischen Betätigung, im Parlament, war kaum Steigbügelhilfe seitens der Besatzungsbehörden vonnöten: Die Deutschen, wie weiter oben erläutert, waren ohnehin darauf aus, das britische Parlamentarismus-Muster ihrerseits zu übernehmen. Eingeführt wurde zum Beispiel, nach Westminster-Vorbild, das System der parlamentarischen Ausschüsse, deren Arbeit es dem gesetzgebenden Parlament ermöglicht, so etwas wie äquivalenten Wissensstand gegenüber den Kabinettsressorts zu erwerben.

Was nicht gelang, war, in den parlamentarischen Alltag mehr von der Unterhaus-Praxis spontaner Rede und Gegenrede einzuführen. Hier gibt es so etwas wie eine natürliche Hemmschwelle, die auch damit zu tun hat, daß es für die Kunst des Debattierens im deutschen Erziehungssystem, anders als auf der Insel, keine eigene Schulung gibt. So ist es nicht ratsam, in ungewissem Gelände, wo es auf geschulten Witz, geschulte Geistesgegenwart ankäme, durch das mögliche Fehlen derselben aufzufallen, noch dazu vor den Objektiven der Fernseh-Kameras. Daher sind im Deutschen Bundestag abgelesene Reden oder Statements meist die Regel.

Heine rühmt die Debatten im Unterhaus - Goethe schwankt, was deutschen Föderalismus angeht

Heinrich Heine, dieser Spötter, der eigentlich dem **"perfiden Albion"** nicht verzeihen konnte, daß es seinen geliebten **Napoleon** gefangengesetzt und in die Verbannung nach St. Helena verbracht hatte, ließ sich während eines **England-Aufenthalt**s im Jahre **1827** dennoch hin- und mitreißen von seinen britischen Eindrücken. In den Berichten von damals findet sich eine in ihrer Übertreibung großartige Schilderung des Debattenstils im Unterhaus, den Heine, weil er seinem eigenen "sense of humour" entgegenkam, überaus genoß:

"Je wichtiger ein Gegenstand ist, desto lustiger muß man ihn behandeln... Das wissen die Engländer, und daher bietet ihr Parlament auch ein heiteres Schauspiel des unbefangensten Witzes und der witzigsten Unbefangenheit; bei den ernsthaftesten Debatten, wo das Leben von Tausenden und das Heil ganzer Länder auf dem Spiele steht, kommt doch keiner von ihnen auf den Einfall, ein deutsch-steifes Landständegesicht zu schneiden oder französisch-pathetisch zu deklamieren.

Wie ihr Leib, so gebärdet sich alsdann auch ihr Geist ganz zwanglos. Scherz, Selbstpersiflage, Sarkasmen, Gemüt und Weisheit, Malice und Güte, Logik und Verse sprudeln hervor im blühendsten Farbenspiel, so daß die Annalen des Parlaments uns noch nach Jahren die geistreichste Unterhaltung gewähren. Wie sehr kontrastieren dagegen die öden, ausgestopften, löschpapiernen Reden unserer süddeutschen Kammern, deren Langweiligkeit auch der geduldigste Zeitungsleser nicht zu überwinden vermag." (**"Aus den englischen Fragmenten"**, 1828)

Im gleichen Jahr, in dem Heine sein Loblied auf die losen Reden des Unterhauses veröffentlichte, gab **Goethe** im Gespräch mit **Eckermann** (23. 10. 1828) eine Liebeserklärung an den deutschen **Föderalismus** ab, die den alliierten Gründervätern der Bundesrepublik in den Ohren geklungen haben muß:

"Wodurch ist Deutschland groß als durch eine bewundernswerte Volks-Kultur, die alle Teile des Reichs gleichmäßig durchdrungen hat. (...) Gesetzt, wir hätten in Deutschland seit Jahrhunderten nur die beiden Residenzstädte Wien und Berlin, oder gar nur eine, da möchte ich doch sehen, wie es um die deutsche Kultur stände? Ja, auch um einen überall verbreiteten Wohlstand, der mit der Kultur Hand in Hand geht!"

> Aber Vorsicht vor Goethe als Kronzeugen für die von den Angelsachsen betriebene Dezentralisierung Deutschlands nach dem Zweiten Weltkrieg! Der Olympier hat zu vielem vieles gesagt - inklusive das Gegenteil... So über den Föderalismus. Es kam eben immer darauf an, aus welchem Blickwinkel er die Frage betrachtete. Was die Kultur, zumindest den Austausch der besten Geister untereinander, angeht, so sah Goethe in der **Dezentralisierung** nämlich ein großes **Handicap:** die Zerstreuung über alle Regionen des Landes, die daraus folgende Isolierung des einzelnen Künstlers. Das trifft noch heute für Deutschland zu, wie vor 170 Jahren. Auch Fax und Internet können es nicht ändern (vielleicht aber die Hauptstadt Berlin, wie schon einmal in den 20er Jahren?). Bewegt führt Goethe gegenüber **Eckermann** Klage, am 3. 5. 1827:
> "Wir führen doch im Grunde alle ein isoliertes, armseliges Leben! (...) Unsere sämtlichen Talente und guten Köpfe sind über ganz Deutschland ausgesät. Da sitzt einer in Wien, ein anderer in Berlin, ein anderer in Königsberg, ein anderer in Bonn oder Düsseldorf, alle (...) voneinander getrennt, sodaß persönliche Berührungen und ein persönlicher Austausch von Gedanken zu den Seltenheiten gehören."

4. *Die amtlichen und nichtamtlichen Foren der Verständigung*

Robert Birley - später Sir Robert - dessen Name so unauslöschlich mit der deutschen demokratischen Wiedergeburt verbunden ist, operierte aus einer geräumigen Villa in Bad Rothenfelde, im Teutoburger Wald. Dort brachte er namhafte Deutsche und Briten bei seinen "weekend parties" zu Gesprächen über die Zukunft zusammen - nicht nur über die Zukunft des Wiederaufbaus Deutschlands, sondern auch der deutsch-britischen Beziehungen. Mißtrauen zwischen der besiegten Bevölkerung und den Besatzern war abzubauen, noch größeres Mißtrauen auf britischer Seite gegenüber "dem Deutschen" und seiner vermeintlich unheimlichen Natur.

Eines Tages erhielt der Besatzungsoffizier Besuch von einer Holländerin, die im Widerstand gegen die Nazis gearbeitet hatte und jetzt ihre ganze Zeit darauf verwendete, in der deutschen evangelischen Kirche auszuhelfen. Das Gespräch drehte sich um Völkerbeziehungen und den Wiederaufbau von Vertrauen zwischen den kriegsversehrten Nationen. *"Sehen Sie"*, so sagte die Holländerin zu dem Briten, *"der letzte Krieg, das war keiner von jener Sorte, den man gewinnt, indem man ihn gewinnt. Das Gewinnen kommt erst noch, jetzt, da der Krieg vorbei ist."*

Ein Paradox voll profunder Wahrheit. Es erklärt besser als tausend Bücher die Dimension der Aufgaben, denen sich die Architekten der europäischen Wiedergeburt - darin eingebettet das deutsch-britische Verstehen - nach 1945 gegenübersahen. Die Politik der Besatzung regelte, stieß an, brachte Funktionieren in Gang, half den Grundstein künftiger Strukturen legen für eine friedliche Welt von morgen. Aber die Demokratie in ihrer Essenz - sie ist keine Frage von Verordnungen und toten Buchstaben. Demokratie beginnt mit dem lebendigen Austausch von Rede und Gegenrede, von Meinung und Widerspruch, ganz wie John Milton schrieb: *"Wo großer Wunsch zu lernen da ist, wird es notgedrungen auch viel Streit geben, viel Schreiben, viel Meinen; denn die Meinung aufrechter Menschen ist wie Wissen im Entstehen."*

Es kam also nach 1945 darauf an, diesen "Wunsch zu lernen" so umfassend wie möglich zu befriedigen - aber eben nicht nur mit Theorie aus Büchern und Schriften, sondern mit Dialog-, mit Gesprächs-, mit Diskussionsmöglichkeiten. Hier, im Gespräch, fühlt der Brite seine Stärke. Hier, im Gespräch, sahen die Planer und Pflüger nach 1945 eine eigene große Chance, Demokratie zu verlebendigen.

Und so gehört zum Wiederaufbau der deutsch-britischen Beziehungen nach dem Zweiten Weltkrieg auch, wie eine reiche Anzahl an Foren, Gesprächskreisen und Organisationen gegründet wurde, bei denen "Wissen" durch den Austausch der "Meinungen" vorangebracht wurde, bei denen die Diskussion im Vordergrund stand, nicht das Lehrbuch, die Einübung in die sokratisch-demokratische Kultur des Gesprächs, nicht das Verabreichen von gebundenen Weisheiten. Lebendiges Kennenlernen, nicht das Inhalieren abstrakter Wahrheiten - ein Königsweg der Demokratie, eine Prägung für die künftigen Eliten.

Viele dieser Neugründungen nach 1945 existieren noch heute in unverwüstlicher Frische. Andere haben sich verändert, entsprechend den gewandelten Aufgaben und Fragestellungen. Alle spielten und spielen sie eine Rolle als Garanten einer hohen Kultur des Umgangs unter Briten und Deutschen, als Garanten fortgesetzter Verständigung unter ihnen.

Wilton Park

Wilton Park bei Beaconsfield, in der Grafschaft Buckinghamshire, ist eines dieser britischen Landhäuser mit scheinbar grenzenloser Parkumgebung, in denen man die Welt um sich vergessen könnte. Dort war 1944 "POW Camp 300" errichtet worden, ein Lager für deutsche Kriegsgefangene. Und dort bekam der deutsche Emigrant Dr. Heinz Koeppler, Historiker in Oxford, 1946 seine Chance, zu verwirklichen, was er in einem Memorandum für das Foreign Office zur künftigen Entwicklung in Deutschland unter anderem vorgeschlagen hatte: Eine Bildungsstätte für Kriegsgefangene, als Beitrag zum Versuch, das Land für neue Verantwortlichkeiten vorzubereiten und damit Deutschland selber eine Chance zu geben, sich in den Augen der Welt zu rehabilitieren.

Mit dem Begriff der "Re-education" hatte der aus Berlin stammende Oxforder Mediävist freilich ebenso wenig im Sinn wie seinerseits Robert Birley, der Chef des "Education Branch" der Britischen Besatzungsregierung. *"Umerziehung"*, so pflegte Koeppler zu sagen, *"ist ein Rennpferd, das von aus Arroganz geborener Ignoranz abstammt, und mit so einem Stammbaum wird es niemals gewinnen können."* (Dexter M. Keezer). Und daß "POW Camp 300" die Keimzelle seiner Arbeit werden würde, muß ihn sehr überrascht haben. Noch weniger konnte er ahnen, daß er dreißig Jahre lang als Direktor ("Warden") der Institution "Wilton Park" vorstehen würde, dreißig Jahre einer einzigartigen Laufbahn im Dienste der internationalen Verständigung.

Zur Teilnahme an den Seminaren und Diskussionsgruppen stießen neben den Kriegsgefangenen in Wilton Park auch solche aus anderen Lagern in oder außerhalb Großbritanniens. Die Tutoren sprachen fließend deutsch, im Vordergrund standen Auseinandersetzungen mit den vorgetragenen Stoffen und immer wieder das Gespräch untereinander oder im Direktkontakt mit dem Tutor. Man konnte, wenn man die auf dem Parkgelände verstreuten "Nissen"-Hütten sah, fast von einem "POW-College" sprechen. Allein in den ersten drei Jahren, von 1946 bis 1948, wurden nicht weniger als 4500 deutsche Soldaten durch die Kurse geschleust.

Schon 1947 gingen die britischen Behörden dazu über, zu den Lehrgängen auch deutsche Zivilisten abzustellen, denen man eine führende Rolle beim Aufbau ihres Landes zutraute. Auch Freiwillige aus den übrigen alliierten Besatzungszonen durften sich melden. Wilton Park und seine Gesprächskultur, dieser Nucleus einer "offenen Gesellschaft", wurden so zum Testgelände für eine neue deutsche Nachkriegselite. Rainer Barzel hat zu den Teilnehmern gehört, Ralf Dahrendorf, Hildegard Hamm-Brücher. 1971, zum 25jährigen Jubiläum, schrieb Helmut Schmidt, der damalige Bundesverteidigungsminister, im Bulletin der deutschen Regierung:

"Das England-Bild fast einer ganzen Generation deutscher Politiker erhielt in Wilton Park klare Umrisse. In einer Zeit, in der die deutsch-britischen Beziehungen unter einem weniger günstigen Stern standen als heute, war Wilton Park eine der Brücken, auf deren Tragfähigkeit man sich verlassen konnte."

1950 zog man von Buckinghamshire nach Sussex um, in ein anderes Landedelhaus mit ähnlichem Namen, Wiston House, nicht weit von Brighton gelegen. Die Kurse, jetzt um internationale Beziehungen erweitert, nahmen Teilnehmer auch aus Übersee auf (vornehmlich Amerika), ja, Wiston House selber ist inzwischen zu einem internationalen Konferenzzentrum geworden. Aber die "Wilton Park Conferences" bestehen als anglo-deutsche Institution fort. Sie führen jedes Jahr gestandene wie kommende Namen zusammen, damit der rote Faden der Beziehungen über den Kanal nicht verlorengeht, der bilateralen wie der multilateralen.

Die Brücke

Als Stätten der Begegnung waren sie gedacht, als Informationszentren, Zeitungslesesäle, Büchereien und Vortragsräumlichkeiten in eins - diese 34 Adressen in der britischen Zone, die sich mit der Anschrift "Die Brücke" schmücken durften. Auf dem Vorplatz zum Hauptgebäude der Westfälischen Wilhelms-Universität Münster beispielsweise war "Die Brücke" in einer Nissen-Hütte untergebracht, nicht unähnlich den POW-Unterkünften in Wilton Park in "Camp 300". Aber das machte nichts, die Deutschen jener Jahre - die akademische Jugend erst recht - waren anspruchsvoll nur in ihrem Heißhunger nach geistigen Früchten, die ihnen lange vorenthalten gewesen waren. Und so wurde "Die Brücke", wo immer eine Stadt sie anzubieten hatte, zum Zentrum des Lesens, Zuhörens, Diskutierens, Lernens - kurzum: Teil des demokratischen Fitness-Programms der Nachkriegszeit. Durchschnittlich 500 000 Menschen im Monat (!) nahmen damals die vielfältigen Angebote dieser Zentren wahr.

Zuständig für "Die Brücke", wie auch für Wilton Park war das Foreign Office, bei dem die kulturelle Gesamtzuständigkeit für Deutschland lag. 1958 ging diese Verantwortlichkeit auf den "British Council" über, der die Interessenbereiche verbindet, die für Deutschland das Goethe-Institut und der Deutsche Akademische Austauschdienst wahrnehmen. Die letzten Zentren der Brücke schlossen zum großen Bedauern des deutschen Publikums Anfang der sechziger Jahre ihre Pforten. Die Buchbestände wurden größtenteils deutschen Universitäten und Volkshochschulen überlassen. Der Council schlug sein deutsches Hauptquartier in den ehemaligen Räumen der Brücke in Köln auf und lenkt von hier seine Zentren in Berlin, München, Hamburg und (seit 1992) Leipzig.

Deutsch-Englische Gesellschaft / Königswinter Konferenz

Unter den deutsch-britischen Organisationen, deren Gründung auf die Nachkriegsjahre zurückgehen, ragt eine hervor, die einmal nicht aus Antrieben der Besatzungsorgane, sondern allein aufgrund der Initiative und Beharrlichkeit einer Deutschen, der Gattin eines Rheinschiffahrtsunternehmers aus Wittlaer, entstanden ist: Die Deutsch-Englische Gesellschaft (DEG). Am 18. März 1949 in Düsseldorf gegründet, hat sie ein *curriculum vitae* von großer Vitalität hinter sich und besitzt über die ebenfalls von ihr 1950 ins Leben gerufene alljährlich stattfindende Königswinter Konferenz ein Forum fortgesetzten Einflusses unter den Eliten beider Länder.

Lilo Milchsack und ihr Mann hatten den Nationalsozialismus überstanden, ohne sich politisch zu kompromittieren. Sie waren, unter Einhaltung großer Distanz zur herrschenden Ideologie, bei ihren Rheinschiffahrt-Geschäften geblieben, zum Vorteil auch der Niederländer, die dem Firmeninhaber nach 1945 als einzigem Deutschen eine "Non enemy alien" (nicht feindlicher Ausländer)-Bescheinigung ausstellten, wie Ralf Uhlig in seinem Buch "Die Deutsch-Englische Gesellschaft 1949-1983 - Der Beitrag ihrer Königswinter Konferenzen zur britisch-deutschen Verständigung" festgehalten hat.

Königswinter Konferenz: Zwanglose Atmosphäre, historische Stunden

Die Düsseldorferin war eine überzeugte Humanistin, die sich nach Ende des Krieges beim Deutschen Roten Kreuz engagierte und persönlich vielen "Displaced Persons" der damaligen Zeit - ausländische Zwangsarbeiter, die mittel- und oft staatenlos auf Möglichkeiten ihrer Repatriierung hofften - in bitterster Not half. Das alles kam zur Kenntnis von Robert Birley, den Lilo und Hans Milchsack dann als wichtigsten Gesprächspartner und Sponsor für ihr Projekt einer deutsch-britischen Gesellschaft gewinnen sollten.

Lilo Milchsack war um die Briten nicht minder besorgt als um die Deutschen - vielleicht sogar mehr?

Für unsere 'tour d'horizon' hier ist wichtig, daß die Idee der Gründung eines Forums zur deutsch-britischen Verständigung bei Lilo Milchsack nicht allein den üblichen Gedankengängen jener Jahre entsprang - Deutschland zurückführen zu helfen in den Kreis der westlichen Kultur. Die Düsseldorferin kam von einem anderen "Aha-Erlebnis" her.

Anfang 1948 hatte sie auf Einladung des Foreign Office und des British Council England besucht, als Mitglied einer Gruppe deutscher Frauen, die in Norwich und Cambridge Gespräche führen "durften" - durften ist das richtige Wort, da die Reise auch insofern bemerkenswert war, als den unter der Besatzung lebenden Deutschen damals Auslandsreisen noch nicht gestattet waren, wie Ralph Uhlig in Erinnerung ruft. So erhielt diese Ausnahmeregelung für die Frauengruppe fast den Charakter höherer Diplomatie. Als solche empfanden Frau Milchsack und ihre Gruppe sie auch.

Die Frauen wurden auf die umgänglichste, liebenswürdigste Weise in England willkommen geheißen. Das beunruhigte Lilo Milchsack nicht wenig. Ihre Generation hatte erlebt, wie die "appeasement" - Mentalität im England der 30er Jahre Hitler allzu lange ermuntert, ja, ermutigt hatte, seine aggressive Politik voranzutreiben. Nach ihrer Rückkehr aus England vertraute sie sich daher Robert Birley, dem "Erziehungsminister" der britischen Zone, an: Könnte dieser so aufgeräumte Großmut der Briten nicht eines Tages erneut dazu führen, daß sie die deutsche Politik wieder einmal nicht richtig einschätzten, oder vor dunklen Schatten im Wege einfach wegschauten?

Für Lilo Milchsack war daher der Gedanke der Gründung einer deutschenglischen Gesellschaft und der daraus sich wie natürlich entwickelnden Königswinter-Konferenz-Idee eine Notwendigkeit nach beiden Seiten hin: Die Einübung im Kennenlernen sollte sicherstellen, daß jeder eine klare Vorstellung vom anderen besaß und nie wieder seine Politik auf Mißverständnissen oder falschen Sentimenten gründete. Aus ihren Gedankengängen machte Lilo Milchsack nie einen Hehl, weshalb bestimmte Kreise in der jungen Bundesrepublik sie hin und wieder abschätzig als die **"rote Lilo"** hinstellten, was die Angefeindete aber wenig anfocht (auch Birley mußte sich zuweilen gefallen lassen, "Red Robert" genannt zu werden...). Sie war sich sicher und wurde vor allem durch den Erfolg der Königswinter Konferenzen darin bestätigt, daß sie in der Tat ein wichtiges

> Scharnier der Internationalen Beziehungen entdeckt hatte: Ein institutionalisiertes Forum für die Eliten der beteiligten Länder, die lernen konnten, ihren Professionalismus um persönliche Erfahrungen, Gespräche und Erlebnisse mit dem Gegenüber zu erweitern und zu vertiefen.
> Wie lautete doch das Postulat, das **Auguste Comte**, den französischen Positivisten des 19. Jahrhunderts, berühmt gemacht hatte?
> **"Savoir pour prévoir, prévoir pour prévenir"** - wissen, um vorauszusehen; vorauszusehen, um vorzubeugen. Aus solchem Holz war Lilo Milchsack geschnitzt.

Die Gesellschaft hat inzwischen zwanzig Niederlassungen in ganz Deutschland ("Landesgruppen" und "Arbeitskreise"), die jede für sich ein intensives und interessantes Programm von Begegnungen, Gastvorträgen und geselligen Veranstaltungen anbietet und damit weit in alle regionalen Bereiche Deutschlands hineinreichen - ein Aspekt mehr, der die Qualität der deutsch-britischen Beziehungen auf ihrem inzwischen erreichten menschlichen wie professionellen Niveau sichern hilft. Auch für Briten, die sich eine zeitlang beruflich in Deutschland aufhielten, etwa für die Soldaten der Britischen Rheinarmee (BAOR), bilden die Arbeitskreise der DEG eine willkommene Stätte der Begegnung mit dem Gastland, mit dem sie und ihre Familien sonst weniger leicht in Kontakt getreten wären.

Daß es private Gelder waren, die diese Gründung möglich machten, und das in einer Zeit, als ohne amtliche Unterstützung nichts zu laufen schien - das macht dieses Kapitel der anglo-deutschen Verständigung nur noch bemerkenswerter. Und so konnte es nicht überraschen, daß Lilo Milchsack, einzigartig für Deutsche, 1972 von der britischen Königin mit der Aufnahme in den "St. Georgs-und-St.-Michael-Orden" geehrt und damit eine "Dame" wurde - dem Titel entspricht der "Sir" bei Männern. Dame Lilo konnte den Erfolg ihrer Idee nicht nur erleben, sondern auch bis ins hohe Alter selber begleiten; sie starb, 87jährig, am 8. August 1992.

Königswinter am Rhein, in südöstlicher Nähe zu Bonn gelegen, wurde als Tagungsort der nach ihm genannten Konferenzen deshalb gewählt, weil nach der Entscheidung für Bonn als Sitz der neuen

Bundesregierung die räumliche Nähe zum Zentrum der politischen Macht als besonders wichtig galt für die Kontaktaufnahme zwischen deutschen Parlamentariern und ihren britischen Gästen - auch und vor allem am Rande der Konferenzen. Man tagte und tagt noch heute im Adam-Stegerwald-Haus, einem Konferenzzentrum der christlichen Gewerkschaften, das später von den Sozialausschüssen der CDU übernommen wurde.

Bis 1970 wurde Königswinter nur zweimal auch in Großbritannien abgehalten - in Oxford 1964, in Cambridge 1970. Erst ab 1974 galt dann der charakteristische Turnus, dem entsprechend die Tagung, alternierend zwischen ungeraden und geraden Jahreszahlen, in Königswinter *und* in Großbritannien stattfindet. Der britische Schauplatz wechselte zunächst - 1974 war es Edinburgh, 1976 und 1978 Oxford. Erst ab 1980 hat auch die britische Seite ihren festen Standort: St. Catherine's College in Cambridge.

(Ausgefallen ist "Königswinter" tatsächlich nur ein einziges Mal - im März 1966, wegen der damaligen Unterhauswahl. Ein zweites Mal hätte es fast abgebrochen werden müssen, als wegen der Falkland-Krise 1982 Abgeordnete wie Minister der Regierung Ihrer Majestät, statt sich ihren Vortrags- und Diskussions -"Pflichten" in Cambridge zu widmen, zu einer seltenen Samstag-Sitzung des Unterhauses nach London eilen mußten - nur um am Abend zurückzukehren, mit dem Atem der Geschichte in ihren Aktentaschen... Die deutsche Seite ihrerseits empfahl zweimal ein Abweichen vom üblichen Turnus - 1991, im ersten Jahr nach der deutschen Neuvereinigung, fand die Tagung in Dresden statt, während 1997 Berlin der Konferenzort sein wird. - Zwei "Lenkungsausschüsse" zeichnen für die Vorausplanung jeder Zusammenkunft verantwortlich.)

Viele Länder haben versucht, im Bereich bilateraler Beziehungen "das Prinzip Königswinter" zu imitieren, es in anderem Rahmen zu wiederholen. Umsonst. Die Natur dieses anglo-deutschen Forums macht es zu einem Unikat. Einzigartig ist der freie Austausch der Eliten aus Wirtschaft, Wissenschaft, Politik und Publizistik; einzigartig das in Jahren gewachsene Prestige, auch der spezielle Komment, dem sich keiner der 120 Geladenen (Teilnahme nur auf Einladung,

Bewerbung scheidet aus) entziehen kann, schon gar nicht, wenn er/sie mit Aufgaben während der Sitzungen betraut worden ist. Einzigartig ist die trotz aller Konferenzregeln herrschende zwanglose Atmosphäre, die vor allem die Stunden "am Rande" zu einer Börse der Anregungen und Kontakte werden läßt. Das schätzt jeder, der nicht in den Papierstößen des Alltags ertrinken möchte. Abseits der Parlamente und Kabinette ist der Boden für neue Ideen manchmal fruchtbarer...

Das gilt auch innerhalb der jeweiligen Delegationen selber. So trafen sich während der Königswinter Konferenz 1981 die Führer der Liberalen und der gerade von Labour abgespaltenen "Sozialdemokratischen Partei" (SDP), um die dann "Allianz" genannte Fusion zu beschließen. Das Papier, das damals David Steele und Shirley Williams aushandelten, machte als "Königswinter Declaration" Geschichte. Immer wieder standen Königswinterer Tagungen auf solchen Schnittstellen von Zeitgeschichte, diese profilierend und auf Veränderungen vorbereitend. Das Forum selber ist das Produkt eines singulären Augenblicks in der Geschichte - einer Epochenwende zum Besseren in den europäischen, den deutsch-britischen Verknotungen.

The Anglo-German Association

Der Deutsch-Englischen Gesellschaft nicht unähnlich, aber in ihren "philosophischen" Zielen weniger ehrgeizig und auch ohne ein weithin sichtbares Forum wie die Königswinter Konferenz ist die 1951 in London gegründete "Anglo-German Association" (AGA). Deren Aufgaben waren zunächst andere als die der "Gesellschaft", ging es bei der "Association" doch zunächst stärker um Verbreitung von Deutschland-Kenntnissen überhaupt, vor dem Hintergrund einer eher europafernen britischen Tradition und der Erinnerungen an das Trauma der Weltkriege. Das bilaterale Element erstarkte dann in dem Maße, wie das Interesse an Deutschland, geweckt durch die entsprechenden Veranstaltungen der AGA, selber anstieg.

Die Keimzelle der AGA-Gründung fiel in das Jahr 1949, das Jahr der Feiern zum 200. Geburtstag Goethes. Zur Londoner Goethe-Veranstaltung - auch Thomas Mann war anwesend - hatte man unter anderem als Vortragsredner Adolf Grimme gewonnen, den damaligen Kultusminister von Niedersachsen (der übrigens 1946 Hugh Greene als Intendant beim NWDR gefolgt war). Grimme beantwortete damit einen ähnlichen Besuch des Germanisten George Catlin in Heidelberg. Es war Catlin, der Goethes Geburtstag als die große Chance begriff, das Deutschland-Bild in Großbritannien wieder etwas aufzulichten. In seinem Haus trafen sich dann so Interessierte wie Sir Harold Nicholson, Lady Bonham Carter, der Verleger (und jüdische Emigrant) Victor Gollancz und andere, um die Idee einer Anglo-German Association zu besprechen.

Das Projekt kam wohl noch etwas zu früh, erinnert sich George Turner in dem von Rolf Breitenstein herausgegebenen Band "Total War to Total Trust", 1976. Turner gehörte zu jenen Persönlichkeiten auf britischer Seite, die die westliche Wiedereingliederung Deutschlands nach dem Zweiten Weltkrieg geradezu als Aufgabe ihrer Generation begriffen hatten. Unter anderem leitete er 15 Jahre lang, von 1948 bis 1963, die Informationsabteilung der Britischen Besatzungsbehörde in Berlin und wurde von der Stadt für seine Verdienste während der Blockade (1948/49) besonders geehrt.

Zwei Jahre später jedenfalls war es dann so weit: Auf einer Zusammenkunft des Freundeskreises im House of Commons wurde die Anglo-German Association am 15. November aus der Taufe gehoben. Die Öffentlichkeit erfuhr davon am 15. Dezember in einem Brief an die TIMES, unterschrieben von den 24 "Taufpaten" der AGA, zu denen übrigens - natürlich - auch Robert Birley gehörte, der inzwischen Leiter des Elite-Internats Eton geworden war. Das neue Forum, so schrieben die Unterzeichneten, wolle sich neben andere bereits bestehende Vereinigungen stellen, die im ähnlichen Sinne bilaterale Beziehungen zu ausländischen Partnern pflegten. (Sehr aktiv war damals schon die Anglo-French Association.) Es sei daran gedacht, in Großbritannien "die Kenntisse über Deutschland, seine Lebens- und Denkungsart, verbreiten zu helfen."

Die TIMES beehrte das Ereignis am gleichen Tag mit einem Leitartikel, dessen Verfasser - nach britischem Brauch ungenannt - sich zu großer historischer Sicht aufschwang, souverän in der Behandlung der deutsch-britischen Thematik:

"Die neue Vereinigung wird am erfolgreichsten dann sein, wenn sie bescheiden in ihren Zielen bleibt, sich strikt jede Einmischung in die Politik verbietet und im Auge behält, welche engen Grenzen solchen Unternehmungen gesetzt sind. Die traurige Tatsache nämlich ist, daß persönliche Freundschaften und die internationale Politik wenig miteinander zu tun haben. Einige der wertvollsten und dauerhaftesten Bündnisse in der Geschichte bestanden zwischen Völkern, die sich gegenseitig herzlich verachteten, während man nicht weit schauen muß, um eine Nation anzutreffen, deren Bevölkerung fast jeder Engländer charmant und attraktiv findet, aber deren Außenpolitik uns abstößt. Deutschland hat es nie an Freunden und Bewunderern in unserem Land gefehlt; es waren seine Regierungen, die es ins Unrecht setzten. Zum Glück sind die Aussichten für neue und verläßlichere Beziehungen besser denn je..."

Diese Erkenntnis sollte sich durchaus bewahrheiten, und so wuchs auch der AGA immer mehr die Rolle eines Architekten der Versöhnung zu. Verdienst erwarb sich die "Association" auch durch eine seit 1959 jährlich abgehaltene Konferenz unter nachwachsenden Führungskräften von diesseits und jenseits des Kanals. Auch dieses Forum traf sich, wie "Wilton Park", zunächst im Wiston House in Sussex. Es wirkte so stark auch auf die "Deutsch-Englische Gesellschaft", daß diese "Young Königswinter", eine Konferenz für den Nachwuchs, ins Leben rief, die seit 1967 jährlich stattfindet. Synergie und Konkurrenz - das stimulierende Muster im heutigen deutsch-britischen Austausch.

Ende 1995 taufte sich die AGA in BGA um - British-German Association. Das kam vornehmlich einem Wunsch der schottischen Mitglieder entgegen und folgte dem Beispiel der "Anglo-French Association", die sich seit kurzem "Franco-British Association" nennt.

Die Deutsch-Britische Stiftung für das Studium der Industriegesellschaft

Ist "anglo-" endgültig out? Nein, noch lebt "anglo-" in vielen Begriffszusammenhängen. "Anglo-German relations" geht noch immer leichter von der Zunge als "British-German relations". So lange jedenfalls, bis eine mächtige Stimme aus den britischen Regionen erschallt und sich auch diese "Anglisierung" verbittet... Da ist von einer weiteren bedeutsamen bilateralen Organisation mit "Anglo-" im Namen zu sprechen, der "Anglo-German Foundation for the Study of Industrial Society" - "Die Deutsch-Britische Stiftung für das Studium der Industriegesellschaft."

Die Absicht, eine Stiftung mit dieser ebenso schwerfälligen wie präzisen Dienstbeschreibung ins Leben zu rufen, wurde 1972 bekanntgegeben, bei Gelegenheit des Staatsbesuches von Bundespräsident Gustav Heinemann an der Themse. Es ist nach Theodor Heuss 1958 der zweite Besuch dieser Art, die britisch-deutschen Beziehungen haben sich zu einer engen Partnerschaft gewandelt, beide Länder schauen jetzt nicht mehr nur aufeinander, sondern gemeinsam in die ihnen gemeinsame Zukunft, und dabei stellen sich ihnen parallele Fragen und Probleme: Konjunktur, Umwelt, Arbeitsmarkt, die Sicherung der sozialen Systeme, Industriepolitik versus freier Markt, Produktivität, Mitbestimmung, Technologie, Kultur versus "culture", etc.

Diese Fragen zu erforschen, Erfahrungen auszutauschen und die Zukunft gemeinsam angehen - das vor allem bestimmt die Arbeit der Stiftung. So sah es auch Gustav Heinemann, als er in der Londoner Guildhall am 27. Oktober 1972 sagte:

"Europa hat angefangen, sein politisches und wirtschaftliches Leben neu zu ordnen. Unsere beiden Völker können dabei einen wichtigen Beitrag zur Lösung der Zukunftsaufgaben der modernen Industriegesellschaft leisten. Ich würde es begrüßen, wenn diese Gedanken auch die Arbeit der Deutsch-Britischen Stiftung für das Studium der Industriegesellschaft bestimmen würden, auf deren baldige Gründung wir uns geeinigt haben."

Das Abkommen über die Stiftung wurde am 2. März 1973 zwischen Premierminister Edward Heath und Bundeskanzler Willy Brandt unterzeichnet und die Stiftung selber am 5. Dezember des Jahres durch königliche Urkunde errichtet.

Mit Europa hatte Heinemann eine Zukunftsvokabel angesprochen - und ein aktuelles Thema, auch für Großbritannien. Im Januar 1972 war in Brüssel der Beitrittsvertrag zur EG unterzeichnet worden, der am 1. Januar 1973 in Kraft trat: Die Briten waren EG-Europäer geworden, vom Verstand her zumindest - ihr Herz blieb und bleibt weiter auf der Suche nach dem Sinn dieses Beitritts. Die neu in London angesiedelte Stiftung sollte auch dazu ein Wort zu sagen haben und mit unabhängigen Experten-Treffen die neuen Fragen aufgreifen.

"Ziel der Stiftung", so heißt es in Artikel 2 des Abkommens, *"ist die Förderung des Studiums und die Vertiefung des Verständnisses der Probleme der modernen Industriegesellschaft in den beiden Staaten und der Möglichkeit ihrer Bewältigung."* Im Zusammenhang mit der Königswinter Konferenz verleiht die Stiftung alljährlich einen Medienenpreis für Leistungen im Bereich der Verständigung zwischen Deutschen und Briten. Sie finanziert sich zu zwei Dritteln aus deutschen und zu einem Drittel aus britischen staatlichen Geldern.

In über 20 Jahren ihres Bestehens hat diese Organisation die deutsch-britische Verflechtung auf eine neue Stufe der Professionalität gehoben, die ihrerseits 1945 weit hinter sich läßt.

Die deutsch-britische Parlamentarier-Gruppe

Der Heinemann-Staatsbesuch in Großbritannien fiel in eine Zeit sich neu erwärmender Beziehungen zwischen den beiden Ländern. Nach dem Tode General de Gaulles war der Riegel vor einem britischen Beitritt zur EG endgültig beseitigt worden, und in Bonn war mit Willy Brandt ein Kanzler an die Macht gekommen, der sich vorzüglich auf den britischen Partner einzustellen verstand und aufgrund seines politischen Werdegangs an der Themse großes Ansehen genoß.

Bei dieser Verbesserung des politischen Klimas spielte ein weiterer "stiller Faktor" im Hintergrund eine gewichtige Rolle: Die deutsch-britische Parlamentarier-Gruppe. Bereits 1958 hatte sich in Westminster diese alle Parteien umfassende Vereinigung von "Hinterbänklern" mit einem besonderen Interesse an deutschen Fragen konstituiert. Vereint war man damals übrigens auch in einer Sorge: Die Beziehungen sahen nicht gut aus, hatten sich abgekühlt, Konrad Adenauer und Harold Macmillan hatten keinen guten Rapport miteinander, Großbritannien und der Kontinent wollten einfach nicht zueinanderfinden.

Die Idee zu einem Zusammenschluß der an Deutschland interessierten Parlamentarier darf sich im übrigen wieder einmal die Königswinter Konferenz zur Ehre anrechnen. Hier bekamen die teilnehmenden Westminster-Abgeordneten auch untereinander Gelegenheit, sich über deutsche Belange schneller und umfassender als sonst auszutauschen - es ließ sich nach den jährlichen Treffen am Rhein besser festmachen, wo genau im eigenen politischen Milieu die Linie der Meinungen verlief.

Das galt umgekehrt auch für die deutsche Seite, die 1960, angespornt durch das Londoner Vorbild, ihrerseits eine ähnliche Gruppe unter Abgeordneten des Bundestages ins Leben rief, zur Förderung der deutsch-britischen Parlamentarier-Kontakte. So wurde man bald handelseinig über regelmäßige Treffen in London und Bonn, die in die Zeit zwischen den Königswinter-Terminen gelegt wurden.

Man kann gar nicht genug betonen, welche unmeßbaren Vorteile solche enge Tuchfühlung für die "Aufklärung" der beteiligten Eliten mit sich bringt und wie die politische Kultur insgesamt davon profitiert. Im Jahr nach dem Fall der Mauer war klar zu erkennen, daß eine große Parlamentarier-Mehrheit im Unterhaus beispielsweise die deutsche Frage mit Kenntnissen anging, die man sich aufgrund intensiver Kontakte mit den deutschen Gegenübern angeeignet hatte, mit der Folge, daß auf dieser Ebene damals weniger emotionsgeladen argumentiert wurde als an der Spitze der Exekutive.

Unter den Konservativen zumal ging die Furcht um,

Großbritannien könnte an den neuen Realitäten Europas einfach vorbeigehen - oder diese an ihm. Wie komplex auch immer die neue Lage - diese Abgeordneten zumindest wollten sich nicht auf das Sentiment des Jahres 1940 festlegen lassen, das Sentiment der "finest hour" in der Abwehrschlacht gegen Hitler. Zu viele von ihnen reagierten auf die tektonischen Veränderungen um sie herum anders die Regierungschefin, und sie verlangten nach anderen Motivationen des politischen Handelns als denen der Rückschau und der Rückerinnerung. So kam es zum Zusammenprall von Nostalgie und Zukunftssorge, dem Margaret Thatcher schließlich zum Opfer fiel.

Frucht intensiver Studien und Beleg dafür, was solche Bemühungen für das Verständnis der politischen Gegenwart bedeuten, ist das Buch des Labour-Abgeordneten Giles Radice, "The New Germans" (1995). Radice hatte sich in den Jahren seit 1989 auf Reisen der gemeinsamen deutsch-britischen Parlamentarier-Gruppe und während eigener Erkundigungen akribisch Notizen gemacht, diese mit Anekdoten zur Geschichte angereichert und dann zu einer Gesamtschau der "neuen Deutschen" verbunden. Daß die Summe positiv ausfiel, ärgerte manche Deutschland-Skeptiker unter den Rezensenten.

John Major und Helmut Kohl: Freunde, die in der 'Freundschaftsfalle' landen können ...

Aber bemerkenswert blieb, daß hier ein britischer Abgeordneter inmitten der Hektik seines Berufsalltags sich die Zeit genommen und die Mühe gemacht hatte, den Nachbarn von jenseits des Kanals und seine Komplexitäten zu studieren und zu evaluieren. Wann wird der erste Bundestagsabgeordnete sich ähnlich frei machen für ein Studium der heutigen Briten?

Deutsch-britische Gipfel: Die Stunde der Exekutive

Wo die Legislative vorangeht, kann die Exekutive nicht lange zurückbleiben. Und so ist hier zu registrieren, daß am 7. Februar 1976 der damalige Premierminister James Callaghan und sein deutsches Gegenüber, Bundeskanzler Helmut Schmidt, auf einem bilateralen Gipfeltreffen in Chequers vereinbarten, diese

Spitzenbegegnungen künftig regelmäßig und in halbjährigem Turnus abzuhalten, analog zu den damals bereits bestehenden deutsch-französischen Gipfelkonsultationen.

Das betraf nicht nur die Regierungschefs selber, sondern schloß auch die Ebene der Kabinettsressorts mit ein. Auf diese Weise entstand bald ein dichtes Netz ununterbrochener Kommmunkation - und Freundschaften, nicht zu vergessen. Wenn man heute von "engen Beziehungen" spricht, tut man gut daran, auch diesen längst zur Gewohnheit gewordenen Austausch der Entscheidungsträger, auf allen Ebenen, als Beleg heranzuziehen. Wo man sich früher Ansprachen gehalten hätte, trifft man heute Absprachen.

Andererseits kann soviel Bilateralismus gelegentlich auch von "Bilateralitis" wie von einem Hautausschlag befallen werden. Damit meinen wir die negativen Folgen falscher Erwartungen, besonders gut zu beobachten bei jüngsten deutsch-britischen Gipfeltreffen auf der höchsten Ebene. Es läuft immer nach dem gleichen Schema ab: Die Medien liegen auf der Lauer nach frischen Krisennachrichten, die offiziellen Begleiter sprechen dagegen korrekt von der persönlichen Freundschaft zwischen Helmut Kohl und John Major, aber wehe, wenn Letztere einmal keine Wunder bewirkt - dann scheint das Ende der deutsch-britischen Beziehungen gekommen, glaubt man den entsprechenden Kommentaren.

An dieser Entwicklung sind die Beteiligten selber nicht ganz unschuldig. Jede persönliche gute Chemie zwischen politischen "Protagonisten" muß immer wieder vor Übererwartung, die sie selber ganz unfreiwillig erzeugt, bewahrt bleiben, will man sich nicht von Mal zu Mal neue Enttäuschungen einhandeln. Ja, bei genauem Hinsehen ist auch der Austausch auf der höchsten Ebene selber nicht vor Enttäuschungen dieser Art gefeit. Man fällt dann gewissermaßen in seine eigene "Freundschaftsfalle".

So erging es John Major im Mai 1996, als die EU-Gremien in Brüssel das zwei Monate zuvor ausgesprochene komplette Ausfuhrverbot gegen britisches Beef und Beef-Produkte erneut bestätigten. Unwirsch ließ der Premierminister im Unterhaus wissen, er habe sich auf einige (nicht genannte) Partnerregierungen verlassen und deren Wort, sie wollten sich für eine Lockerung dieses Exportstopps einsetzen.

Die Londoner Medien wußten es genauer. "Premier wütend über Kohls Rolle beim Beef-Bann", titelte die "Financial Times" am 23. Mai in großen Lettern auf ihrer Seite eins. Dabei ist gerade dieses Blatt nicht dafür bekannt, der in den Medien so beliebten Krisenaufgeregtheit zu huldigen. In ihrem Bericht hieß es aber, Major fühle sich besonders von Helmut Kohl getäuscht, der ihm angeblich auf dem gerade zurückliegenden Zweiergipfel Ende April in London versprochen hätte, Bonn werde eine Exportverbot-Lockerung, unter bestimmten Auflagen, durchaus unterstützen. Das traf dann im Juni auch ein - aber erst, nachdem die Öffentlichkeit mit enttäuschenden Nachrichten über den deutsch-britischen Bilateralismus gefüttert worden war.

Man muß das objektive Bild von Beziehungen und solche Einbrüche öffentlicher Perzeption auseinanderzuhalten lernen. Sonst würden diese Beziehungen permanent zur Geisel von Krisen werden, wie sie aus der Innenpolitik jeden Landes immer wieder hervorbrechen. Gerade die Europa-Debatte zeigt, wie sehr aktuelle Verstimmungen die Einschätzung der Qualität einer Partnerschaft überschatten können. (Siehe Kapitel VI)

Die deutsch-britische Partnerschaft geht in der Alltagspraxis freilich ihren unbeirrten Gang. Davon profitiert von Mal zu Mal auch das europäische Nachbarfeld. Wenn - um nur ein Beispiel aus jüngster Zeit, vom Sommer 1996, zu nennen - London sich auf Betreiben Bonns jetzt zusammen mit Paris an der neugegründeten "Beschaffungsagentur" (MRAV) beteiligt, die in Zukunft Waffenproduktion und militärische Ausrüstung gemeinsam planen will, so ist auch dies ein Ausfluß jener engen Dauerkonsultationen auf der Spitzenebene, die in Europa inzwischen zum Gemeinplatz geworden sind. Solche Absprachen und Übereinkünfte kommen im übrigen zustande ganz unbeschadet der Tatsache, daß die beteiligten Regierungen in den hohen Fragen der Politik womöglich selber noch uneins sind. So Bonn und London im Fall der Westeuropäischen Union (WEU), welche die deutsche Politik gerne verstärkt an die EU angebunden sähe, was Whitehall bisher ablehnt.

Professioneller Austausch und gegenseitige Durchdringung erreichen heute ganz neuartige Ebenen der Kooperation. Am 2. Juni 1996 beispielsweise eröffneten Großbritannien und Deutschland im isländischen Reykjavik ein neues Botschaftsgebäude zu gemeinsamer Nutzung. Auch so können diplomatische "joint ventures" aussehen. Eine ähnliche Absprache besteht bereits für die kasachische Hauptstadt Alma Ata, wo deutsche, britische und diesmal auch französische Diplomaten sich die Botschaftsräumlichkeiten teilen. Weitere solcher Arrangements werden folgen. Auch ist es inzwischen Usus, daß sich Ministerialbeamte jeweils für mehrere Monate in der entsprechenden Behörde des Partnerlandes aufhalten, eine Maßnahme europäischer "Weiterbildung", deren Erfolg für ihre große Popularität spricht.

Exkurs: Verständigung als Realpolitik

Dem Leitartikel der TIMES vom 15. Dezember 1951, der die Gründung der Anglo-German Association kommentierte, muß jetzt doch widersprochen werden. Natürlich hatte der Verfasser allen Grund, nach zwei Weltkriegskatastrophen innerhalb nur einer Generation zu folgern, "daß persönliche Freundschaften und die internationale Politik wenig miteinander zu tun haben". Er wird sich an Talleyrands berühmtem Wort orientiert haben, wonach Nationen sich nicht von Freundschaften, sondern nur von Interessen leiten lassen. In der Tat, was hatten Briten und Deutsche von der Blutsverwandtschaft ihrer beiden Monarchien, als es darauf angekommen wäre, Bollwerke gegen den Krieg aufzurichten? Was von den vielen Freundschaften unter der gehobenen Gesellschaft beider Länder, von dem hohen Grad an Vertrautheit miteinander, im Laufe der Geschichte entwickelt? Vergebens - das Interesse rief nach Auseinandersetzung.

Würde man dem Leitartikler der TIMES auch für die Zukunft recht geben, dann wären freilich moderne Gesellschaften dazu verdammt, die alten Fehler in jeder Generation neu zu begehen und sich blind einem Begriff von Politik zu verschreiben, der auf den Stand der Beziehungen innerhalb der "Family of Man", innerhalb der europäischen Familie etwa, keine Rücksicht zu nehmen brauchte.

Dann würde weiter ein "nationales Interesse" obwalten, das grundsätzlich in Kauf nimmt, für seine Zwecke auch die eigene Bevölkerung aufs Spiel zu setzen, von der gegnerischen ganz zu schweigen.

Eben dies für alle Zeiten auszuschließen, waren die Europäer nach dem Zweiten Weltkrieg angetreten. Die Vernichtung auf dem alten Kontinent hatte ein Ausmaß erreicht, welches fürchten ließ, Europa werde eine nochmalige Wiederholung von Konfrontation und Krieg nicht mehr überstehen. Das stellte die Politik vor die Aufgabe, die Wahrscheinlichkeit der Wiederholung solcher Katastrophen ein für allemal auszuschließen. Zentral bei diesem Versuch wurde der Aufbau neuartiger Allianzen (darunter die vertragsmäßige Einbindung der USA in die Geschicke des alten Kontinents), zentral überhaupt jede Form von Bündnismanagement. Unschätzbar sollten sich auch die vielen amtlichen und nichtamtlichen Foren der Verständigung erweisen, die etwa das anglo-deutsche Verhältnis vielfältig verankern halfen.

Das Prinzip dahinter entsprang keiner blauäugigen "Seid-umschlungen-Millionen"- Philanthropie. Etwas viel Konkreteres liegt vor, eine Umkehr des traditionellen europäischen Weges. Kooperation und friedliche Konkurrenz waren der alten Welt zwar nicht unvertraut, mit der Frage gerechter Friedensschlüsse hatte schon die griechische Philosophie, Aristoteles etwa, gerungen. Aber noch nie war es gelungen, das jeweilige nationale Interesse davon abzuhalten, von Zeit zu Zeit in der Aufkündigung von Zusammenarbeit und friedlichem Wettstreit sein Heil zu suchen. Es war wie das fehlende Glied einer Argumentationskette: Die Erkenntnis, daß Frieden für nationale Ambitionen die eigentliche Vorteilnahme darstellt.

Nicht *Abschied von Realpolitik* stand also nach 1945 auf dem Programm. Vielmehr ging es geradezu um *neue Inhalte von Realpolitik*, neue Identifikationen, neue Definitionen. Talleyrands Diktum wirkt wie "entschärft", wenn zwischen "Freundschaft" und "Interesse" kein Gegensatz mehr besteht, wenn Nationen den Frieden als die wichtigste Opportunität begreifen. *Das* ist die eigentliche

Tendenzwende in der europäischen Geschichte nach 1945. Sie markiert "ein Ende der gesellschaftlichen Auseinanderentwicklung und den Beginn einer wechselseitigen gesellschaftlichen Verständlichkeit", wie Hartmut Kaelble im Blick auf die deutsch-französische Annäherung geschrieben hat.

Die Politiker, die damals die Geschicke Europas in die Hand nahmen, wurden zu Verkörperungen dieser neuen Qualität der Geschichte. Stellvertretend für viele mag hier Jean Monnet (1888-1979) stehen, von 1952 bis 1955 der erste Präsident der neugeschaffenen "Europäischen Gemeinschaft für Kohle und Stahl", dem Vorläufer unserer heutigen Europäischen Union. Ihn nennt sein Freund und langjähriger Wegbegleiter François Duchêne in seiner gerade erschienenen Biographie "den ersten Staatsmann der Interdependenz" - eine Wortschöpfung, die am besten zusammenfaßt, was dieser kurze Exkurs hier hat ansprechen wollen.

Städtepartnerschaften

In all dem hatten die Gesellschaften selber ein gewichtiges Wort mitzureden: Der *citoyen* begann, sich um die politische Kultur zu kümmern. So wurden Kontakte über die Grenzen hinweg nach dem Kriege Teil jener "Verständlichkeit", welche in Europa zu mehr Sicherheit führen sollte - auch voreinander.

We, the people:
Städtepartnerschaft
zwischen Chemnitz
und Manchester

Erneut spielten Briten und Deutsche den Vorreiter, auf einem Gebiet, das sich zur populärsten Form der Kontaktpflege im neuen Europa herausschälen sollte: Städtepartnerschaften. Sie gibt es inzwischen unter allen westeuropäischen Ländern, auf der Ebene von Gemeinden, Kreisen und größeren Gebietseinheiten wie Bundesländern. Aber Deutsche und Briten waren die ersten. Schon 1947 verbanden sich Oxford mit Bonn, Düsseldorf mit Reading, Hannover mit Bristol.

Wie zwei Bergwerkstädtchen zueinander fanden

Typisch für das Entstehen von Städtepartnerschaften zwischen ehemals kriegsverfeindeten Briten und Deutschen ist die folgende Geschichte:

*In einem Lager für deutsche Kriegsgefangene lernt **1944** ein gewisser Leslie Suggit einen gewissen Ernst Schwarzenberger kennen. Kennenlernen? Suggit hat die Aufgabe, Schwarzenberger & Co. zu bewachen. Aber beide finden sich eigentlich ganz sympathisch und so beschließen sie, über das Kriegsende hinaus in Briefkontakt zu bleiben. **1961** erzählt Mr. Suggit - er ist inzwischen Bürgermeister des Städtchens **Swinton & Pendlebury** geworden, im kohlereichen **Lancashire** - auf einem Treffen englischer Grubenarbeiter von seiner Freundschaft mit einem ehemaligen deutschen Kriegsgefangenen. Ernst Schwarzenberger lebt seinerseits in einer Kohle-Gemeinde, dem westfälischen **Lünen** nahe dem Ruhrgebiet. Die englischen Bergarbeiter bitten Suggit, ihren Kollegen in Lünen über Herrn Schwarzenberger Grüße auszurichten.*

*Jetzt geht es los: Erste Briefkontakte entstehen, aus denen sich eine regelmäßige Korrespondenz entwickelt, was zu einem dreitägigen Besuch einer ersten englischen Delegation in Lünen führt, **1963**, mit Mr. Leslie Suggit als Leiter, was - die Lawine der Freundschaft ist nicht aufzuhalten - die Lüner, geleitet von Oberbürgermeister Heinrich Czerwinski, **1964** mit einem Besuch in Swinton & Pendlebury erwidern - bis **1966** im Rathaus des Lancashire-Städtchens die Partnerschaft mit Lünen feierlich beurkundet wird.*

Diplomatie ganz ohne Anleitung, Freundschaft als Do-it-yourself, Krieg und Stacheldraht nur noch eine Erinnerung.

blickpunkt 47

Das Beispiel Hannover/Bristol ist aufschlußreich für die Anfänge dieser Freundschaftsbewegung (wie man einer von der Deutschen Botschaft in London 1974 herausgegebenen Dokumentation - "Twinning - Partnerschaften" - entnehmen kann.) Im Hungerjahr 1947 waren Pakete mit Essen und Kleidern die Gabe, die eine britische Stadt ihrem deutschen "Geschwister" anzubieten hatte; als "Gegenleistung" kam ein Jugendchor aus Hannover nach Bristol, um in Schulen und Liederhallen die Dankbarkeit der Hannoveraner herauszusingen. War man mit England nicht einmal in Personalunion vereint gewesen? Diesmal zielte sie tiefer: Auf Freundschaft zwischen Menschen. Den Austausch anno 1947 nannten sie "Musik gegen Altkleider"... Honi soit qui mal y pense.

Gut 400 kommunale Partnerschaften mit Großbritannien sind seitdem entstanden. Sie bedeuten mehr als die Summe ihrer Einzelprogramme im Laufe der Jahre, sie bilden geradezu den Humus von internationalen Beziehungen - was die zahlreichen Gipfelkonferenzen der Staatsmänner oft vergessen lassen.

Austausch mit Hilfe von Städtepartnerschaften schließt heute einfach alles ein: Die Delegation der Mitglieder des Stadtrats wie die örtlichen Kegelclubs oder Sportvereine. Wie üblich in solchen Fällen, gibt es mehr Wünsche (vor allem nach sportlichen Wettkämpfen) als Mittel, sie zu finanzieren. Auch in diesem Kontext stehen Schulpartnerschaften im Zentrum des Planens auf beiden Seiten des Kanals. Über 800 solcher Partnerschaften gibt es bereits, die jährlich über 10 000 britischen und etwa 20 000 deutschen Schülern einen Aufenthalt im Partnerland ermöglichen (siehe auch Kapitel II, 7).

Wichtig für das "Europa der Regionen" ist schließlich auch der Zusammenschluß der Partner auf ihrer jeweils höchsten Ebene, der der Länder und der vergleichbaren Gebietseinheiten in Großbritannien. Bayern und Schottland etwa haben sich zusammengetan, auch Baden-Württemberg und Wales. Darin eingebettet, pflegen die jeweiligen Hauptstädte besonders enge Beziehungen - Stuttgart mit Cardiff, Edinburgh mit München. Wenn der Stuttgarter Bosch-Konzern in Südwales eine besonders aktive

Investitionspolitik betreibt (wie in Kapitel III, 1 erläutert), dann spiegelt sich darin auch diese enge regionale Partnerschaft. In Wales und Schottland begreift man inzwischen solche Brücken als eigene Wege nach Europa, die über die Abhängigkeit von der heimischen politischen Zentrale hinausweisen.

Nach dem Fall der Mauer konnten die ostdeutschen Kommunen endlich dem Muster Westdeutschlands folgen und ihrerseits Partnerschaft mit britischen Pendants knüpfen. Das war zuvor nur Weimar und Dresden vergönnt gewesen, die mit Stratford beziehungsweise Coventry verschwistert waren. Jetzt entstanden solche Partnerschaften wie Halle/Nottingham, Leipzig/Birmingham, Chemnitz/Manchester, Magdeburg/Bath, Potsdam/Oxford oder auch Erfurt/Leeds.

Von ganz besonderer Signifikanz war schon immer die Verbindung zwischen den Städten Dresden und Coventry. Keine zwei Namen stehen deutlicher für das Unheil des letzten Weltkrieges als die Namen dieser beiden Metropolen, Opfer eines Luftangriffskrieges die eine, zur Vergeltung ausersehen die andere. In keinen zwei Namen auch tritt die Tragik der deutsch-britischen Feindschaft dieses Jahrhunderts stärker hervor. Das brachte auf den Gedenkfeiern zum 50. Jahrestag der Bombardierung von Dresden der Herzog von Kent, als Abgesandter der Königin, deutlich zur Sprache. Der Herzog überreichte bei diesem Besuch auch die gerahmte Zeichnung des Kreuzes, das die britische Regierung stiften wird zum Wiederaufbau der Frauenkirche, als Krönung ihrer Kuppel. Das ist mehr als ein Symbol: Es ist ein Bekenntnis zu Freundschaft und Versöhnung - die Antwort auf Krieg und Tod.

blickpunkt 48

Von Trautmann zu Klinsmann: Die anglo-deutschen Beziehungen auf dem sportlichen Prüfstand

Viele menschliche Episoden säumen das Wiedererstarken der freundschaftlichen Bande zwischen Deutschen und Briten. Kommt dann noch der Sport hinzu, mit seiner hohen Dosis an Emotionen, dann ist die Chance groß, die Beziehungen auf eine neue Ebene der Qualität zu heben - oder sie abstürzen zu lassen. Doch keine Ausschreitungen der **"Fußball-Hooligans"** in den letzten Jahren haben überschatten können, was der Sport an Denkwürdigkeiten zwischen den beiden Partnern in den letzten Jahrzehnten aufgehäuft hat.

Deutscher Star bei Manchester City, 1956: Bert Trautmann, hechtend

Am Anfang soll **Bert Trautmann** stehen, jener legendäre deutschstämmige Torhüter von **Manchester City**, der **1956** mit seinem Team britischer Pokalmeister wurde. Aber nicht, daß er ihn gewann, machte Trautmann in jenem Jahr zu einer legendären Figur, sondern wie - nämlich mit einem angebrochenem Halswirbel während der letzten 15 Minuten des Spiels, das Trautmann partout nicht verlassen wollte. Die Sportjournalisten machten den Tormann daraufhin zum Helden und kürten den früheren deutschen Fallschirmspringer und Kriegsgefangenen zum **"Sportler des Jahres"**.

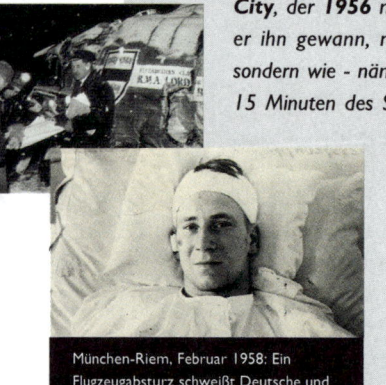

München-Riem, Februar 1958: Ein Flugzeugabsturz schweißt Deutsche und Briten zusammen

Zwei Jahre später erschütterte ein tragisches Ereignis die Zeitgenossen. **Manchester United** hatte im **Februar 1958** ein Europacup-Spiel in München absolviert, aber auf dem Rückflug von München-Riem war die Maschine mit der englischen Mannschaft an Bord gleich nach dem Start abgestürzt. Es gab Tote und viele Schwerstverwundete, von denen einige im "Krankenhaus rechts der Isar" notoperiert - und gerettet werden konnten. Für diesen Einsatz zeichnete Königin Elizabeth im Mai 1958 den behandelnden Arzt, **Professor Maurer**, mit dem Kommandeurkreuz des Britischen Empire aus. **Hans von Herwarth**, der damalige deutsche Botschafter in London, berichtet in seinen Memoiren ("Von Adenauer zu Brandt", 1990), wie er nach dieser Ehrung mit dem Ehepaar Maurer nach Manchester fuhr, um einem Spiel von Manchester United beizuwohnen. "Als Maurer seine Loge betrat", erzählt der Diplomat, "erhoben sich unter den Klängen der deutschen Nationalhymne sämtliche Zuschauer, um ihn zu ehren."

Das Jahr **1966** werden dafür die deutschen Fußballfreunde auf immer in zwiespältiger Erinnerung behalten. **War das dritte Tor drin oder nicht?** Nein , natürlich nicht, protestierten die deutschen Fans damals und seitdem unablässig. Das dritte Tor: Es ging immerhin um das Endspiel der **Fußball-Weltmeisterschaft** im Londoner Wembley Stadion am 18. August, nach regulärer Spielzeit stand es zwischen England und der Mannschaft der Bundesrepublik 2:2, und da kam dieser Geoff Hurst in der ersten Hälfte der Verlängerung und knallte seinen berühmten Schuß unter die Querlatte: Der Ball sprang **auf** die Torlinie (wie die Deutschen reklamierten) - **hinter** dieselbe, wie es der Linienrichter sah. Also: Tor! Es folgte dann später noch ein viertes, zum Endstand von 4:2, aber da waren die deutschen Fans schon nicht mehr erreichbar vor Gram über das dritte, und das zuckt ihnen schmerzhaft noch heute in den Gliedern. Zumal eine auf der Insel nachgestellte Computer-Simulation der umstrittenen Szene inzwischen festgestellt hat, daß der Ball tatsächlich nicht im Tor war...

1966: Tor oder Nicht-Tor, das ist hier die Frage. Darum zanken sie noch heute

Ein wenig geglättet wurde die deutsche Seele dann, als Mitte/Ende der 80er Jahre **Boris Becker und Steffi Graf** Wimbledon-Geschichte schrieben und den deutschen Tennis über Nacht england- und weltberühmt machten. Das hatte es seit den Vorkriegstagen des deutschen Tennis-Gentleman **Gottfried von Cramm** nicht mehr gegeben. Boris Becker gewann **1985** als der jüngste Wimbledon-Champion aller Zeiten (er war noch keine 18 Jahre alt), Steffi folgte ihm als Siegerin 1988. Aber das war nur der Karriereanfang zweier deutscher Sportler, die auf englischem Rasen Ruhm fanden.

Mit 17 Jahren in Wimbledon Weltruhm gefunden: Boris Becker

Ein England-Export namens **Kevin Keegan** erfreute in den **80er Jahren** die Herzen der Hamburger Zuschauer, weil "Mighty Mouse" Keegan so mächtig für den **Hamburger Sportverein** zu stürmen wußte. Das war aber nichts gegen **Jürgen Klinsmann**, der **1994** mit seinen sehenswerten Toren nicht nur die Fans von **Tottenham Hotspurs** verzückte, sondern auch die Sportjournalisten der Insel, die ihn - als zweiten Deutschen nach Bert Trautmann - zum Sportler des Jahres erhoben. Schade, daß Klinsmann, der auch zu lachen verstand (was viele Briten den

Deutschen nicht zutrauen), London nach nur einem Jahr für die reichen Pfründe bei Bayern München verließ. Man hätte ihn gerne noch etwas länger als deutschen Diplomaten auf englischem Turf kicken gesehen...

Für einen kurzen Moment ging dieser Traum im Juni 1996, während der **Fußballeuropameisterschaft in England,** auch tatsächlich in Erfüllung. Aber Klinsmann stürmte diesmal im Ensemble der deutschen Nationalelf, und auf dem Weg zum Finale - wie das Schicksal so spielt - kam es zur Wiederauflage eines Klassikers: Einer erneuten Begegnung zwischen dem englischen und dem deutschen Team, und wiederum auf dem heiligen Wembley-Rasen. Diesmal zeigten sich die Deutschen nervenstärker - im Elfmeterschießen behielten sie die Oberhand über England und wohl auch über ihre Erinnerungen an das Endspiel vor 30 Jahren, an gleicher Stelle. Damit katapultierten sie sich ins Finale von "Euro '96", um auch das schließlich für sich zu entscheiden.

Siegerlächen: Jürgen Klinsmann wird 1996 mit der deutschen Mannschaft Fußball-Europameister

Manchmal braucht es drei Jahrzehnte, um eine Geschichte hinter sich zu bringen. Der **"Daily Mirror"** dagegen, der am Montag der Woche der Semifinalpaarung England/Deutschland sich mit der Titelblattaufforderung an die Gastmannschaft "Achtung! Surrender!" einen allgemein wenig goutierten Scherz erlaubt hatte - der "Mirror" bekam schon zwei Tage später Gelegenheit, "seine Worte zu essen", wie es das englische Sprichwort sagt.

Erlebte Fairness:
Der Deutsche Fußballbund dankt dem Gastgeberland, 1996

Denn das Gedächtnis kommt noch lange nicht frei von so viel Verirrung und Verblendung wie im Deutschland der Nazizeit. Des Grübelns ist kein Ende, warum es solcher Irrwege bedurfte, bis Deutsche und Briten, stellvertretend für alle Europäer, dorthin kommen konnten, wo sie heute stehen. Auch der britische Thronfolger Prinz Charles ging solchen Gedanken nach, als er am 3. Mai 1995 in Hamburg, bei den Feiern zum 50. Jahrestag der Befreiung der Stadt durch britische Truppen (siehe auch Kapitel IV, 2 - "Blickpunkt" 40), zu seinen Zuhörern sprach. Aber er ließ keinen Zweifel an dem, was in seinen Augen der Weg seit 1945 bedeutet hat:

"Die Tragik unserer Geschichte liegt darin, daß Großbritannien und

Deutschland sich in unserem Jahrhundert so weit voneinander entfernen konnten, daß wir Krieg gegeneinander führten. Das wird es nie wieder geben. (...) Seit 1945 haben wir eine lange Wegstrecke zurückgelegt, und wir sind weiter gekommen, weil wir den Weg gemeinsam gegangen sind."

Diesen Gedanken griff die Königin drei Tage später auf dem Gedenkbankett in der Londoner Guildhall auf, wobei sie ihn in seine gesamteuropäische Dimension erweiterte:

"Heute sind wir dabei, wieder eine europäische Familie von Nationen zu werden. Das muß vor allem anderen dem Zweck dienen, echten und dauerhaften Frieden in Europa zu sichern."

Einträchtig zum 50. Jahrestag des Kriegsendes: Königin Elizabeth, Prinz Philip und Kohl (mit Dolmetscherin, Dorothee Kaltenbach)

Die Neugeburt Europas und die atlantische Gemeinschaft

Großbritannien hilft bei den ersten Schritten der Integration Westdeutschlands in die westliche Allianz - Bonn beim Weg Großbritanniens in die EG

Europa war nach zwei Weltkriegen so gut wie ausgeblutet an Kraft und Ressourcen. Die Anspannungen des Kampfes gegen Hitler-Deutschland hatten nicht mehr viel Reserven für den Neuaufbau nach dem Krieg übriggelassen. So fiel die Rolle einer europäischen Ordnungsmacht an die USA, die sich aufgerufen fühlte, wirtschaftlich und sicherheitspolitisch einzugreifen, um das geschwächte westliche Europa gegen die neue Bedrohung aus Moskau zu stabilisieren und zu stärken. Die Europäer hatten sich in zwei mörderischen Bruderkriegen erschöpft, das amerikanische Zeitalter war angebrochen.

Davon wurde auch die deutsch-britische Bilateralität betroffen. Deutlich rückte Amerika nun für das besiegte Land zum Hauptansprechpartner auf, während Großbritannien, sich als „junior partner" der USA fühlend, so etwas wie den Steigbügelhalter abgab für die Integration Deutschlands in die westliche Staatengemeinschaft. Das war für die Entwicklung in Europa von nicht zu unterschätzender Bedeutung, gehörte nun aber in den Rahmen des neuen weltpolitischen Ost-West-Konflikts, des Kalten Krieges.

Als später die Europäische Gemeinschaft dem neuen Europa zusätzlich Form und Ziel gab, drehte sich die Rolle zwischen London und Bonn zeitweilig um: Jetzt sah sich die Bundesrepublik als Steigbügelhalter, als Wegbereiter einer engen Anbindung der Insel an den Kontinent. Heute wiederum, eine Generation weiter, wird in London dieser deutsche "Service" nicht mehr einhellig geschätzt, da die Frage der künftigen institutionellen Vertiefung Europas an der Themse anders beantwortet wird als am Rhein beziehungsweise an der Spree.

Das führt zu Verärgerungen, die manchmal vergessen lassen, welchen Fortschritt Europa seit 1945 gemacht hat und wie tief Briten und Deutsche durch die gemeinsame Erfahrung dieses Weges geprägt wurden, wie wichtig sie füreinander während dieser Zeit geworden sind. Von dem Hineinwachsen in diese Gemeinsamkeit, zu der es nach den Verwüstungen der zwei Weltkriege keine Alternative mehr gab, und von der Politik, die diese Gemeinsamkeit in Europa und in der Welt verankern half, soll dieses Kapitel handeln.

1. *Die USA nehmen London eine Last ab*

Großbritannien war aus dem Zweiten Weltkrieg als hochverschuldetes Land hervorgegangen - siegreich, aber bis zum äußersten wirtschaftlich strapaziert und politisch überdehnt. Der Welt wichtigster Kreditgeber war zum größten Schuldner geworden, und die Großmachtstellung sah aus wie ein Kapitel der Vergangenheit. Pfundabwertungen, Kapitalverluste und allein 14 Milliarden Dollar, mit denen man bei den USA in der Kreide stand, sprachen eine deutliche Sprache.

Als große Bürde kam die Verantwortlichkeit für die Besatzungszone in Deutschland hinzu. Die Kosten waren beunruhigend, sie beliefen sich zum Beispiel in dem Zeitraum 1946 bis 1948 auf 238 Millionen Pfund. 60 Millionen Pfund einer amerikanischen Anleihe, die eigentlich für die Versorgung der eigenen Bevölkerung gedacht waren, wurden für Lebensmittel zur Ernährung der hungerleidenden Deutschen in der Besatzungszone ausgegeben. Zusätzlich zweigte man aus eigenen Nahrungsvorräten allein im November und Dezember 1945 112000. Tonnen amerikanischen Weizen und 50000. Tonnen Kartoffeln für die deutsche Bevölkerung ab (Angelika Volle).

"Dies ist der närrischste Vorgang der Geschichte!" rief 1947 während einer Unterhausdebatte der Abgeordnete Crookshank gereizt aus. *"Erst besiegen wir dieses Land, und dann rufen wir unsere eigenen Steuerzahler auf, 80 bis 100 Millionen Pfund im Jahr aufzubringen, um die Besiegten wieder auf die Beine zu bringen!"* Die Frustration von Mr. Crookshank mag auch als Schelte gegen die eigenen Abgeordneten-Kollegen gerichtet gewesen sein, denn Hans-Peter Schwarz, der von dieser Episode in seinem Buch *"Vom Reich zur Bundesrepublik"* (1966) berichtet, erinnert daran, *"daß in keinem Parlament irgendeiner der Siegermächte das Schicksal der deutschen Bevölkerung so häufig und mit so viel Noblesse und Mitgefühl zur Sprache gebracht wurde wie im britischen"*.

Die Lage in Europa war verworren in ihren Widersprüchen und Unübersichtlichkeiten. Einerseits dachte die Attlee-Regierung zunächst daran, die Kriegsfreundschaft mit Stalin fortzusetzen: "Wir müssen auf alle Fälle vermeiden, nach Lösungen zu suchen, bei denen Deutschland stark würde oder sich Blöcke gegen Rußland bildeten...", meinte der Premierminister im August 1945 zu einem Vertrauten. So unterstützte London anfänglich auch die Demontagemaßnahmen, auf die sich die Kriegsalliierten geeinigt hatten.

Andererseits wurde rasch deutlich, daß die Kosten eines wirtschaftlich für längere Zeit geschwächten Deutschlands auch London selber nur weiter schwächen würden. Es lag also nur im britischen Interesse, dabei zu helfen, daß die deutsche Wirtschaft bald auf eigene Füße kam. Ernest Bevin, Attlees Außenminister, trat am frühsten und entschieden für einen wirtschaftlichen Wiederaufbau Deutschlands ein. Die sich abzeichnende Abgrenzungspolitik Stalins tat dann ein übriges, das allgemeine Nachdenken auf britischer Seite zu beschleunigen.

Als London am 18. Juli 1946 den Nordteil der preußischen Rheinprovinz mit der Provinz Westfalen zum Bundesland "Nordrhein-Westfalen" vereinigte, hatte erhöhte Sorge vor Moskauer Absichten bereits die Hand geführt. Das neue Land sollte dem Zugriff sowjetischer Wünsche nach weiterer Demontage entzogen und als industrielles Schlüsselzentrum gesichert werden. Schließlich wurde mit der Stuttgarter Rede des US-Außenministers James E. Byrnes am 6. September 1946 klar, daß auch die Amerikaner sich offiziell auf eine Politik der wirtschaftlichen Erholung Deutschlands festgelegt hatten. Jeder Gedanke an "Deutschland, eine Wiese..." (der berüchtigte "Morgenthau-Plan") war damit vom Tisch.

Vor solchen Vorstellungen hatte ein Jahr zuvor übrigens auch George Orwell in seinen Deutschland-Reportagen für den "Observer" gewarnt. "Es wäre keine gute Idee", schrieb der Autor mit klassischem Understatement am 8. April 1945, "Deutschland in eine Art ländlichen Slum zu verwandeln" - ein Echo auf John Maynard Keynes (1883-1946) und seinen berühmten Aufsatz "The Economic Consequences of the Peace", mit dem der Wirtschaftswissenschaftler aus Cambridge schon nach dem Ersten Weltkrieg seine Zeitgenossen aufgerüttelt und davor gewarnt hatte, sich ökonomischen Rachegelüsten gegenüber Deutschland hinzugeben (siehe auch S. 121).

Keynes' Text von 1919 las sich auch nach 1945 nicht weniger prophetisch. Im Gegenteil:

"(Diese Millionen von Deutschen), beraubt der Mittel zum Überleben, werden kaum zu einer geringeren Gefahr für die Ordnung in Europa. (...) Um Deutschland herum als dem zentralen Angelpunkt lagerten die übrigen Teile der europäischen Wirtschaftsordnung, und auf dem Unternehmertum und der Prosperität Deutschlands beruhte in der Hauptsache die des übrigen Kontinents. (...) England allein hat mehr nach Deutschland exportiert als in irgendein anderes Land, mit Ausnahme Indiens, und mehr importiert von ihm als von irgend einem anderen Land, ausgenommen die USA. (...)

Wenn der europäische Bürgerkrieg damit enden sollte, daß (die westlichen Mächte) jetzt ihren momentanen Sieg ausnutzen, um das darniederliegende Deutschland (...) zu zerstören, dann laden sie sich ihre eigene Zerstörung auf..."

Auch Wiederaufbauhilfe der USA für das kriegsausgeblutete Europa hatte Keynes in diesem Essay bereits *expressis verbis* eingefordert - aber erst nach 1945 wurde diese Erwartung eingelöst mit dem im Juni 1947 verkündeten amerikanischen "European Recovery Programme" (ERP), dem Marshall-Plan. Ohne Washington ging nach 1945 in der Tat nichts mehr, und die *special relationship*, auf die sich Großbritannien schon im Krieg so dringlich berufen hatte, wurde in der Not danach fast zu einer Art "erster Hilfe".

Das traf gerade auf die Verantwortlichkeiten im besetzten Deutschland zu. Im Januar 1947 vereinigten sich die britische und die amerikanische Besatzungszone zur sogenanten "Bizone", wodurch die Kostenlast für London, wenn auch nicht beseitigt, so doch spürbar gemildert wurde. Im Gegenzug mußte sich Attlee von den Verstaatlichungsplänen trennen, die er 1948 für die britische Zone ins Auge gefaßt hatte.

Es war sein - und vor allem Westdeutschlands - Glück.

2. Die westliche Integration gewinnt Gestalt. Churchills Rolle. Die Berlin-Blockade und ihre Folgen

Eine wichtige Rolle bei dieser Wende der Dinge spielte der in der Unterhauswahl 1945 unterlegene Winston Churchill. In die Opposition geschickt, verstand es der große Kriegspremier, seinen Einfluß mit Vorträgen und Büchern weiterhin geltend zu machen. Zwei seiner Reden aus dem Jahre 1946 sollten weltweit größte Beachtung finden, mit Folgen für die weitere politische Entwicklung: Der Vortrag am 5. März auf dem Universitätscampus von Fulton, Missouri, sowie später die Rede in Zürich am 19. September 1946 (siehe Kap. V, 4).

Ein "Eiserner Vorhang" sei entlang der russischen Front in Europa niedergegangen, sagte Churchill in Fulton, und "was dahinter vorgeht, wissen wir nicht". Es sei aber kaum zu bezweifeln, "daß der gesamte Raum östlich der Linie Lübeck-Triest-Korfu schon binnen kurzem völlig (in der Hand der Sowjets) sein wird". Als Antwort kam für den Redner nur dies in Frage: Europa müsse im Westen konsolidiert werden.

Die Rede blieb gerade in Großbritannien nicht ohne Wirkung. Attlee gab danach seine Bemühungen um eine einheitliche Deutschlandpolitik der Kriegsalliierten endgültig auf und schwenkte von einer prosowjetischen Kooperationspolitik zu einer mehr konfrontationsbereiten Haltung gegenüber dem Kreml um. "Die Briten akzeptierten damit als erste", so schreibt Günther Heydemannn, "eine mögliche Teilung Deutschlands." Sicherheitspolitische wie wirtschaftlich-finanzielle Gründe waren gleichermaßen ausschlaggebend für diesen realpolitischen Umschwung.

Churchill war mit seinen Denkanstößen, anders als noch in den 30er Jahren, diesmal kein Außenseiter. Er spiegelte vielmehr den britischen außen- und sicherheitspolitischen Konsens jener Jahre wider. Die Labour-Regierung unter Clement Attlee bewies es: In rascher Folge befürwortete sie die wichtigsten Schritte zur Integration Westeuropas, darunter den "Brüsseler Vertrag" vom 17. 3. 1948, die sogenante "Westunion" zwischen Großbritannien, Frankreich und den Benelux-Staaten (Vorläufer der ein Jahr später gegründeten Nato), und die Gründung der "Organisation für europäische wirtschaftliche Zusammenarbeit" (OEEC) am 16. April 1948, der Dachorganisation für die Marshall-Plan-Hilfe (aus der später die OECD hervorging). Auf der Londoner "Sechs-Mächte-Konferenz" im Frühjahr 1948 wurde darüber hinaus beschlossen, sich auch durch ein sowjetisches Veto nicht daran hindern zu lassen, in Westdeutschland einen eigenen Staat auf freiheitlich-föderaler Basis zu errichten.

Allen diesen Schritten lag immer auch ein Zusatzgedanke zugrunde – die USA nach Europa "zu locken", wie Außenminister Bevin hoffte, und zwar nicht nur als Finanzier, wie im Marshall-Plan. *Militärisch* wollte man die USA in Europa engagiert sehen, mit anfänglich zwei Aufgaben: Als Westeuropa befriedigende Macht (Eindämmung Deutschlands) und als Garant der Sicherheit gegenüber Stalins Aggression (Eindämmung der Sowjetunion). In dem Maße freilich, in dem die sowjetische Bedrohung wuchs, wurde Westdeutschland als Freund und Bündnispartner immer wichtiger und konnte dadurch bald seine Rolle als Aschenputtel der Weltpolitik abstreifen.

Was es mit dieser neuen Bedrohung für eine Bewandtnis hatte, wurde am 24. Juni 1948 überdeutlich, als die Russen über Nacht die Zufahrtswege zur den drei Westsektoren Berlins sperrten – die Berliner

Blockade hatte begonnen. Schon zwei Tage später richteten die Westalliierten eine Luftbrücke nach Berlin ein und stellten so sicher, daß die Menschen weiter essen und sich kleiden konnten sowie die Berliner Wirtschaft weiter produzieren. 2,3 Millionen Tonnen Güter wurden zwischen Juni 1948 und Mai 1949, dem Ende der Blockade, in die eingeschlossene Stadt transportiert, auf 277 000 Flügen. Es war auch eine britische Luftbrücke, die 29 britische Helfer das Leben kostete, von insgesamt 70 Todesopfern, die auf alliierter Seite bei Unglücken wie Abstürzen etc. zu beklagen waren.

Wie kein anderes Ereignis der Nachkriegszeit veränderte die Berlin-Blockade die Beziehungen zwischen den Deutschen und den Besatzern. Mit großer Hochachtung sprach man in den westlichen Kapitalen von der Entschlossenheit der Berliner Bevölkerung, sich dem sowjetischen Versuch, sie einzuschüchtern, nicht zu beugen. Auch in Großbritannien schlug die Stimmung, die bis dahin noch sehr kritisch gegenüber Deutschland gewesen war, um. Bevin gab zu verstehen, man könne diese zu allem entschlossenen Berliner nicht im Stich lassen, ohne die Glaubwürdigkeit der demokratischen Neuordnung Deutschlands, in die man so viel investiert hatte, aufs Spiel zu setzen.

Luftbrücke Berlin: wie aus alliierten Besatzern Lebensretter und Freunde wurden

Dieser Gedankengang Bevins war zentral. So ist es nicht übertrieben zu sagen, daß die Beharrlichkeit der Berliner Bevölkerung während der Blockade nicht nur die Westmächte zu deren eigenem historischen Bravourstück, der Luftbrücke, und damit zur Rettung des Westteils der Stadt ermutigt hat. Gerettet, im Sinne von bestätigt, wurde damals langfristig noch etwas anderes, Wichtiges: Das Gefühl der Sieger, daß sich der Wiederaufbau der deutschen Demokratie ausgezahlt habe, da die Deutschen sich in der Tat auf bestem Wege befanden, Mitglied der Gemeinschaft der freien Völker zu werden.

Dieser "Glaubwürdigkeitstest" wirkte auch umgekehrt: Die Besatzungsmächte hatten sich als Schutzmächte und Freunde erwiesen.

3. Anthony Eden entwirft den rettenden Plan: Deutschland in die Nato

Nach der Berlin-Blockade rückte für die Westalliierten endgültig die Sicherheitspolitik ins Zentrum der Überlegungen. Und damit die Erkenntnis: Auch die Deutschen würden einen Sicherheitsbeitrag leisten müssen. Churchill sprach sogar von der "Notwendigkeit" einer deutschen Wiederbewaffnung. Ernest Bevin widersprach - mit Argumenten, wie sie vierzig Jahre später während des Golfkrieges gerade in Deutschland wieder en vogue wurden, unter dem Begriff der "Scheckheft"-Diplomatie: Bitte keine deutschen Truppenkontingente, dafür eine wirtschaftliche Beteiligung der Bundesrepublik an den westlichen Verteidigungslasten, die deutsche Wirtschaft hätte sonst einen zu großen Wettbewerbsvorteil.

Den Knoten löste dann ein neues, plötzlich heiß gewordenes Kapitel des Kalten Krieges: der Korea-Krieg (1950). Dieser wurde ein Kataylsator für vieles: Die Amerikaner traten ernsthaft in die Planung zur Stationierung von eigenen Truppen in Westeuropa ein und erhöhten gleichzeitig den Druck auf die Attlee-Regierung, der deutschen Wiederbewaffnung zuzustimmen - andernfalls man keine weitere Hilfe mehr für britische Rüstungsprogramme gewähren werde. Das waren deutliche Botschaften an eine Regierung, deren Verteidigungsausgaben 1950 prozentual sogar noch die der USA überstiegen... Noch war das Empire östlich von Suez nicht "abgewickelt".

Das Hin und Her um die deutsche Wiederbewaffnung entzündete sich auch an der Frage, *wohin* mit dem "kleinen Zinnsoldaten", den ein deutscher Schlager jener Jahre besang. In welche Organisation? Die USA sagten: In die Nato. Attlee hielt dagegen: In eine europäische Armee. Die Franzosen neigten dem britischen Gedanken zu, aber ohne rechte Begeisterung. So kam es, über den Pleven-Plan von 1950, zur Idee einer "Europäischen Verteidigungsgemeinschaft" (EVG) und am 27. Mai 1952 in Paris zur entsprechenden Vertragsunterzeichnung.

Ein großer Schritt für die junge deutsche Nachkriegsdemokratie. Frank Roberts, Leiter der Deutschland-Abteilung des Foreign Office (er wurde später britischer Botschafter in Bonn), gab ein damals weithin empfundenes Gefühl zum Ausdruck, als er ein Jahr später von Deutschland sagte, es sei "wiederbewaffnet, aber auch wiedergenesen als Mitglied der westlichen Familie".

Doch alle hatten sie die Rechnung ohne den französischen Wirt gemacht... Der brachte die EVG am 30. August 1954 zu Fall, indem die Nationalversammlung in Paris mit 319 : 264 Stimmen entschied, den Vertrag gar nicht erst zur Beratung zuzulassen. Die Franzosen hatten nämlich in letzter Minute Zweifel bekommen, ob es ratsam sei, ihre schöne Armee unter europäisch-supranationale Leitung zu stellen.

Die Briten waren über das Scheitern der EVG letztlich nicht allzu traurig. Sie hatten sich immer ambivalent geäußert, hatten "ja" gesagt, doch nur lauwarm, ohne Bereitschaft, sich an der Organisation selber zu beteiligen. Das "Non" in Paris ersparte dem Unterhaus eine peinliche eigene Ratifizierungsdebatte.

Die Enttäuschung der Deutschen dagegen war grenzenlos. Durch die Nichtratifizierung des EVG-Vertrages mußte der ebenfalls im Mai 1952 paraphierte Deutschland-Vertrag, mit seinen in Aussicht gestellten Souveränitätsrechten für die junge westdeutsche Republik, offenbleiben - er war nämlich an die erfolgreiche EVG-Ratifizierung gekoppelt.

Das sollte die Stunde des in Suez später so glücklosen Außenministers Anthony Eden werden (die Tories waren 1951 wieder an die Macht gekommen), eine Stunde der britischen Diplomatie. Noch im Monat nach dem französischen 'Nein' zur EVG bittet Eden zur Londoner 9-Mächte-Konferenz, für die er einen bahnbrechenden Vorschlag vorbereitet hat, der dann seinen Namen tragen wird, "Eden-Plan". Dieser sieht vor:

- Erweiterung des Brüsseler Pakts von 1948 um Italien und die Bundesrepublik zu einer Westeuropäischen Union, WEU.

- Aufnahme der Bundesrepublik in die Nato.

- Dislozierung in Deutschland von vier britischen Divisionen und einer taktischen Einheit der Luftwaffe, zusammengefaßt zur "Britischen Rheinarmee" ("British Army of the Rhine", BAOR), 55 000 Mann stark.

Selbst Frankreich konnte diesem Angebot nicht widerstehen, das eine kalkulierte, nicht unbeträchtliche Sicherheitsgarantie enthielt - *für* Deutschland, aber auch *vor* Deutschland, ein Gegengewicht zu seiner Wiederbewaffnung, eine Beruhigung für französische Nerven. Deutschland war, so formulierte es Gottfried Niedhardt, "gestärkt - und zugleich verstärkt kontrolliert".

Der Weg zur Absegnung dieser Vorschläge war nicht lang - schon am 23. Oktober kam es zu den entsprechenden "Pariser Verträgen", und wo die EVG ein klägliches Ende genommen hatte, entstand aus der Not mit Edens Plan ein sofortiger Neuanfang; keine Zeit war verlorengegangen. Der Nato-Beitritt Westdeutschlands wurde gebilligt, das deutsche Recht auf Wiedervereinigung bekräftigt, das Besatzungsstatut konnte am 5. Mai 1955 aufgehoben werden: Die Bundesrepublik Deutschland wurde zum erstenmal in ihrer Geschichte souverän - mit Ausnahme der Rechte der vier Siegermächte "in bezug auf ganz Deutschland"; diese erloschen erst im Jahr der deutschen Einheit, 1990.

Was ist die Quintessenz der deutsch-britischen Beziehungen in den 50er Jahren? Die Geschichtsbücher registrieren ausführlich Konrad Adenauers Mißtrauen gegenüber der britischen Ostpolitik, seine Sorge, ob denn London gar die deutschen Interessen für einen Ausgleich mit Moskau opfern würde; das beschäftigte den deutschen Kanzler bis zum Schluß seiner Amtszeit (1963). Dem entsprach später spiegelbildlich, als nach Adenauer die Entspannungspolitik tatsächlich einsetzte, eine britische Sorge, ob nicht Bonn etwas zu hastig vorangehe, seinerseits westliche Positionen vernachlässigend.

Keine Liebesaffäre (I): Adenauer und die Briten

Konrad Adenauer und die Angelsachsen - eine schwierige Alliance, manchmal fast eine Mesalliance... Das begann bald nach Kriegsende. Die Amerikaner hatten **Köln** im **April 1945** eingenommen und den inzwischen 69jährigen sofort in sein altes Amt als Oberbürgermeister der Rheinmetropole eingesetzt, aus dem er unter den Nazis entlassen worden war. Aber die US-Militärs lernten Adenauer als unbequem und eigenwillig kennen, und so übergaben sie den Briten, als diese sich in ihrer Besatzungszone einzurichten begannen, quasi die Aufgabe, den mißliebigen Politiker so bald wie möglich abzulösen - sie seien in der Eile des Vormarsches selber nicht mehr dazu gekommen...

Verantwortung für diesen Schritt übernahm schließlich der britische Gouverneur der Rheinprovinz, **Fallschirmbrigadier Barraclough**. Am 9. Oktober 1945 war es soweit: Adenauer wurde gefeuert. Die Standpauke, die er sich stehend ohne jede Diskussion fünfzehn Minuten lang anhören durfte, berief sich auf Versagen ("inefficiency") bei der Trümmerbeseitigung, "mangelnde Entfaltung von ausreichender Energie und Initiative", insbesondere im Zusammenhang mit dem Bau von Unterkünften für den Winter, als die Hauptgründe für die Demission. Adenauer erhielt außerdem das Verbot jeder politischen Betätigung, und Köln durfte er nicht mehr betreten.

Als **Michael Thomas**, Liaison-Offizier für **General Templer**, den Oberbefehlshaber in der britischen Besatzungszone, später bei Barraclough vorstellig wurde, um die Hintergründe dieses summarischen Vorgehens zu erfahren (Templer zu Thomas: "Barraclough hat offensichtlich einen Fehler gemacht, aber es bleibt mir nichts anderes übrig, als ihn zu decken."), sprudelte es aus dem Brigadegeneral nur so heraus, wie Thomas in seinen Erinnerungen rekapituliert:

Köln in Ruinen, 1945

"Der Kerl ist unfähig. Köln ist die am schlechtesten aufgeräumte Stadt der britischen Zone. Er ist mehrfach ermahnt worden. Ich hatte den Besuch meines Vorgesetzten, des Korpskommandeurs. Er hat den Zustand von Köln bitter beklagt und sofortige Abhilfe verlangt. Er kam ein zweites Mal. Wieder waren die Bombentrümmer kaum aufgeräumt, nur politische Intrigen waren gesponnen. Wir brauchen jetzt keine Politik, wir brauchen aufgekrempelte Ärmel, um das Land wieder in Gang zu kriegen. Ich hatte einfach genug von ihm."

Und warum, fragte Thomas, dürfe Adenauer Köln nicht mehr betreten? "Damit er keine Gelegenheit hat, dort zu politisieren", lautete die Antwort.

Schon zwei Monate später jedoch ließ **Templer** alle Einschränkungen - das Verbot politischer Betätigung, das Verbot, Köln zu betreten, und das Verbot, in Köln zu leben - aufheben, wovon **Barraclough** Adenauer in einer zweiten Begegnung, am **14. Dezember 1945**, persönlich unterrichtete.

Der erste Bundeskanzler hat später schmunzelnd gemeint, er verdanke den Briten seinen politischen Aufstieg in der Nachkriegszeit: Die Enthebung aus dem Kölner Amt habe ihn frei gemacht für seinen politischen Weg, an dessen Anfang die Organisation der rheinischen CDU stand, deren Führung er im Februar 1946 übernahm. Das war der Monat, in dem die Briten politische Parteien in ihrer Zone wieder zuließen.

Wie stand Adenauer später zu den Briten? Am ehesten noch hatte er mit **Winston Churchill** (sie waren fast gleichaltrig, Churchill ist 1874 geboren, Adenauer 1876) einen guten Rapport. Kühl dagegen waren seine Beziehungen zu **Harold Macmillan**. Die Briten fanden freilich zu Adenauer auch nicht leicht Zugang. Sein Mißtrauen ihnen gegenüber (vor allem in bezug auf Londons Moskaupolitik) ging ihnen nicht selten gegen den Strich.

Hat es überhaupt je so etwas wie eine "persönliche" Beziehung zwischen deutschen Bundeskanzlern und ihren britischen Pendants gegeben, ähnlich herzlich wie das Verhältnis vieler einfacher Bürger in beiden Ländern zueinander - oder wie vielfach das Verhältnis zwischen der deutschen und der französischen politischen Spitze? Die Antwort muß wohl eher "nein" lauten. Politisch nahe standen sich immerhin **Edward Heath** und **Willy Brandt** wegen ihres Gleichklangs in der Europa-Frage. Auch **Helmut Kohl** und **John Major** nennen sich gegenseitig "mein Freund", doch steht dieser Freundschaft der eigentliche Test noch bevor, wenn es darum geht, die Differenzen zum Thema "Maastricht II" auszuhalten, ohne das Gefühl für den gemeinsamen Weg zu verlieren.

Warum Konrad Adenauer mit den Briten nicht recht warm wurde, dazu gab **Hans von Herwarth**, der 1955 erster deutscher Botschafter in London nach dem Zweiten Weltkrieg wurde, in seinen Memoiren einen aufschlußreichen Kommentar ab:

"Es ist schwer zu erklären, warum ihm England letztlich nicht in dem gleichen Maße 'lag' wie Frankreich. Die britische Mentalität stand ihm ferner als die französische. Nach meinem Eindruck irritierte ihn die in sich ruhende Selbstsicherheit der englischen politischen Klasse. Solche Vorlieben und Abneigungen haben durchaus ihre Auswirkungen auf die Politik."

Spiegelbilder, manchmal auch Spiegelfechtereien. Sie verblassen im Abstand der Jahre, so wie heute fast niemand mehr sich der permanenten Querelen zwischen Bonn und London um die Kosten der Stationierung ("off-set") der Britischen Rheinarmee erinnert. Es bleibt dagegen als Markstein diese Entscheidung der britischen Politik im Jahre 1954, über das Engagement für den Aufbau der deutschen Demokratie hinaus sich auch militärisch auf deutschem Boden fesseln zu lassen und damit konkreter als je zuvor in die Sicherheitsstrukturen des Kontinents eingebunden zu werden.

Die Bedeutung dieser Weichenstellung bleibt unberührt von der Tatsache, daß bei den Motiven traditionelles britisches "Gleichgewicht der Kräfte"-Denken durchaus mitgespielt haben dürfte.

1954 in Deutschland eingebunden zu werden hieß eben auch, Deutschland desto besser einbinden zu können. Der Gedanke ist übrigens vierzig Jahre später der deutschen Politik selber recht geläufig, nur heute nicht im Kontext der Nato, sondern der Europäischen Union. So lockt die Regierung Kohl seit der Neuvereinigung Deutschlands mit dem Argument, daß nur mit vertiefter europäischer Integration Deutschland für alle Zukunft fest in Europa eingebunden sei, und zwar so, daß die Nachbarstaaten dieses sie traditionell beunruhigende Land nicht mehr zu fürchten bräuchten.

Geschichte lebt immer im Schatten von Erinnerungen; diese sind nicht durch einen voluntaristischen Akt aus der Psychologie der Völker zu tilgen. Nur in den verbrieften Klauseln der Interdependenz fühlt sich der Zeitgenosse heute einigermaßen sicher.

4. *Für London hat die deutsch-französische Aussöhnung höchste Priorität*

Frankreich und Deutschland - zur Aussöhnung unter den zwei "Erbfeinden" bedurfte es nach 1945 mehr als nur dieser beiden selber. Man hat heute, da so viel von der Dichotomie zwischen Paris/Bonn einerseits und London andererseits die Rede ist, vielfach vergessen, wie früh und entschieden sich die britische Politik für die deutsch-französische Aussöhnung eingesetzt hat, als Voraussetzung der europäischen Erholung. Hier kam der zweiten großen Rede Churchills aus dem Jahre 1946, in Zürich am 19. September, bahnbrechende Bedeutung zu.

Drei sich überschneidende Kreise stellte der Ex-Premier in den Mittelpunkt seiner Ausführungen, drei Prinzipien britischer Politik: Das Verhältnis zu den USA, zum Commonwealth/Empire, schließlich zu Europa. Mit allen dreien dieser Einheiten wolle London "Sonderbeziehungen" unterhalten, wobei Churchill einem zukünftigen europäischen Einigungsprozeß besondere Bedeutung beimaß:

"Wenn Europa eines Tages vereint wäre in der Teilhaberschaft an seinem gemeinsamen Erbe, dann wäre seinen drei- oder vierhundert Millionen Menschen unendliches Glück, Wohlstand und Ruhm beschieden. (...) Wir müssen eine Art Vereinigte Staaten von Europa bauen."

Der Redner ließ freilich keinen Zweifel daran, daß sein Land selber diesem Verbund nicht beitreten wolle: Die Rolle als eigene Großmacht mit weltweiten Verpflichtungen lege es nahe, außerhalb eines solchen europäischen Systems zu bleiben. Den eigentlichen Europa-Akzent setzte Churchill ganz woanders, und er trug ihn mit rhetorischem Aplomb vor:

"Ich werde jetzt etwas sagen, was Sie erstaunen wird. Der erste Schritt zur Wiedererschaffung der europäischen Familie muß eine Partnerschaft zwischen Frankreich und Deutschland sein. Nur auf diese Weise kann Frankreich die moralische Führung Europas wiedergewinnen. Es kann keine Wiederbelebung Europas geben ohne ein geistig großes Frankreich und ohne ein geistig großes Deutschland."

Die Idee einer Partnerschaft zwischen Deutschland und Frankreich als Kern dieser künftigen westeuropäischen Ordnung (mit London als freundlichem Begleiter, gewissermaßen als Taufpaten) paßte zu etablierten britischen Überlegungen; in diesen spielte die Sorge um ein stabiles Frankreich, neben der Sorge vor einer möglichen Wiederauflage deutscher Aggressionspolitik, eine bedeutsame Rolle. Noch als Kriegspremier hatte Churchill darauf bestanden, Frankreich den Status einer Großmacht einzuräumen, mit entsprechenden Befugnissen, darunter dem Recht auf eine eigene Besatzungszone in Deutschland sowie auf einen permanenten Sitz im UN-Sicherheitsrat. Mit der Idee einer engen Partnerschaft zwischen Frankreich und Deutschland hoffte Churchill mithin, zwei Hauptsorgen Londons gleichzeitig zu beheben.

Wie stark der französische Aspekt die britische Politik prägte, erwies sich bis in die Anfangsjahre der Fünften Republik. Adenauer verhielt sich gegenüber General de Gaulle, dem neuen französischen Präsidenten, dem die Nationalversammlung 1958 die Regierung übertragen hatte, anfänglich recht reserviert. Was konnte man von diesem rückwärtsgewandten General für die Zukunft schon erhoffen? Von dieser Skepsis brachte ausgerechnet Harold Macmillan den deutschen Kanzler ab. "Sie müssen ihn aufsuchen!" beschwor er Adenauer. "Vergessen Sie nicht: Entscheidend ist, daß Sie sich mit Frankreich verständigen. Und vergessen Sie auch nicht, daß Deutschland den Krieg verloren hat. Deshalb müssen Sie als erster auf de Gaulle zugehen."

Winston Churchill: Vision für Europa - mit britischem Akzent

Hans von Herwarth, dem wir diese Notate verdanken, fügt in seinen Memoiren hinzu:

"Jahre später, als de Gaulle und Adenauer ihre enge Partnerschaft eingegangen waren, die sich zuungunsten Englands auszuwirken begann, meinte Macmillan zu Adenauer lächelnd: *"Ich bedauere, Herr Bundeskanzler, daß Sie meinen damaligen Rat etwas zu weitgehend befolgt haben."*

Ähnlich gelassen würde man das inzwischen in London nicht mehr formulieren. Im deutsch-französischen Bilateralismus und in den Schubladenplänen für ein zukünftiges "Kerneuropa" glaubt die britische Politik heute zuweilen Umrisse eines neuen 'karolingischen Europa' zu erkennen, von dem die Insel sich automatisch ausgeschlossen fühlen müßte. Ein solches Konzept entspräche nicht dem Selbstverständnis der Briten als einer trotz ihrer überseeischen Geschichte unzweifelhaft europäischen Nation, noch sieht man in London darin eine tragfähige Basis für das künftig zu erweiternde Europa.

Dabei versteht man die "französische Antenne" der deutschen Politik durchaus, und nicht nur deshalb, weil man sie einst selber dringend befürwortet hatte. Beobachtern in Whitehall ist andererseits nicht entgangen, daß potentielle Diskrepanzen zwischen Paris und Bonn - etwa bei der Ausgestaltung des Europäischen Parlaments, wo man an der Seine viel zurückhaltender ist als am Rhein - kaum ins Gewicht fallen, ganz im Gegensatz zu ähnlichen Differenzen zwischen Bonn und London.

Diskrepanzen dieser Art werden von den politischen Eliten in Deutschland und Frankreich habituell heruntergespielt, weil die deutsch-französischen Beziehungen den Rang eines unverzichtbaren Axioms genießen. Solche Weihe hat die deutsch-britische Bilateralität ihrerseits nie erhalten. Nur ein Behelf war die Bezeichnung "Stille Allianz". Deren Stille ist im übrigen unter dem Anprall lautstarker Differenzen in der Europa-Frage (siehe Kapitel VI.) längst verflogen. Dafür gehen jetzt London und Paris bei der Militär- und Sicherheitspolitik mehr aufeinander zu. Die Kreise überschneiden sich.

5. Großbritannien auf dem Weg nach Europa: der deutsche Beitrag

Bei Betrachtung der britischen Europa-Politik nach 1945 wird man den Gedanken nicht los, London habe versucht, den Kuchen zu essen und ihn gleichzeitig zu behalten - sich militärisch auf dem Kontinent zu engagieren und doch den Geschäften Europas, der europäischen Einigung fernzubleiben. Die Britische Rheinarmee (BOAR) - stand dahinter vielleicht doch nichts anderes als eine atlantisch durchgespielte Variante von Gleichgewichtspolitik? Den Schluß zogen viele, denn London blieb allen Schritten zur weiteren Integration Europas fern, bis zu Macmillans erstem Antrag zur Aufnahme in die Europäische Gemeinschaft (EG) 1961.

Niemand war darüber mehr bekümmert als die Deutschen. Auch sie hatten ein Balance-Problem: Es hieß England und Frankreich. Frankreich brauchte man, weil die Aussöhnung und enge Kooperation mit Paris ohne wirkliche Alternative war; England, weil man sich ein Europa ohne die Insel ebensowenig vorstellen konnte. Gewichtige Stimmen auf der Insel übrigens auch nicht. Selbst der einst als ultragermanophob verschriene Robert Vansittart, Unterstaatssekretär im Foreign Office, hatte nach dem Weltkrieg in seinen Memoiren "Events and Shadows" (1947) erstaunliche Töne angeschlagen und seinem Land einen europäischen Weg gewiesen:

"Es wäre undenkbar, daß Großbritannien außerhalb Europas bliebe (...) und eine Föderation unter der Anführung von Frankreich und Deutschland einsegnete. (...) Die Integration des Westens sollte der erste Schritt auf ein Ideal sein, das noch kein Projekt ist. (...) Es ist meine Hoffnung, daß eine westliche Integration an einem bestimmten Punkt in der Zukunft, und ohne daß Magie dazu nötig wäre, in eine Westliche Föderation mündet. (...) Es gehört zur Berufung des Westens, Beispiele zu setzen, und wir müssen dieser unserer Berufung treu bleiben."

Damit war Vansittart weiter gegangen als ein Jahr vor ihm Churchill, der in seiner Züricher Rede ebenfalls eine europäische Wende prophezeit, wenn nicht geradezu postuliert hatte - aber ohne institutionelle britische Beteiligung. Diese Ambivalenz sollte nach

1945 für viele Jahre gelten: London war für Europa - aber eben doch nicht so ganz. John Bull hielt sich zurück, während Michel mahnte und lockte. Der folgende Dialog zwischen Adenauer und Churchill im Dezember 1951 in London war typisch dafür. "Sie können beruhigt sein", sagte der Premierminister an einem bestimmten Punkt ihrer Konversation, "Großbritannien wird immer *an der Seite Europas* stehen." Darauf Adenauer: "Herr Premierminister, da bin ich ein wenig enttäuscht, England ist *ein Teil Europas*."

Das war deutsche Standardsprache. Die Vorliebe für die britischen "Vettern" war viel zu ausgeprägt und ungebrochen das Bewußtsein der Präsenz Großbritanniens in der europäischen Geschichte, die Bewunderung auch für sein diplomatisches Geschick, als daß man sich eine Einigung Europas ohne die Insel auch nur denken konnte. Mit Frankreich allein gelassen werden wollte man auf keinen Fall.

Adenauers Überlegungen in diese Richtung sind vielfach belegt. Da er nach der Katastrophe von 1945 davon überzeugt war, daß Europa nur durch supranationale Einrichtungen weltpolitisches Terrain zurückgewinnen könne (ein Gedankengang, der zur Leitplanke der deutschen Politik seitdem werden sollte), nahm er auch für den angelsächsischen Partner an, daß dieser sein Heil in der Rückkehr in ein solches Europa suchen werde. Die Nachkriegspolitik der Briten, noch gebunden an ihre weltweite Rolle, hielt er für ein in seinen Kräften so überdehntes und überstrapaziertes Land für realitätsfern. In einem Brief vom 5. November 1946 schreibt er :

"Die Engländer betreiben eine Politik zuwider ihren eigenen Interessen. Sie können ihre Weltstellung nur erhalten als Führer eines wirtschaftlich geeinten und politisch ausgeglichenen Westeuropa."

Adenauer wußte genau, was er an den Briten hatte - einen Faktor, ohne den das künftige Europa nicht gebaut werden konnte. Die innere Stabilität und liberale Tradition Großbritanniens, "die sich deutlich von Kontinentaleuropa abhebt", sei für die Einigung des Kontinents unverzichtbar, schreibt er in einem anderen Brief vom 12. Dezember des gleichen Jahres. Darum hätten alle Partner Britanniens das größte Interesse daran, daß dieses sich als europäische Macht fühle.

Da war viel Wunschdenken im Spiel. Auch hatte die deutsche Politik, zurückgeworfen wie sie sich auf ihren relativ kleinen Ausschnitt der Welt nach 1945 fand, kaum Verständnis für Londons überseeische Politik mit ihren vernetzten Verpflichtungen. In der britischen Politik der Nachkriegsära waren die Beziehungen zur Bundesrepublik diesen globalen Zusammenhängen immer nach-, wenn nicht untergeordnet. Adenauer zumindest spürte das. So konnte es nicht ausbleiben, daß seine Hoffnungen in bezug auf England immer wieder von Niedergeschlagenheit überschattet wurden. In einem Brief vom 12. Juni 1949 beklagt er "Englands Kurzsichtigkeit" und folgert:

"Der Zusammenschluß Europas ist eine nicht sehr aussichtsreiche Angelegenheit, weil anscheinend England, wohl im Hinblick auf seine Dominien, einen wirklichen Zusammenschluß verhindert."

Auf einer Sitzung des CDU-Parteivorstandes Anfang 1950 variiert er diese Einschätzung:

"Großbritannien legt sich quer gegenüber allen Bestrebungen zur Integration Europas. England fühlt sich mehr als ein Nachbar Europas denn als europäische Nation."

Bald danach lehnt London den Schuman-Plan, die Keimzelle der späteren Europäischen Gemeinschaft, ab. Das Prinzip der Supranationalität sei inakzeptabel, man wolle aber "mit Europa zusammenarbeiten" - intergouvernemental.

Déjà-vu? Ja, auch die Briten, man sieht es, sind sich in ihrer Grundeinstellung der Konstruktionsfrage Europas gegenüber bis heute treu geblieben. Adenauer war daher schon froh, daß London bei der geplanten Europäischen Verteidigungsgemeinschaft (EVG) wenigstens "Halbpartner" sein wollte. Auf dem Höhepunkt der Ratifizierungserwartungen, als die französische Nationalversammlung ihr "Non" noch nicht gesprochen hatte, wurde der Kanzler, wiederum vor dem Bundesvorstand seiner Partei, im März 1953 einmal sehr deutlich:

"Es ist mir sehr lieb, wenn Großbritannien in der zukünftigen EVG einen gewissen Einfluß hat, damit wir mit den mehr oder weniger hysterischen Franzosen nicht allein sind."

Letztlich blieb ihm dann aber doch nichts anderes übrig... Denn als Harold Macmillan am 10. August 1961 endlich Englands Beitrittsgesuch bei der EG einreichte, hatte Staatspräsident de Gaulle sich längst entschlossen, die Briten gleichsam in ihrem Saft - außerhalb des Kontinents - schmoren zu lassen: Am 14. Januar gab er sein Nein zum britischen Beitritt bekannt. Unglückliche Koinzidenz: Acht Tage später unterschrieben Adeauer und de Gaulle in Paris den deutsch-französischen Vertrag, "die Krönung meines Lebenswerkes", wie der Bundeskanzler mehrfach hervorhob.

Das brachte die deutschen Volksvertreter auf den Plan. So hatten sie nicht gewettet. Stirnen runzelten sich. Fritz Erler, Fraktionsführer der SPD, fragte am 6. April im Bundestag mokant, ob man für die Freundschaft zwischen Deutschen und Franzosen *"mit der Entfremdung Großbritanniens"* zahlen müsse. Es bildete sich eine Mehrheit im Parlament heraus, die dem Vertrag mit Frankreich einen entsprechend klärenden Text vorauszusetzen wünschte. De Gaulle ärgerte sich, Adenauer war besorgt. Umsonst: *Diese* Präambel zum deutsch-französischen Freundschaftsvertrag mußte sein. In ihr wurde am 16. Mai unter anderem festgehalten, daß die Einigung Europas auf dem begonnenen Wege fortgesetzt werden müsse, und zwar *"unter Einbeziehung Großbritanniens und anderer zum Beitritt gewillter Staaten".*

Das war deutlich genug. Die deutsche politische Elite war nicht gewillt, sich von ihrer Wertschätzung Großbritanniens einer noch so begehrten Aussöhnung wie der mit Frankreich zuliebe abkoppeln zu lassen, die Insel aus den politischen Erwägungen für die europäische Zukunft auszuschließen. Das ist ein Pfund, mit dem London bis heute wuchern kann. Auch war die Sorge unter den deutschen Parlamentariern groß, durch de Gaulle in eine unglückliche Wahl zwischen "Atlantikern" und "Europäern" gedrängt zu werden. Die deutsche Politik wollte aber beides sein - atlantisch *und* europäisch - und für beides brauchte man Großbritannien an seiner Seite.

Umfragen während der 60er Jahre bestätigten diese Einschätzung. Im Oktober/November 1967 bewerteten 74 Prozent der deutschen Bevölkerung das deutsch-britische Verhältnis mit "sehr gut", stuften es sogar besser ein als die deutsch-französischen Beziehungen (65 Prozent). Auf britischer Seite wurde die

Bundesrepublik zum gleichen Zeitpunkt als bester Freund Großbritanniens auf dem Kontinent bezeichnet.

Die Präambel zum Freundschaftsvertrag mit Frankreich war somit eine Korrektur der frankophilen Grundlinie der Adenauerschen Außenpolitik - sie läutete im übrigen auch das Ende der Ära Adenauer ein (Wolfgang Mommsen).

Seit jenen denkwürdigen Debatten hat sich Britannia darauf verlassen können, in der deutschen Politik einen geradezu leidenschaftlichen Befürworter ihres Weges nach Europa vorzufinden. Daß diese Leidenschaft nicht immer willkommen war, um es milde auszudrücken (manchmal war ein "No, thanks!" herauszuhören ...), hat immer wieder zu Verstimmungen zwischen Bonn und London geführt, bis heute.

Adenauers Nachfolger Ludwig Erhard bekräftigte anläßlich seines ersten offiziellen Besuchs in England (1966) die deutsche Unterstützung für eine britische EWG-Mitgliedschaft, und der in London hochangesehene Willy Brandt betonte bereits in seiner ersten Regierungserklärung vom 28. 9. 1969:

"Die Gemeinschaft braucht Großbritannien ebenso wie die anderen beitrittswilligen Länder. Im Zusammenhang der europäischen Stimmen darf die britische Stimme keinesfalls fehlen, wenn Europa sich nicht selbst schaden will."

Dieser Botschaft fügte Brandt im März 1970 vor dem britischen Unterhaus (es war das erste Mal, daß ein deutscher Bundeskanzler eingeladen wurde, dort zu sprechen) ein Bekenntnis hinzu, das bis heute nichts von seiner Gültigkeit eingebüßt hat:

"Ich gehe eigentlich davon aus, daß das Vereinigte Königreich in den vor uns liegenden Jahren seinen Platz in der erweiterten Europäischen Gemeinschaft finden wird. Diese Gemeinschaft wird dann unmittelbar durch die Tradition Großbritanniens bereichert sein: durch die geschichtliche Erfahrung des Weltreichs, durch ihre weiterhin bestehenden weltweiten Verbindungen, den Sinn für fremde Kulturen, durch die praktische politische Begabung, aber auch durch den Einfallsreichtum, die Tüchtigkeit und die Modernität des britischen Volkes."

Seine Mitgliedschaft hat Großbritannien gefunden. Um seinen genauen Platz ringt es weiter - wie auch das neu vereinigte Deutschland und die übrigen Staaten der noch unfertigen Europäischen Union.

Die Zukunft der Europäischen Union

Gleichklang und Dissonanz zwischen Briten und Deutschen

Zwischen 1989 und 1991 erreichte und überschritt das 20. Jahrhundert seine wohl wichtigste Zäsur: Die Sowjetunion, eines der letzte Imperien überhaupt, brach in sich zusammen. Doch mit dem Scheitern der leninistischen Ideologie und dem Sieg des demokratischen Prinzips war mitnichten "das Ende der Geschichte" gekommen, wie der amerikanische Politologe Francis Fukuyama orakelte. Im Gegenteil, die Geschichte nahm geradezu einen völlig neuen Anlauf: Ein lang unterdrücktes Bedürfnis nach Selbstbestimmung, in Ostmitteleuropa, in Rußland, aber auch in vielen anderen Teilen der Welt, brach sich Bahn, und in den Gestaltungsprozeß, den wir Politik nennen, traten neue Unwägbarkeiten - und Chancen.

Das betraf keinen Erdteil mehr als das alte Europa. An der Demarkationslinie zwischen West und Ost hatte sich Geschichte, trotz aller Entspannungsbemühungen, jahrzehntelang quasi aufgestaut mit der Folge, daß sie nach dem Fall der Berliner Mauer hier besonders ungestüm voranschäumte.

Am meisten betroffen waren davon die Deutschen, welche ihr nationales Ziel, die Neuvereinigung, überraschend greifbar vor sich sahen. Aber da gab es einen Konnex zu beachten, galt doch seit langem als Maxime, daß die Überwindung der deutschen Teilung nur im Rahmen einer friedlichen Neuordnung in Europa insgesamt denkbar sei. Daher stellte die deutsche Politik von Anfang an die Neuvereinigung in den Zusammenhang der weiteren europäischen Integration: Arbeit an der einen beinhaltete verstärktes Bemühen um die andere.

Schon die Tagung des Europäischen Rats in Straßburg im Dezember 1989 machte diese Verknüpfung deutlich. Sie blieb auch nicht nur eine deutsche Konzeption, sondern wurde von allen Mitgliedsländern der Gemeinschaft als europäische Hauptaufgabe akzeptiert. Konsequenz war die Konferenz von Maastricht im Dezember 1991 mit ihren weitreichenden Beschlüssen über die künftige Wirtschafts- und Währungsunion sowie die weiteren Schritte zur Vertiefung der Europäischen Union insgesamt.

Jenseits aller politischen Postulate war für die Deutschen die Einbindung ihres über Nacht vereinigten Landes in ein immer enger verzahntes Europa ein natürliches Anliegen. Sie hatten mit feinem Gehör gerade britische und französische Vorbehalte gegenüber der urplötzlich zustande gekommenen Neuvereinigung registriert und daran ablesen können, welche Sorgen sich noch immer um das Land in der Mitte Europas gruppierten. Die Einheit nahmen sie als Geschenk der Geschichte an - aber mit der ausdrücklichen Selbstverpflichtung, die europäische Berufung des jetzt größer gewordenen Landes um so deutlicher hervorzukehren. Es sollte kein Zweifel über den "deutschen Weg" mehr angebracht sein: Er lag in Europa und nirgends sonst. Dieses schon früher betonte Credo wurde nach 1989 erst recht für die deutsche politische Elite und die Bevölkerung insgesamt zum nationalen Interesse Nummer eins.

In dem Maße freilich, in dem der Zeitpunkt zur Erfüllung der Maastrichter Beschlüsse heranrückte, verschärfte sich in Westeuropa die Debatte um die tatsächliche Ausgestaltung der europäischen Integration. *"Der Maastricht-Prozeß hat in etlichen Mitgliedsländern die Meinungen polarisiert"*, stellte am 12. März 1996 das *"Weißbuch der britischen Regierung zur Regierungskonferenz 1996"* fest. *"Das hat einen Grad von öffentlichem Unbehagen und Entfremdung enthüllt, der alle besorgt machen muß, welche, wie diese Regierung, wünschen, daß die EU ihr volles Potential erfüllt."*

Die unterschiedlichen Auffassungen zur europäischen Frage lagen eigentlich zwischen Deutschen und Briten seit langem auf dem Tisch, wie das Ringen um eine stärkere britische Beteiligung an der Ausformung Europas seit 1945 belegt. Niemand konnte im Zweifel sein, daß Großbritannien auch als europäisches Mitgliedsland supranationalen Konzepten weiterer Integration immer entgegentreten würde. Und ebenso bekannt war, daß die britische Politik immer wieder - auch in Europa - den Aspekt des "nationalen Interesses" hervorkehren würde.

> **Keine Liebesaffäre (II): Thatcher und die Deutschen**
>
> Die plötzlichen Ereignisse des Herbstes 1989 trafen die Politiker in Ost und West im Zustand vollkommener Unvorbereitung. Das schuf besondere Probleme für zwei Verbündete der Deutschen, den französischen Präsidenten **François Mitterrand** und die britische Premierministerin **Margaret Thatcher**. Beide fürchteten die Wucht eines plötzlich vereinigten größeren Deutschland, wenn nicht vorher der passende europäische Friedensrahmen geschaffen würde, um der neuen Lage den nötigen Halt zu geben.
>   **Mitterrand** nahm in einem Gespräch mit Außenminister **Hans-Dietrich Genscher** am 30. 11. 1989 sogar zu einer deutlichen Drohung Zuflucht, wie **Jacques Attali** uns in seinem Tagebuch aus jener Zeit ("Verbatim III") übermittelt:
> "Entweder wird die deutsche Vereinigung nach der europäischen Vereinigung hergestellt, oder Sie haben ein Dreierbündnis (Frankreich, Großbritannien, Rußland) gegen sich, und das Ganze endet als Krieg. Wenn die deutsche Einheit nach der europäischen kommt, dann werden wir Ihnen helfen."
> (Frankfurter Allgemeine Zeitung, 12. 10. 1995)
>   So kam es nicht, und das wurde spätestens bis zum Frühjahr 1990 mehr als offenkundig. Im März jenes Jahres berief **Margaret Thatcher** auf den Landsitz der britischen Regierung in Chequers ein vertrauliches Historiker-Kolloquium ein, um sich gleichsam die Karten lesen zu lassen über den deutschen Nationalcharakter und das zu erwartende Deutschland (siehe Kap. I, Seite 10). Sie traute beiden nicht und übernahm noch in ihre Memoiren die Auffassung, bei den Deutschen seien "Angst und Aggressivität" die hervorstechendsten Eigenschaften.
>   **Helmut Kohl** nahm die Bedenken der Britin, aus denen diese keinen Hehl machte, geradezu sportlich. Auf der **Königswinter-Konferenz von Ende März 1990** in Cambridge versuchte er sie mit ihren eigenen Waffen zu schlagen:

"Wer wünscht, daß das vereinte Deutschland fest in europäische Strukturen eingebunden ist, der muß sich konsequenterweise auch für Fortschritte beim europäischen Einigungswerk einsetzen", sagte der Kanzler, seine Pointe gegenüber der wie Brüssel ebenso Deutschland abweisenden Premierministerin auskostend.

Das Verhältnis zwischen den beiden Regierungschefs, nie herzlich, aber immer von Respekt gekennzeichnet, hatte damals seine größte Anspannung erreicht. Das bewog den britischen Vorsitzenden der Königswinter-Konferenz, **Sir Oliver Wright,** beim Festbankett in Cambridge beide Politiker nicht nebeneinander zu setzen (das kam ihm zu riskant vor), sondern selber einen Platz zwischen ihnen einzunehmen. Auch **Karl-Günther von Hase**, Oliver Wrights damaliges deutsches Pendant und Ex-Botschafter in London, war an jenem Abend anwesend. Ihm vertraute Frau Thatcher an, es werde noch "mindestens 40 Jahre dauern, ehe die Briten den Deutschen wieder vertrauen könnten".

Kohl und Thatcher, so schreibt **Alan Watson** in einer brillianten Charakterstudie, " (...) repräsentierten ein sehr unterschiedlich ausgeprägtes historisches Gefühl. Thatchers Geschichte war die des Inselvolkes. Sie handelte von Helden und Schurken. Sie war präzis. Kohl dagegen, akademisch vorgebildeter Historiker, liebte seine Historie in breiten Strichen. Die Premierministerin hatte in seinen Augen gerade keinen Sinn für Geschichte. Seinem eigenen Außenministerium gegenüber ließ er wissen, sie sei 'vor-Churchill', während er sich entschieden für 'post-Churchill' halte. Er meinte damit soviel wie: Frau Thatcher möge zwar instinktiv eine 'Balance of power'-Politik betreiben, aber was diese Politik im 19. Jahrhundert bedeutet und welches enorme Potential an Schaden und Konflikt ihr innegewohnt habe - davon verstünde sie rein gar nichts".

Spät, im Herbst 1995, auf einem Symposium in Vail, Colorado kam Margaret Thatcher auf die Rede Helmut Kohls in Cambridge fünfeinhalb Jahre zuvor zurück:

"Manche Leute sagen, man müsse Deutschland in Europa verankern, um zu verhindern, daß diese Charakterzüge (seiner Übermacht) wieder in den Vordergrund treten. Man hat aber Deutschland nicht in Europa verankert, sondern Europa an ein erneut vorherrschendes Deutschland gekettet. Deshalb nenne ich es ein deutsches Europa." (DIE ZEIT, 8. 3. 1996)

Lange vor diesem Streit hatte sich zwischen Frau Thatcher und der deutschen Politik Zündstoff in einer andern brisanten Frage angehäuft: Der Frage der **Modernisierung von atomaren Kurzstreckenraketen**. Die Britin war entschieden dafür - Bonn ebenso entschieden, ja geradezu hartnäckig dagegen. Wieviel böses Blut damals in die deutsch-britischen Beziehungen

> *floß, kann man einer Eintragung in **Hans-Dietrich Genschers** "Erinnerungen" (1995) entnehmen:*
> *"(Auf dem EG-Gipfel) in Venedig kam es 1987 zu einem Schlagabtausch zwischen Präsident Mitterrand und Margaret Thatcher über das Thema Kurzstreckenraketen. Während einer intensiven Diskussion fragte Frau Thatcher den französischen Präsidenten: 'Werden Sie denn nicht Ihre Kurzstrecken einsetzen, wenn die Russen Köln erobert haben?' Worauf Präsident Mitterrand unmißverständlich antwortete: 'Köln ist eine verbündete Stadt. Das werden wir nicht tun.' (...) François Mitterrand selber erzählte mir von der Kontroverse, die ich nicht miterlebt hatte..."*

Dennoch eckte London unter den EG-Partnerstaaten mit seinen eigenen Interpretationen immer wieder an, besonders als die Thatcher-Regierung Anfang der 80er Jahre um einer gerechteren Aufteilung der EG-Beitragspflichten willen (Margaret Thatcher: "I want my money back!") ebenso präzise wie hartnäckige Forderungen an Brüssel stellte - und diese auch durchsetzte, letztlich zur Freude der Deutschen, die von dem neuen Verteilerschlüssel ebenfalls profitierten.

Trotzdem entwickelte sich seit jenen Jahren die Perzeption einer deutsch-britischen Europa-Divergenz, als sollte für das Potential neuer politischer Konflikte eine Art Aufgabenteilung vorgenommen werden: Die britische Linie galt streng einem schrittweisen Pragmatismus verpflichtet, während die deutsche Seite über solchen Pragmatismus hinaus unermüdlich an die Vision einer immer engeren politischen Union gemahnte.

Spiegelbildlich dazu haben sich in der Öffentlichkeit vielfach negative Stereotypen in der Einschätzung vom jeweils anderen festgesetzt: In Deutschland das Bild, Großbritannien sei der eigentliche Bremser im Prozeß der europäischen Einigung; auf der Insel die Auffassung, die Deutschen übersähen bei ihrer Vorliebe für abstrakte Konzepte die natürlichen Grenzen einer institutionellen Integration von potentiell 400 Millionen Europäern.

Mit Heranrücken der Entscheidungen, die im allgemeinen Sprachgebrauch unter dem Namen "Maastricht II" firmieren, hat der britisch-deutsche Dialog Züge einer Grundsatzdebatte um divergierende Ansichten erhalten. Beide Regierungen haben sich diesem Dissens zuletzt nach Art eines "honest disagreement" gestellt, wie es nicht ausbleiben kann, wenn Freunde offen miteinander umgehen. Zeichen dieser Offenheit ist auch, daß vor klarem Pro und Kontra nicht mehr zurückgescheut wird.

So ließ es Bundeskanzler Helmut Kohl am 2. Februar 1996 während einer Rede im belgischen Löwen, ohne den britischen Adressaten zu nennen, an pointierter Deutlichkeit nicht fehlen, als er formulierte:

"Es darf nicht sein, daß das langsamste Schiff auf Dauer das Tempo des Geleitzuges bestimmt. Sollten einzelne Partner nicht bereit oder in der Lage sein, bestimmte Integrationsschritte mitzuvollziehen, so darf den übrigen nicht die Möglichkeit genommen werden, voranzugehen und eine verstärkte Zusammenarbeit zu entwickeln, an der mitzuwirken allen Partnern offensteht."

Kein Geringerer als Außenminister Malcolm Rifkind nahm den Wink sofort auf, als er noch am gleichen Tag in London zu Protokoll gab:

"Die andere Seite (dieser Auslassungen) ist, daß ein Geleitzug aufhört, ein Geleitzug zu sein, wenn man nicht alle Schiffe in seiner Reihe zusammenhält. Man muß hier also einen Ausgleich schaffen. Gesucht ist eine (europäische) Struktur, in der sich alle betroffenen Länder wohlfühlen können."

(The Observer, 4. 2. 1996)

Es ist von einiger Pikanterie, sich zu erinnern, daß Winston Churchill in seiner hier bereits mehrfach zitierten Züricher Rede vom September 1946 eine Formulierung gefunden hatte, die der heutigen deutschen Ansicht von einem "Kerneuropa" näher kommt als der britischen Abweichung davon. In Churchills Worten:

"Wenn zunächst nicht alle Staaten Europas bereit und fähig sind, der Union beizutreten, so müssen wir dennoch vorangehen, um die zu versammeln und zu vereinen, die wollen und können."

Dabei hatte Churchill - doppelte Delikatesse! - bei dem "wir" Großbritannien nicht einmal mitgerechnet. Bundespräsident Roman Herzog konnte es sich nicht entgehen lassen, besagte Passage in einer Rede vor dem "Bertelsmann Forum" auf dem Petersberg am 19. Januar 1996 mit dem Satz zu kommentieren: *"Die Weisheit dieses Gedankens ist schlechterdings nicht von der Hand zu weisen."*

Es wäre unrichtig, im europäischen Dialog über den Kanal hinweg nur unterschiedliche Auffassungen auszumachen. Es sind die Gemeinsamkeiten gerade unter Briten und Deutschen, die dem europäischen Fortschritt oft Flügel gemacht haben. Hätte beispielsweise die Anfang der 80er Jahre diagnostizierte "Eurosklerose" beseitigt werden können ohne das Konzept vom "Einheitlichen Markt", ohne den Übergang vom Prinzip der Einstimmigkeit zu qualifizierten Mehrheitsbeschlüssen im Bereich des Binnenmarktes? Genau diese Idee war in einem vertraulichen Papier enthalten, das die britische Regierung 1985 dem deutschen Partner vorgelegt hatte und das Bonn dann - nicht zur ungeteilten Freude Londons - in eine gemeinsame deutsch-französische Initiative einbaute. Es war dann ein britischer Kommissar, Lord Cockfield, der das Konzept durch alle Etappen erfolgreich hindurchschleuste.

Was die deutsch-britischen Gemeinsamkeiten zur zukünftigen Gestaltung Europas angeht, so resümierte Außenminister Kinkel unlängst während eines Vortrags in Oxford (19. Januar 1996), was auf britischer Seite Ex-Staatssekretär Tony Baldry am 24. Mai 1995 während einer Debatte im Unterhaus seinerseits dargelegt hatte. Kinkels Liste erinnert in Teilen an die Themen, die auch die "Deutsch-britische Stiftung für das Studium der Industriegesellschaft" (siehe Kap. IV, 4, S. 147ff) in vielen ihrer gemeinsamen Projekten aufgegriffen hat:

"Gemeinsam sind wir einem liberalen Welthandelssystem verpflichtet und gegen Protektionismus in Europa und weltweit.

Gemeinsam kämpfen wir für eine strukturelle Erneuerung unserer Volkswirtschaften zur Lösung unserer Beschäftigungsprobleme. Industriepolitischen Dirigismus lehnen wir ab.

Gemeinsam befürworten wir die baldige Öffnung der euro-atlantischen Institutionen für die jungen Demokratien Mittel-und Osteuropas.

Gemeinsam treten wir für den Ausbau der lebenswichtigen Brücke über den Atlantik ein. Frieden und Stabilität in Europa sind für uns ohne Amerika nicht denkbar.

Gemeinsam haben wir in der Kontaktgruppe erfolgreich eine Friedensregelung für Bosnien erarbeitet. (...) Geineinsam sichern unsere Soldaten heute dort den Frieden."

Tony Baldry hatte diesem Katalog noch zwei wichtige Punkte hinzugefügt: Auf Londons Drängen war im Maastrichter Vertrag als Leitlinie für die europäische Gestaltung das Prinzip der Subsidiarität festgehalten worden - ein Konzept, das der deutschen Föderalismus-Erfahrung nur zu vertraut ist. Darüber hinaus haben sich beide Länder entschieden der Deregulierung und einer angemessenen Finanzkontrolle der europäischen Bürokratie verschrieben.

Es ist das Schicksal solcher schönen Wahrheiten, daß sie in jenem Moment, wo eines der europäischen Partnerländer sein nationales Interesse herausgefordert sieht, nicht zum Tragen kommen, das heißt: Alle Gemeinsamkeit reicht dann nicht aus, eine Krise, eine Kollision zu verhindern. Das war im Frühjahr 1996 der Fall, als die britische Regierung auf das weltweite Exportverbot der EU für britisches Rindfleisch und Rindfleisch-Derivate im Mai mit einem Boykott der Brüsseler Entscheidungsapparate antwortete. An solchen Kreuzungspunkten der Interessenlagen verwandelt sich jedes "honest disagreement" in die Formel für einen handfesten Krach, und diplomatische Finesse muß gegenüber dem Durchsetzungswillen der Beteiligten den Rückzug antreten.

Die britische Regierung hielt die ganze Zeit über das Exportverbot "für eine stark überzogene, wissenschaftlich unbegründete Reaktion", wie John Major in einer Gastkolumne in der "Frankfurter Allgemeinen Zeitung" vom 21. Juni schrieb, eine Woche vor dem EU-Ratstreffen in Florenz zum Ende der italienischen Präsidentschaft. Ebenso hartnäckig hielten die übrigen europäischen Regierungen London entgegen, daß die britischen Maßnahmen zur Eingrenzung der BSE-Seuche, weil unzureichend, nicht überzeugten.

Zwei beinahe klassische, sich gegenseitig ausschließende Positionen standen sich gegenüber: Hier die Regierungen, für welche das Vertrauen der Verbraucher ein höchstes Politikum darstellt, das zum Handeln zwingt - dort der Premierminister, der entgegenhält, (wie es Major in dem zitierten FAZ-Artikel tat), daß justament dieser Punkt, das Vertrauen des Verbrauchers, in den Augen seiner Regierung "keine Grundlage für ein Handelsverbot bildet", auch

wenn er ihn "für wichtig" hält. London spricht zu seinem Publikum lieber so:
"*Dies sind die Fakten, dies ist, was die besten unabhängigen Wissenschaftler sagen, auf deren Urteil wir uns stets verlassen haben. Sie sind erwachsene Menschen und können als intelligente Verbraucher Ihre eigene Wahl treffen.*"

Die Einigung in Florenz, der zufolge eine phasenweise Lockerung des Exportverbots eintreten wird, bei entsprechenden Maßnahmen auf britischer Seite, stellt nur einen Zwischenkompromiß im Tauziehen zwischen London und seinen EU-Partnern dar. Und selbst dieser Kompromiß ist schon wieder in Gefahr, nachdem britische Wissenschaftler einen Monat später zugeben mußten, daß vielleicht auch Schafe sowie Kälber von BSE-infizierten Kühen den Krankheitskeim in sich tragen können. Das setzt neue Fragezeichen nicht nur hinter den vereinbarten Umfang von Abschlachtungsprogrammen auf der Insel, sondern auch hinter die geplanten Etappen der Aufhebung des EU-Embargos gegenüber britischem Beef und seinen Derivaten.

Aber Beef ist beileibe nicht die Hauptursache der britischen Europa-Kopfschmerzen. Es hat sich als Thema zuletzt lediglich besonders auffallend, wenn nicht bedrohlich nach vorne geschoben. Als gravierendere Belastung wirkt dagegen lange schon die Währungsfrage, und das nicht erst seit dem rascheren Heranrücken der Ziellinie (1. Januar 1999) für die Einführung des neuen Einheitsgeldes, des "Euro". Auf einem britisch-bayrischen Symposium in Hohenkammer am 24. Juli 1996 erinnerte Robert Cooper, Chargé d'Affaires an der Botschaft seines Landes in Bonn, an die unglückliche Vorgeschichte der Verstimmungen über dieses Thema.

In der Tat sitzt tief in der insularen Psyche der "schwarze Mittwoch" Ende September 1992, als das britische Pfund gezwungen wurde, den Europäischen Wechselkursmechanismus (ERM) zu verlassen. War die Bundesbank seinerzeit entschlossen, die britische Währung preiszugeben? Die Frage ist zweitrangig gegenüber dem Faktum, daß Whitehall seinen ERM-Beitritt zwei Jahre zuvor als ehrlichen Versuch verstanden hatte, seine Wirtschaftspolitik auf Maastricht-Kurs zu bringen, unter Einschluß der Möglichkeit, der späteren Währungsunion tatsächlich beizutreten.

Keine Frage, daß London mit einer zu hohen Pfund-Parität ERM-Mitglied geworden war und daß diese unrealistisch hohe Bewertung das ganze Experiment möglicherweise von vornherein zum Scheitern verurteilte. Aber das sind Ursachenforschungen für Leute, die vom Rathaus kommen. Als Saldo blieb und bleibt in der britischen Perzeption: *"Wir hatten versucht, gute Europäer zu sein; wir gaben den letzten Penny unserer Währungsreserven dafür aus, aber niemand sonst in Europa schien interessiert, diese unsere Bemühungen zu unterstützen."* (R. Cooper).

Fataler noch: Seit jenem forcierten ERM-Austritt und der daraus resultierenden Abwertung geht es mit der britischen Konjunktur wieder aufwärts (Fleetstreet-Zungen sprechen längst vom "weißen Mittwoch"...), was britische Vorurteile gegenüber dem ERM, wenn nicht gegenüber der EU insgesamt, eher noch vertieft hat. Auf jeden Fall gegenüber der Wirtschafts- und Währungsunion, die sich zu einem Spaltpilz für die Major-Regierung auszuwachsen beginnt.

Er führte unter anderem dazu, daß ein Tory-Abgeordneter, David Heathcoat-Amory, Staatssekretär im Schatzkanzleramt, am 22. Juli 1996 wegen dieser Frage mit seinem Premierminister brach und freiwillig den Hut nahm. In seinem Abschiedsschreiben an John Major legte er den Finger auf die Wunde:

"Im Foreign Office und zuletzt im Schatzamt hatte ich aus erster Hand Umgang mit den Fragen der Europäischen Union. Ich stand bisher hinter einer Politik, die versuchte, die EU zu reformieren und unsere Beziehungen zu ihr so zu gestalten, daß britische Interessen geschützt und ungebetene Einmischung verhindert werden könnten. Diese Politik funktioniert aber nicht. (...)

Insbesondere bin ich davon überzeugt, daß ein Beitritt zur Gemeinsamen Europäischen Währung ein Desaster wäre, sowohl politisch als auch wirtschaftlich (...)".

Ob BSE oder der "Euro", ob verrückte Kühe oder vertrackte Währungsfragen - hier geht es um grundsätzliche britische Vorbehalte gegenüber Europa und darin eingebettet um grundsätzliche Differenzen mit dem deutschen Partner, den man aufgrund seines Gewichts (was auch mit dem politischen Gewicht Bundeskanzler Kohls zusammenhängt) zu Recht als den eigentlichen Motor der institutionellen Vertiefung Europas ansieht. Es mag paradox klingen: Die Europäische Union, mit der die Bindungen unter den Mitgliedstaaten eigentlich hätten fester werden sollen, hat im Falle der deutsch-britischen Beziehungen eher zu neuer Belastung geführt. Es ist daher hier an der Zeit, einmal genauer hinzuschauen, welche philosophischen Querelen dieser deutsch-britischen Dichotomie zugrunde liegen.

Nation und nationales Interesse

Im angelsächsischen Verständnis von Politik ist es üblich, das nationale Interesse beim Wort zu nehmen und ungeschminkt nach vorne zu stellen. *"Wir möchten eine Partnerschaft von Nationen"*, sagte Außenminister Rifkind in der Unterhausdebatte zum Europa-Weißbuch seiner Regierung, *"die mit dem Ziel zusammenarbeiten, ihre nationalen Interessen zu fördern."* Ausgangspunkt für den britischen Ansatz seien *"die nationalen Interessen dieses Landes, denn das nationale Interesse aller freien Nationen läßt sich als kollektiver Ausdruck des demokratischen Prozesses definieren"*. In den nationalen Parlamenten, so hält das Weißbuch darüber hinaus fest, *"bündelt sich daher weiterhin die demokratische Legitimität der Europäischen Union"*.

Der Satz ist zentral, weil er die Frage der nationalen Souveränität nicht als eine Frage von Machtbalance oder Machtpolitik behandelt, sondern als ein Grundanliegen des um "demokratische Legitimität" ringenden modernen Staates. Ein Satz wie dieser greift damit auch das Wort vom "Demokratie-Defizit" in der EU auf, das leider weder in Brüsseler Korridoren noch in den nationalen Kanzleien mit der ihm gebührenden Dringlichkeit behandelt wird.

Die britische Sorge in diesem Punkt ist unüberhörbar und nicht leicht auszuräumen. Auf dem oben genannten Symposium ging auch Robert Cooper ausführlich darauf ein, als er von den europäischen Einzelstaaten als dem "fortdauernden Fundament" sprach, "auf dem Demokratie praktiziert und die Freiheit bewahrt wird".

Demgegenüber wirke die Aussicht auf Europa nicht gerade beruhigend:

"Wir fürchten, daß es auf Dauer Probleme schafft, Institutionen zu schwächen, die man begreift und als legitim versteht, und gleichzeitig den Einfluß solcher Institutionen zu stärken, die weder besonders gut durchschaut noch in den Augen der meisten Menschen legitim sind."

Doch leitet die britische Regierung aus solchen Analysen nicht etwa ab, daß das Europäische Parlament deshalb neue Befugnisse benötige. Im Gegenteil: Straßburg wird als Lösung des Demokratie-Defizits verworfen. Dazu noch einmal das Weißbuch:

Von Gipfel zu Gipfel konferierend arbeitet sich Europa voran

"(Wir sind) der Auffassung, daß die Europäische Union nur erfolgreich sein kann, wenn sie die Integrität ihrer unabhängigen demokratischen Mitgliedstaaten respektiert und flexibel genug ist, ihren politischen wie kulturellen Unterschieden gerecht zu werden."

Der Unterschied zur deutschen Sprech- und Denkweise könnte nicht gravierender sein. *"Wir wollen kein Zurück in den Nationalstaat alter Prägung"*, trug Helmut Kohl in Löwen am 2. Februar 1996 vor; er resümierte damit ein Credo, das für die Deutschen nach dem Scheitern ihrer Nationalgeschichte im 20. Jahrhundert *de rigueur* geworden ist: Nationale Politik um ihrer selbst willen hat einen schlechten Klang und führt nur in Sonderwege, die ihrerseits die Gefahr neuer Konflikte, wenn nicht von Krieg heraufbeschwören.

Vor dem Hintergrund dieser negativen Einschätzung nationaler Wege wird deutlich, warum Bundeskanzler Kohl einen prophetisch-warnenden Ton anschlägt, wenn er von der europäischen Einigung sagt, sie sei *"in Wirklichkeit eine Frage von Krieg und Frieden im 21. Jahrhundert"*. Ein distanzierender Satz wie der folgende, aus dem britischen Europa-Weißbuch, wäre in der modernen deutschen Denktradition unmöglich: *"Die Europäische Union ist nicht der einzige Rahmen, in dem wir unsere politischen und kommerziellen Interessen verfolgen."* Davon hob sich ein Zentralsatz Klaus Kinkels in Oxford deutlich ab: "Unser Interesse *ist* Europa."

Eigentlich ist das alles überhaupt nicht überraschend. Für die Insel - das muß man wissen - stellt Europa nicht gerade die ruhmreichste Phase ihrer jüngsten Geschichte dar; das hat eigen- und fremdverschuldete Gründe. Für Deutschland dagegen ist Europa so etwas wie eine Rettung geworden. *"Wir leiden weder an deutschen historischen Alpträumen noch an der deutschen Angst, allein zu stehen"*, resümiert Cooper bündig - um zugleich auf einen "Teufelskreis" hinzuweisen:

"Je mehr britische Euroskeptiker Deutschland als aggressiv hinstellen, desto entschlossener wird der Bundeskanzler, sein Land erst recht in Europa zu integrieren - was wiederum um so bedrohlicher auf britische Gemüter wirkt."

Mit einem tiefen Seufzer schließt der Autor seinen Gedankengang ab: *"Ich wünschte mir, daß die Debatte (zu diesen Fragen) in Großbritannien tiefschürfender verliefe und daß wir ein bißchen mehr von einer Debatte in Deutschland bekommen könnten."*

Zentralismus / Föderalismus

In der Einleitung zu dem hier mehrfach zitierten "Weißbuch" wies Malcolm Rifkind auf einen weiteren zentralen Punkt der deutsch-britischen Differenzen hin:

"Der Vertrag über die Europäische Union fordert wie die ursprünglichen Römischen Verträge einen 'immer engeren Zusammenschluß der Völker Europas', wohlgemerkt nicht der Staaten Europas oder ihrer Regierungen. Dieses Streben nach gefestigterer Zusammenarbeit und Freundschaft in ganz Europa ist ein nobles Ziel, das die volle Unterstützung der Regierung hat. Es sollte aber nicht eine immer engere Politische Union in dem Sinne bedeuten, daß Machtbefugnisse unerbittlich auf supranationale Institutionen verlagert werden, daß die nationalen Parlamente nach und nach ihre Befugnisse verlieren oder daß die allmähliche Entwicklung auf die Vereinigten Staaten von Europa hinausläuft. Diese Konzeption einer Zukunft Europas lehnt die (britische) Regierung ab."

Zum zweiten Teil dieser Auslassungen könnte die deutsche Politik nur "ja und amen" sagen - einen europäischen Superstaat oder das, was selbst Churchill noch "die Vereinigten Staaten von Europa" nannte, lehnen Bundeskanzler Kohl und Außenminister Kinkel in allen ihren Reden ebenfalls ab. Auf "Subsidiarität", als den ersten Glaubenssatz eines wahrhaften Föderalimus, schwören auch sie, auf das Konzept also, welches so viele Entscheidungen wie möglich bei den nationalen Regierungen beläßt und nur das Dringendste an politischem Entscheidungsbedarf der höchsten, der europäischen Ebene zur Harmonisierung überträgt.

Da genau jedoch liegt des Pudels Kern: Die so überzeugend klingende Föderalismus-Idee ist auf der Insel zu einem Stein des Anstoßes geworden, *federalism, the F-word*, gilt inzwischen als Anathema, und jeder Politiker muß im Interesse seines Überlebens einen weiten Bogen um den Begriff machen. Denn - erstaunliche Verwirrung der Wörter! - unter "Föderalismus" verstehen die Briten eigentlich "Zentralismus", also das Gegenteil dessen, was mit Subsidiarität eigentlich gemeint ist.

Auch hier noch einmal Malcolm Rifkind, in seiner Rede vor dem Unterhaus am 12. März 1996:

"Die Regierung ist der Meinung, daß die Europäische Union nur erfolgreich ist, wenn sie die Integrität ihrer unabhängigen demokratischen Mitgliedstaaten respektiert und wenn sie flexibel genug ist, ihren politischen und kulturellen Unterschieden gerecht zu werden. Ein monolithisches, zentralisiertes, föderalistisches Europa lehnt die Regierung entschieden ab."

"Monolithisch, zentralistisch, föderalistisch" in einem Atemzug - deutsche Zuhörer würden nicht wissen, wovon die Rede ist! Eines schließt das andere doch aus, oder? Das Rätsel ist dennoch nicht schwer zu lösen, denn beide Seite in dieser Debatte haben natürlich recht: Die Deutschen glauben mit dem "föderalen Europa" nichts anderes im Sinn zu haben als auch Malcolm Rifkind - nämlich die Bewahrung der individuellen Identität der einzelnen Nationen. Die Briten ihrerseits sehen hinter dieser föderalen Idee das Trojanische Pferd zunehmender Konformität.

Nach der britischen Logik ("föderal = zentralistisch") steht die Europäische Union vor Entscheidungen, die in der nächsten Etappe zu größerer Vereinheitlichung führen, ja führen müssen, soll laut Maastrichter Vertrag die "Vergemeinschaftung" der europäischen Politik überhaupt Sinn machen. Es werden Instrumente der "Unifizierung" angestrebt, damit die Union nicht ins Unverbindliche abgleitet. Die gemeinsame Währung zum Beispiel ist ein solches Instrument.

Ähnlich argumentierten 1787 in der amerikanischen Verfassungsdiskusssion die Federalists Alexander Hamilton, James Madison und John Jay, als sie eine entschiedene Dosis Zentralismus als *sine qua non* der zu schaffenden jungen Union der Neuengland-Staaten postulierten. Was ist eine gemeinsame Währung anderes als ein konformes Instrument fiskaler und monetärer Politik? Josef Joffe schreibt:

"Währungsunion heißt: Andere bestimmen meine Finanzpolitik; ich kann nicht mehr in eigener Regie Zinsen, Geldmenge, Wechselkurse, mithin meine wahlentscheidende Konjunkturpolitik, bestimmen."
(Süddeutsche Zeitung, 21. 6. 1996)

Es geht hier auch um die Ehrlichkeit in der politischen Sprache. Man kann nicht leugnen, daß dieses gewünschte Europa, um überhaupt den Namen "Union" zu verdienen, durchaus erst noch durch das Nadelöhr weiterer Harmonisierung, Normierung hindurch muß. Das ist so *per definitionem*, und auch die beständige Beschwörung bester förderaler Absichten kann an dieser fundamentalen Tatsache nicht vorbei.

Föderalismus in Europa besteht, nach britischer Defintion, in der Koexistenz demokratischer Regierungen, welche selbstverantwortlich, das heißt souverän und "zwischenstaatlich", miteinander verkehren - außer dort, wo sie sich der Mehrheitsregel des "Einheitlichen Marktes" unterworfen haben. Will man diesen Zustand ändern durch eine "immer engere Union" zwischen den Regierungen und ihrer Politik, so geht das nur durch einen beherzten Schritt in Richtung eines mehr zentralisierten politischen europäischen Willens.

Die jetzige britische Regierung scheut sich vor diesem Schritt, die deutsche möchte ihn geradezu "unumkehrbar" machen, wie Bundeskanzler Helmut Kohl nicht müde wird zu bekräftigen: Das ist die einfache Beschreibung der Kerndifferenz zu der offiziellen Politik Whitehalls in der Frage der weiteren europäischen Integration.

Klaus Kinkel ließ es in Oxford in der bereits zitierten Rede an Deutlichkeit nicht fehlen:

"Europa darf sich nicht zu einer bloßen Zweckgemeinschaft für Freihandel und Prosperität zurückbilden. 'Europa' war immer politisch konzipiert, die wirtschaftliche Integration war stets als ein Ausgangspunkt für die politische Union gedacht. Wir halten an dieser 'finalité politique' fest."

In der Sorge vor einer sich möglicherweise anbahnenden unüberbrückbaren Divergenz sind beide Seiten eifrig bemüht, beim anderen Zitate zum Beleg der eigenen Position zu finden. So zitiert John Major im Europa-Weißbuch seiner Regierung ein Kohl-Wort aus dem Deutschen Bundestag (27. 5. 94): *"Wir wollen keinen zentralisierten europäischen Einheitsstaat, der sich regionale, nationale und kulturelle Traditionen unterordnet oder der historisch gewachsene Erfahrungen außer acht läßt."* Außenminister Kinkel seinerseits lockte seine britischen Zuhörer mit einem Gladstone-Wort: *"Wir (Briten) sind Teil des gemeinsamen Europa, und als solches müssen wir unsere Pflicht tun."*

Schaut man dann in die konkreten Aussagen, rückt eine Möglichkeit zur Überbrückung wieder in weite Ferne. Im britischen Europa-Weißbuch steht:

"Harmonisierung um ihrer selbst willen werden wir nicht akzeptieren noch eine weitere europäische Integration, die von Ideologie statt von der Aussicht auf praktischen Nutzen getrieben wird. Vor allem werden wir uns immer von kühler Abwägung des britischen Interesses leiten lassen."

Soviel prononcierte Kühle ist in der deutschen politischen Sprache zum Thema Europa nicht anzutreffen. Vielmehr wird der warme Ton des Enthusiasmus angestimmt, wie in dieser Passage aus Klaus Kinkels Oxforder Rede:

"Wie lange werden wir als Außenminister nach allgemeinen Räten noch getrennt vor die Fernsehkameras treten und erläutern, was wir für unsere jeweiligen Länder, aber nicht, was wir für Europa erreicht haben?"

Mehrheitsbeschlüsse

Es liegt in der Natur des vorher Gesagten, daß beide Länder in der Frage von Mehrheitsbeschlüssen zur künftigen 'Gemeinsamen Außen- und Sicherheitspolitik' (GASP) weit voneinander abweichende Positionen vertreten. Bekanntlich ist dieses Feld einer Entscheidungsfindung durch kollektive Mehrheitsbeschlüsse bisher entzogen geblieben. *"Wir sollten deshalb in der GASP auch das Tabu um die Mehrheitsentscheidungen durchbrechen"*, ließ Kinkel in Oxford wissen. Dem sekundierte der Bundeskanzler in Löwen (2. 2. 1996): *"Weitere Fortschritte dabei dürfen wir nicht von den unvermeidlichen Schwierigkeiten in manchen Details blockieren lassen."*

Wenn Michel ans "Durchbrechen" denkt, senkt John Bull die Hörner - oder denkt an das nächste "Opt-out"... *"Die Regierung wird jede Erweiterung des Abstimmungsprinzips nach qualifizierten Mehrheitsentscheidungen ablehnen"*, stellt John Major in seinem Europa-Weißbuch unmißverständlich fest. *"Es wäre sogar unklug"*, fährt er fort, *"mit Hilfe eines künstlichen Abstimmungsverfahrens Handlungen durchsetzen zu wollen, wenn in der Europäischen Union ein kollektiver Wille, zu handeln, nicht vorhanden ist."* Da melden sich alte Vorbehalte an. Immer wird Britannien die Sache der Empirie vertreten und Konzepten mißtrauen, die ihm rigide, künstlich vorkommen.

Wo steht die Insel im zukünftigen Europa, wo das neuvereinigte Deutschland? Beide Staaten gehen offensichtlich von unterschiedlichen historischen Erfahrungen aus, was eine Vereinheitlichung der Politik, schon im Philosophischen, genuin erschwert. Hinzu kommt, daß die britische Regierung ihre eigene Europa-Treue nicht so sehr nach Schwüren auf die Zukunft als nach vorweisbaren Erfolgen der Vergangenheit bemißt. Was beispielsweise die genaue Einhaltung der Regeln des Gemeinsamen Marktes angeht, so reklamiert London nach Dänemark das zweitbeste

Ergebnis für sich: Vor dem Europäischen Gerichtshof in den Haag wurden zwischen 1990 und 1994 nur sechs Fälle gegen das Vereinigte Königreich verhandelt (Dänemark: vier), während die durchschnittliche "Sündenfallquote" für alle EU-Mitgliedsländer im gleichen Zeitraum bei dreißig lag.

Der deutschen Politik reichen diese Maßstäbe nicht. Man sucht statt dessen nach Visionen und denkt erschrocken an die möglichen Folgen, wenn die nächsten Schritte in Richtung vertiefter europäischer Integration nicht gewagt werden. Dieser latente Pessimismus, diese Überzeugung von der Unausweichlichkeit eines Rückfalls in nationalstaatliche Konflikte, wenn "Maastricht" nicht wie geplant gelänge, wird auf der Insel nicht geteilt. Auch ist die Mehrzahl der Briten im Jahr der deutschen Neuvereinigung und danach der Deutschland-skeptischen Haltung ihrer damaligen Premierministerin nicht gefolgt. Man sieht den deutschen Partner seit langem sicher in den internationalen Beziehungen verankert. Das Unbehagen heute kommt aus anderen Quellen.

"Ich kann nicht sehen, daß die deutschen Dinge die britische öffentliche Meinung mehr beunruhigen, als das bei Guatemala oder Grönland der Fall ist", belächelte George Brock, damals Europa-Chef in der TIMES-Redaktion, auf einer Vortragsreise durch Deutschland im Januar 1996 die Behauptung einer vermeintlichen Angst Britanniens vor den deutschen Vettern. *"Wir sind natürlich mehr an Deutschland interessiert als an diesen anderen Ländern, aber ein Interesse an Schlagzeilen ist nicht gleichzusetzen mit Angst vor diesen Schlagzeilen."*

Das ist etwas tiefgestapelt. Auch London kann sich irritiert zeigen, etwa was die Auswirkungen der Bundesbankpolitik angeht oder wenn - wie nach der Wiedervereinigung - längere Zeit unklar blieb, ob und in welchem Umfang sich deutsches Militär an Aufgaben des Krisenmanagements außerhalb des Nato-Gebietes beteiligen würde. Aber solche Fragen erreichen nicht jenen Grad von Besorgtheit, der es der britischen Politik nahelegen würde, deshalb auf klassische Gütesiegel nationaler Souveränität zu verzichten. Auch ist die Haltung zu Europa im Vereinigten Königreich, bei allem Zwiespalt, durchaus nicht durchgehend negativ. Was negativ an ihr klingt, zielt in der Regel nur auf die angebliche Unentrinnbarkeit der europäischen "Vereinheitlichung".

Typisch dafür ist, was George Brock von einem kürzlichen Gespräch mit Geoff Mulgan, dem jungen Leiter des angesehenen Londoner Forschungsinstituts "Demos", zu berichten wußte: *"Ich bin sehr proeuropäisch"*, vertraute ihm Mulgan an, *"was ich nicht ausstehen kann, ist die Europäische Union."* Dem sekundiert der frühere Chefredakteur der TIMES, William Rees-Mogg, wenn er in einer Kolumne zum Abschluß des deutsch-britischen bilateralen Gipfeltreffens vom Frühjahr 1996 in London schreibt: *"Wir sind zu verschieden, um zu dem Europa zu gehören, das Deutschland sich zu errichten vorgenommen hat."* ("The Times", 29. April 1996)

Doch sind das nur zwei unter vielen Stimmen auf der Insel. Deutlich positiv gegenüber einer weiteren Vertiefung Europas, inklusive der Wirtschafts- und Währungsunion, ist zum Beispiel das Gros der britischen Industrie eingestellt. Die Äußerungen aus dem Lager der Labour-Partei erlauben dagegen noch keine eindeutigen Rückschlüsse. In der Rhetorik gegenüber der Europäischen Union klingt zwar alles viel positiver als bei den in dieser Frage äußerst zerstrittenen Konservativen. (Aber das war anfänglich auch bei John Major noch anders, als er kurz nach seinem Amtsantritt als Premierminister bei einem Besuch in Bonn zu Protokoll gab, sein Land wolle "im Herzen Europas" stehen.) Und in einer Frage würden Tony Blair und seine Partei, sollten sie an die Macht kommen, auch deutlich anders handeln als ihre Vorgänger: Sie würden das von John Major im Dezember 1991 während des Maastricht-Gipfels des Europäischen Rats ausgehandelte *opt-out* gegenüber einer europäischen "Sozialcharta" wahrscheinlich sofort fallenlassen.

Begegnung mit einem Dritten: "Ich heiße Anticlimax"

Aber bei dem unmittelbar bevorstehenden Treue-Test zu Maastricht in der Frage der Währungsunion ist Labour durchaus noch ambivalent. Auf seinem Deutschland-Besuch am 18. Juni 1996 klang Tony Blair eher skeptisch: Großbritannien werde nur teilnehmen, so sagte er, wenn die gemeinsame Währung in seinem nationalen Interesse sei. Auch die Labour-Partei also, ganz im Sinne der britischen Tradition, definiert das nationale Interesse nicht unbedingt in Kongruenz mit den europäischen Fahrplänen der kontinentalen Verbündeten. *Wait and see*, heißt es praktisch zum "Euro". Ähnlich zurückhaltend wie Parteichef Blair gibt sich der bei Labour für außenpolitische Fragen zuständige Robin Cook. In einem Vortrag vor dem Europäischen Parlament am 13. Juni 1996 in Brüssel gab Cook zu verstehen, die Währungsunion könne möglicherweise mehr Probleme aufwerfen als lösen, wenn man sie zu früh anstrebe. Die allgemeine Konjunkturschwäche der europäischen Volkswirtschaften und das massive Problem der Arbeitslosigkeit seien kein günstiges Omen für eine frühe gemeinsame Währung. Diese Fragen hätten sich so noch nicht gestellt, als man Ende 1991 die Wirtschafts- und Währungsunion für das Jahr 1999 beschloß.

Insofern könnte eine Karikatur aus dem "Daily Telegraph" (Mai 1996) noch länger gültig bleiben, als vielen in der EU lieb wäre... Asterix (Chirac), der alerte Gallier, stellt seinen unter der Last der Euro-Währung schwitzenden Freund Obelix (Kohl) dem ihm entgegenkommenden John Major vor, worauf dieser, vielsagend lächelnd, antwortet: "Oh, wie gut sich das trifft! Ich heiße Anticlimax. Komm, gib mit die Hand, alter Junge." Wer weiß, ob nicht auch Tony Blair sich als "Anticlimax" vorstellen wird, wenn es bei der europäischen Währung zum Handschlag kommt...

Wie - ist John Bull dabei, Europa, vielmehr der "Formatierung" Europas Adieu zu sagen? Die Frage ist viel zu alarmistisch gestellt. Alle Umfragen der jüngsten Zeit belegen, daß die Mehrheit der Briten trotz andauernder Zweifel am Prozeß der europäischen Vertiefung nicht gewillt ist, deshalb ihre Mitgliedschaft in der EU aufzugeben. 57 Prozent sind laut einer Gallup-Umfrage vom Mai 1996 weiterhin für ein Dabeibleiben.

Das weiß auch Premierminister John Major. Entsprechend

vorsichtig umschifft er das heikle Thema "Referendum" in seinem Land. Welches Europa aber schwebt ihm wirklich vor? Das, zu dem sich sein junger Landsmann Mulgan nach eigenem Bekunden so positiv verhält? Das wäre zuwenig für ein Land, das als Mitglied der Europäischen Union nicht abseits stehen kann bei der Ausformung der Zukunft eben dieser Union. Das genau will die Major-Regierung auch vermeiden. Daher faßte Außenminister Rifkind am 12. März 1996 im Unterhaus das Major-Wort von vor fünf Jahren, Großbritannien wolle *at the heart of Europe* stehen, diesmal prägnanter: Das Land werde *"at the heart of the debate about the future of the European Union"* bleiben.

Damit gab der Mann, der den deutschen Bundeskanzler wissen ließ, daß ein Konvoi zusammenbleiben müsse oder kein Konvoi mehr sei, ein wichtiges Signal: Das Vereinigte Königreich gehört nicht nur zu Europa, sondern auch zu "Europa", es fühlt sich nicht nur historisch-kulturell europäisch, sondern beabsichtigt auch, europäisch-politisch mitzudenken und -zuhandeln.

Kein Zweifel: Der Schwung der Debatte hat überall zugenommen und mit ihm auch die Profilierung unterschiedlicher Standpunkte. Geistige Konkurrenz dieser Art gehört genau zu jener kulturellen Vielfalt in Europa, zu der wir uns, nach bester Sonntagsredner-Manier, immer so gerne bekennen. Sind wir ihr im Alltag aber auch gewachsen - oder verfallen wir bei anhaltender Meinungsverschiedenheit sogleich in alte, abwertende Klischees? Hält *europolitical correctness* uns gefangen? Das wäre im höchsten Maße unwillkommen und würde nur in falsche Richtungen führen. Denn die Europäer haben seit 1945 im politischen Umgang miteinander jegliche Diskriminierung abgelegt und einen *modus operandi* entwickelt, der Meinungsverschiedenheiten zu absorbieren, vielleicht sogar kreativ zu nutzen weiß.

Das ist freilich beim Streit um die zukünftige Gestalt Europas noch nicht zu sehen. So muß man fürs erste darauf bauen, daß die deutsch-britischen Beziehungen inzwischen robust genug sind, um auch solche Differenzen aushalten zu können - die Zentralität des seit 1945 Erreichten, die Unumkehrbarkeit der Freundschaft zwischen den beiden Völkern sollte davon unberührt bleiben.

Auf diese Aspekte bezog sich Königin Elizaeth II. anläßlich der Gedenkfeiern zum 50. Jahrestag des Kriegsendes auf einem Bankett in der Londoner Guildhall, als sie sagte:

"Wir sind dankbar für ein halbes Jahrhundert Frieden in Europa. Wir sind dankbar für die Früchte des Friedens zwischen Nationen und Menschen, und wir sind dankbar für die Errungenschaften, die die Kriegsgeneration für ihre Söhne und Töchter und durch sie für die Jugend von heute erzielt hat."

Daß Frieden und friedliche Zusammenarbeit zur *raison d'être* der europäischen Politik geworden sind, gehört zu unserer strategischen Verankerung heute. Frühere Generationen hätten sich gerne ein wenig mehr von solcher Sicherheit gewünscht: *Wir* machen aus dem "disagreement" eine Kultur des "agree to disagree", wo *sie* darüber vielleicht noch in den Krieg gezogen wären.

Ein Resümee dieser historischen Metamorphose zog vor nicht langer Zeit (September 1994) der Historiker Michael Howard auf einer Vortragsreise durch die Bundesrepublik Deutschland:

"Die britische und die deutsche Gesellschaft sind friedlich, wohlhabend, bürgerlich und materialistisch geworden. Die Alpträume der herrschenden Klassen von 1914 sind wahr geworden: Großbritannien hat sein Weltreich verloren, Deutschland seinen (selbst)mörderischen Willen, eines zu schaffen. (...) Unsere Differenzen und Rivalitäten werden weiterbestehen, und wir würden uns nur selbst etwas vormachen, wenn wir so tun, als wäre das nicht der Fall."

Aber wie wir diese unsere Differenzen richtig einschätzen und welche Bilder uns bei der Betrachtung des anderen leiten, das ist eine immer wieder faszinierende Frage. So hatten britische (und französische) Ängste gegenüber dem sich neu vereinigenden Deutschland nach 1989/90 mehr mit abgelegten Erfahrungen im Umgang mit dem Land in der Mitte des Kontinents zu tun als mit einer realistischen Einschätzung der aktuellen Probleme. Auch können Länder sich durch Irrtümer über sich selber großen Schaden zufügen. Hatten die Deutschen nicht noch 1990 geglaubt, sie könnten die Vereinigung mit ihrem Taschengeld, gewissermaßen "aus der Portokasse", bezahlen? Auch diese Illusion verhinderte eine rechtzeitige Umstellung auf eine realistischere Politik, diesmal im eigenen Land.

Dieses Phänomen beschreibt treffend David Marsh in einem jüngst publizierten Zeitschriftenaufsatz:

"Abgelenkt durch die Neuvereinigung, hat Deutschland es versäumt, Schritt zu halten mit einer Welt, in der China oder Tschechien jetzt zu Konkurrenten für Mittelstandsfakriken in Cochem, Chemnitz oder Castrop-Rauxel geworden sind. Ähnlich verhielt es sich 1945 auf der Insel: Großbritanniens großer Triumph verhinderte geradezu das rechtzeitige Sicheinstellen auf jene Schwächung, die den Preis des Sieges ausmachte; dadurch verschärfte sich für das Vereinigte Königreich der Abwärtstrend in der Nachkriegszeit. So kann man mit Händen greifen, daß der Neuvereinigungstriumph es Deutschland geradezu besonders schwer gemacht hat, die Defizite im eigenen Land aufzugreifen und anzugehen. Ja, es mag sogar eine Zeit angebrochen sein, in der, entgegen allen überzogenen Ängsten, die deutsche Schwächung markanter hervorsticht als die deutsche Kraft."
("New Statesman", 21. Juni 1996)

Wäre es nicht Aufgabe der Realpolitik, sich solchen Fragen vordringlich zu stellen, statt sein Kapital zu vergeuden in fruchtlosen Vorhaltungen über den Kanal hinweg, in beide Richtungen? Die Farbigkeit Europas ist auch ein Spiegelbild der Farbigkeit seiner individuellen nationalen Probleme. Diese haben immer auch etwas mit nationalen Eigenarten zu tun. Der Einigungsweg ist nur ein Teil der Antwort darauf - die Souveränität gegenüber den jeweiligen Hausaufgaben der andere. Im Mittelweg zwischen dem vernünftigen Gemeinsamen und dem unerläßlich Eigenen liegt die Kunst der europäischen Politik.

Last but not least
Die Kreuzung und der Kreisverkehr
Wie verschieden sie doch sind,
die beiden Vettern...

Wie alt sind die Bilder, die wir voneinander besitzen? Sehr alt. Zumal in Europa, mit seinen Nachbarschaften auf engstem Raum, gesellte sich zum Umgang miteinander sehr früh die passende Einschätzung des anderen; das wiederum schärfte jedermanns Blick auf sich selber. In diesem ständigen Spiel von Aufwertung und Abwertung, von Konkurrenz, Mißverstehen und ehrlichem Bemühen bildeten sich bleibende Urteile heraus, die durchaus nicht nur auf den Krücken von Klischees daherkamen. Nicht alles glich einer Karikatur. Im Gegenteil, es war immer "viel dran", wie man so sagt.

Nicht aus der Luft gegriffen war zum Beispiel, was der schwäbische Liberale Karl Friedrich Moser sich 1758 notierte: *"Jede Nation hat ihr Hauptmotiv. In Deutschland ist das der Gehorsam; in England die Freiheit; in Holland der Handel; in Frankreich die Ehre des Königs."* Und schon im 12. Jahrhundert skizzierte Henry von Huntington Britannien auf eine Weise, der wir auch heute, 800 Jahre später, kaum widersprechen: *"England ist voll von Späßen, das Volk freimütig, geneigt zu scherzen."*

"Jede Nation hat ihr Hauptmotiv" - darüber könnte man Bände schreiben. Aber einige dieser Haupt- und Nebenmotive der Briten und Deutschen, einige ihrer Eigentümlichkeiten, einige ihrer kuriosen oder weniger kuriosen Abweichungen voneinander sollen dieses Buch zumindest in den Abschied begleiten.

Bei Heinrich von Kleist (1777-1811) findet sich eine köstliche Anekdote über zwei englische Boxer, aus Portsmouth der eine, aus Plymouth der andere, die es ein für allemal und in einem öffentlichen Schaukampf wissen wollten, wer von ihnen der Größte im Lande sei. Jedesmal, wenn einer von ihnen einen schweren Schlag landete, quittierte das Opfer diesen Treffer mit Worten höchster Anerkennung. Sie schlugen sich wund und blutig und nicht ganz nach heutigen Regeln - aber sie unterließen es nie, den Gegner für seine gelungenen Schläge zu loben. Das ging so lange, bis der Mann aus Plymouth, die Augen verdrehend, mit dem letzten empfangenen Stoß in den Tod sank, nicht ohne vorher laut "Das ist auch nicht übel!" gerufen zu haben.

Der Brite als Sportsmann - ein altes Charakteristikum, zu dem diese Anekdote eine ins Absurde gesteigerte Definition beisteuert. Kleist unterscheidet unausgesprochen zwischen "Kampf" und "Sport" - bis zum Exzeß der Härte getrieben der eine, bis zum Exzeß der Höflichkeit, des Fairplay getrieben der andere. Beide schließen sich offensichtlich nicht aus: Die Härte des Einsatzes macht die Würdigung des Gegners nicht unmöglich - bis zur eigenen Niederlage nicht.

Fairplay - ein nationales "Hauptmotiv"? Aber nur, wenn man die andere Seite mitbedenkt: Die Lust am Kampf. Wie sonst hätte man die britische Reaktion auf das Exportverbot der EU für Beef und Beef-Derivate verstehen können...?

Fairplay bleibt natürlich eine Leitplanke im britischen Alltag. Murmelt der Brite nicht noch heute, wenn man ihm aus Versehen auf den Fuß tritt, deutlich eine Entschuldigung? Als sei es *sein* Versehen gewesen... Fairplay geht mit einem hochentwickelten Gespür für peinliche Lagen Hand in Hand. Es könnte peinlich werden, wenn jemand aus Versehen in die peinliche Lage gerät, sich entschuldigen zu müssen. Dem kommt man am besten zuvor, indem man ihm das "Sorry!" abnimmt...

Zu diesem Reflex gehören die Vorliebe für leise Töne, fürs Understatement, die Abneigung gegen die Zurschaustellung von Glaubensfragen, gegen alles Belehren - es könnte das Gegenüber ja verlegen machen.

So tritt als Schwester des Fairplay die *restraint* hinzu, Zurückhaltung, ein Stück römische Tradition. "Die Besiegten schonen", lautete die Forderung an den siegreichen Feldherrn. Es ist peinlich genug, zu verlieren... Auf den Alltag übertragen, etwa die tägliche Verkehrshölle: Es ist schlimm genug, im Nachteil zu sein - der schwächere gegenüber dem stärkeren Motor, der langsamere gegenüber dem schnellen, der Personenwagen gegenüber dem Bus oder dem Lastwagen, das sich einfädelnde Auto gegenüber der Vorfahrtsstraße, erst recht der Fußgänger gegenüber dem motorisierten Verkehr allgemein. Nirgends wird man aus solchen Lagen so unkompliziert, nirgends so rasch aus einer Verlegenheit befreit wie im englischen Alltag.

Ob dieser selige Zustand noch lange anhält, kann man leider nicht mit Sicherheit sagen. Gegen das Vordringen von Rücksichtslosigkeit, dieser ansteckenden Krankheit moderner Gesellschaften, sind auch Ihrer Majestät Untertanen nicht mehr gefeit.

Ohnehin hat jede Tugend einen Preis. Schon die *restraint* selber, dieses britische Haupterkennungsmerkmal, eine königliche Haltung, zeigt eine Kehrseite: Unter ihrer Herrschaft hat das Gefühlsleben es schwer, sich zu artikulieren. Wenn es nicht gerade um sportliche Ereignisse geht, bei denen er leidenschaftlich dabei ist, verhält sich der britische Bürger der Welt der Emotionen gegenüber wie der Euroskeptiker gegenüber Brüssel: Man meidet sie am besten wie die Pest. Gefühle sind die jeweils stärkste Macht auf einem England vorgelagerten Kontinent; sie gilt es unbedingt in Schach zu halten. Balance of power...

Wohltuend an dieser Haltung ist wiederum der ihr verwandte Reflex, sich absolut nicht aus der Ruhe bringen zu lassen (siehe auch "Blickpunkt 51") - ein "Hauptmotiv", an dem man britische Art (und ihren Ursprung im altrömischen Stoizismus) bis heute noch immer am besten festmachen kann. Ein kultursoziologischer *Comment* geradezu, an dem sich die Insel seit langem orientiert. Empfahl doch schon Alexander Pope in seinem "Essay on Criticism" (1711): "Vermeide Extreme. (...) Laß dich nicht von jeder Wendung der Dinge hinwegreißen. Denn nur Dummköpfe bewundern, wo Menschen mit Urteil bestenfalls ihre Billigung aussprechen." Der Stoiker, der Gentleman, der Dandy, sie alle haben in dieser Haltung ihre Wurzel.

Und auch John Bull, wenn es bitterernst wird. Dann ist die gesammelte Ruhe, in die er sich kleidet, der Vorbote großer Entschlossenheit. Churchill nach Dünkirchen - das war die Stimme, die in verzweifelter Lage den unerschütterlichen Geist des Widerstands wachhielt.

Heinrich von Kleist, der genannte, ist auch der Autor einer Erzählung, die ihrerseits so etwas wie ein "Hauptmotiv" unter den Deutschen geworden ist: Michael Kohlhaas. Da geht es um Gerechtigkeit und sture Rechthaberei und wie einer sein Anliegen bis zum Äußersten vorantreibt, eine ganze Welt dabei in Brand setzend. "Unbeschadet" der Wirklichkeit setzt der Typ Kohlhaas seine Auffassung durch - die Wirklichkeit interessiert ihn nicht, er ist bereit, sie bis zur Totalbeschädigung zu ignorieren, auch zur Totalbeschädigung seiner selbst. So sieht es in letzter Konsequenz aus, wenn er "konsequent" handelt.

Konsequent: ein fast unübersetzbares deutsches Wort. Es setzt eine Unbeirrbarkeit voraus, die - manchmal ohne Rücksicht - ihren Weg geht. Konsequent ist der Mund, der sich nicht verzieht, weil der Anlaß traurig und Lachen daher nicht erlaubt ist. Shakespeare ist ganz und gar inkonsequent: Er durchbricht noch seine Tragödien mit dem, was die englische Dramentradition den *comic relief* nennt. Der Narr gewährt mit Witz und Späßen Entlastung von drückendem Schicksal; dieses wird erträglicher. Humor ist wie das temporäre Ausweichen vor der bitteren Konsequenz des Sterbens - ein *opt-out*, ein tiefer Vorbehalt...

Briten können oft auch deshalb nicht ernst sein, weil sie fürchten, sich damit lächerlich zu machen. In Wirklichkeit haben sie ein Problem mit der "Konsequenz". Sie kennen und anerkennen

Spielregeln, aber darüber hinaus ist ihnen nichts heilig. Auch vor sich selber machen sie mit ihrer Ironie nicht halt. Deshalb sind sie zum Kompromiß prädestiniert: Er ist die Voraussetzung eines Lebens ohne absolute Wahrheiten.

Zu "konsequent" gehört "gründlich" - auch eine der Tugenden, die nicht ohne Preis zu haben sind. Gründlich wäre ein Gesamtkonzept zum Umbau des modernen Wohlfahrtsstaates. Der Preis: Undurchführbarkeit. Gründlich ist die Art, wie Alexander der Große den Gordischen Knoten durchschlug. Die heutigen Knoten sind aus Beton, das Durchschlagen ist nicht so einfach.

Nur Mut. Margaret Thatcher dozierte auf dem zitierten Symposium in Vail, Colorado, im Herbst 1995 (S. 190): *"Politische Führer sind nicht dazu da, die Realität zu akzeptieren. Wir sind dazu da, die Unvermeidbarkeit zu ändern."* Das war das Unbedingte in Frau Thatcher, gewissermaßen ihr teutonisches Erbe, ihre Konsequenz, ihr Entschiedenkeit. Dafür wurde sie bewundert - und viel gescholten. Ihr Wille wirkte in der politischen Kultur wie ein Rollentausch zwischen deutschen und britischen Eigenschaften. Sie hatte ein Gesamtkonzept, dem sie treu blieb bis zum eigenen Sturz.

Heathrow Airport funktioniert anders. Keine Gesellschaft läßt sich auf nur einen Nenner bringen. Margaret Thatcher war nicht "typisch englisch", glaubt man einem Kenner der Materie, Hans-Dieter Gelfert (*"Typisch englisch - Wie die Briten wurden, was sie sind"*, 1995). *"Die Engländer haben"*, so schreibt er, *"über Jahrhunderte hinweg das Biegen gegenüber dem Brechen, die Einzelfall-Lösung gegenüber allgemeiner Systematik, den Kompromiß gegenüber dem rigorosen Prinzip den Vorzug gegeben."* Das deutsche Denken dagegen werde bestimmt *"in der Politik vom Staatsbegriff, in der Philosophie vom Totalitätsprinzip, in der Ästhetik vom Erhabenen, in der Literatur vom Tragischen"*.

Staat - Welten trennen bei diesem Wort die beiden Vettern. Ein mystisches Wort für deutsche Ohren, eine eher suspekte Vokabel für britische, fast so suspekt wie den Amerikanern das Wort vom "big government". Man hat gesagt, daß die Mentalitätsunterschiede zwischen Frankreich, England und Deutschland etwas zu tun haben mit dem Zeitpunkt der Aufklärung in diesen Ländern. Auf der Insel gingen der Aufklärung die großen Umwälzungen in Politik und Gesellschaft voraus, kamen erst die "Glorreiche Revolution" von 1688/9 und ihre das Parlament stärkenden Reformen. Entsprechend waren die Philosophen Empiriker, die einen Zustand beschrieben, den sie vorfanden.

In Frankreich ereigneten sich gesellschaftliche, politische und geistige Umwälzungen etwa zeitgleich, so daß die Aufklärungsphilosophen zur Speerspitze des Wandels wurden. In Deutschland dagegen kamen die Ideen der Aufklärung lange vor der politischen Befreiung zum Tragen, so daß "Fortschritt" dem Denken nur als Spekulation dienen konnte (siehe Kap. II, 6, "Blickpunkt" 26). Politische Emanzipation und Philosophie klafften auseinander, und in der Mitte entwickelte sich die abstrakte Idee vom Staat als dem Alles-Ordner für Mächtige und Bürger, schließlich als die letztinstanzliche Fürsorge selber.

Die Briten bleiben da skeptisch. Sie kennen bis heute kein Einwohnermeldeamt, keinen Personalausweis, und ihre Ordnungshüter gehen meist unbewaffnet auf Patrouille. (Die Fahnder schon nicht mehr, die *special forces* erst recht nicht. Der Terrorismus fordert seinen Preis.) Obendrein muß das Heer - anders als die Marine - jährlich eigens vom Parlament neu bewilligt werden: Eine stehende Armee könnte aufsässig werden und der Libertät den Kampf ansagen. Skepsis herrscht durchgehend, vom Staat erwartet man weitaus weniger, als die Deutschen das tun. Große, auch weltweite Organisationen der öffentlichen Fürsorge wurden auf der Insel privat gegründet - so "Oxfam", "Friends of the Earth", "Amnesty International", "World Wild Life Fund", "Save the Children". Nach ihrem Muster entstanden ähnliche Organisationen auch in Deutschland ("SOS Kinderdorf" etc.)

Staat, das muß dereguliert werden - bis es dann freilich zu einem Eklat wie dem lange nicht ernstgenommenen Rinderwahnsinn kommt und die Öffentlichkeit dann fragt, ob das Prinzip des sich zurückhaltenden Staates vielleicht nicht zu weit getrieben worden ist. Die Kehrseite unserer Tugenden...

Man ist versucht zu sagen: Die Briten kennen nicht "den Staat", sie kennen nur sich als Familie. Das vor allem unterscheidet sie historisch von ihren deutschen Vettern. Unter dem Gesetz ihrer territorialen Zersplitterung wollten diese nie so recht zusammenwachsen, und auch die Reichseinigung, als sie denn kam, hob nicht die unvereint-störrische Separatheit ihrer Stämme auf, diese Distanz untereinander. Das wußte man in deutschen Landen selber seit langem am besten. "Die Deutschen lieben sich gar nicht sehr", hat Bismarck sinngemäß geäußert. Und auch Goethe sprach oft über dieses "Hauptmotiv":

"Wir sind lauter Particuliers; an Übereinstimmung ist nicht zu denken: Jeder hat die Meinung seiner Provinz, seiner Stadt, ja, seines eigenen Individuums, und wir können noch lange warten, bis wir zu einer Art von allgemeiner Durchbildung kommen."
(zu Eckermann, 3. 10. 1828)

Demgegenüber verlief die Erfahrung auf der Insel anders. Stark ausgeprägter Individualismus stand nie einem hohen Grad an Homogenität im Wege, dieser von London ausstrahlenden Prägung mit dem Monarchen als der Traditionsfigur familiärer Identität. Immer wieder ist dieses Phänomen Besuchern vom Kontinent, deutschen zumal, aufgefallen. Eine der schönsten Beschreibungen gibt uns Heine in seinen "Englischen Fragmenten", 1828:

"Trotz (...) entgegengesetzten Geistes- und Lebensrichtungen findet man doch wieder im englischen Volke eine Einheit der Gesinnung, die eben darin besteht, daß es sich als ein Volk fühlt; (...) wie Pflanzen, die aus demselben Boden hervorgeblüht und mit diesem Boden wunderbar verwebt sind. Daher die geheime Übereinstimmung des ganzen Lebens und Webens in England, das uns beim ersten Anblick nur ein Schauplatz der Verwirrung und Widersprüche dünken will."

Ist "Familie", dieses Gefühl großer Verwobenheit miteinander, in Britannien der eine Kontrapunkt zum Begriff "Staat", so sind

"Spielregeln" der andere. Spielregeln machen den Kitt einer Gesellschaft ohne geschriebene Verfassung aus, auch den Kitt zwischen der Ungleichheit unter den Mitgliedern dieser Gesellschaft. Das tritt sehr deutlich an einem Beispiel wie der Schuluniform zutage. Die Schuluniform britischer Kinder läßt die sozialen Unterschiede buchstäblich zu Hause: *Diese* Uniform uniformiert nicht, sie will nur den natürlichen Mangel an Uniformität neutralisieren und dadurch den Blick für das Potential des einzelnen erst recht freigeben. Ein interessantes Paradox.

Eine Uniform, die nicht uniformiert

Spielregeln: Wenn der Brite Schlange steht, ist er kein tugendhafterer Mensch als andere, die das nicht tun. Er bändigt damit nur die Wahrscheinlichkeit von Chaos, welches ausbrechen müßte, wenn es diese Disziplin nicht gäbe. Jeder, der die Drängeleien an kontinentalen Büffetts oder die Rangeleien auf deutschen Bahnsteigen beim Einsteigen in den Intercity kennt, weiß die Vorteile ruhiger Abwicklung zu schätzen.

Der Deutsche ist unbekümmert, wo der britische Vetter sich zurückhält, und zurückhaltend, wo sein Vetter eher unbekümmert vorangeht. Auf den Autobahnen in Deutschland herrscht "freie Fahrt für freie Bürger", bei Rot dagegen bleibt der Fußgänger am Straßenrand stehen, auch wenn weit und breit kein Vehikel zu sehen ist. Man soll fremde Länder nicht verstehen wollen, man muß nur beachten, wo ihre Paradoxien liegen. Auf die Gebots- und Verbotsschilder kommt es in Deutschland an, sie geben dem legalistischen Denken Halt, mit der Ordnung einer geschriebenen Verfassung im Hintergrund, wo die britischen Verwandten ohne eine solche leben müssen, rein dem "case law" ausgeliefert und den Gewohnheiten ihrer Tradition. Dafür ist Rot an der Fußgängerampel nur eine Aufforderung, kein legales Gebot.

Liebe zum Unregulierten einerseits, ein hochentwickeltes Sensorium für Disziplin, Spielregeln und Rituale andererseits - das ist eines von vielen britischen Paradoxa. Es dominiert das Bedürfnis, nicht "formatiert" zu erscheinen. Das kann kuriose Formen annehmen. Der britische Mann beispielsweise wird so gut wie nie mit einem Portemonnaie in der Hand an der Kasse gesehen werden wie sein deutsches Pendant. Undenkbar, daß er Kleingeld aus den Schächten einer ängstlich gehüteten Börse hervorzerren und es genauestens abzählen würde. Es gehört sich einfach, Geld in der Tasche mitzuführen, es dort klimpern zu lassen und nach Art des großen Herrn lässig hinzulegen. Vieles am *way of life* ist ein Abglanz der Attitüden der alten Gentry, des niederen Landadels.

Deutsche und Briten im Vergleich. Zwei Stimmen

Einer der treffendsten Vergleiche zwischen deutscher Systematik und britischem Pragmatismus findet sich bei **Ernst Jünger** *- einem Autor, der sich eigentlich mehr in der ästhetischen Tradition Frankreichs als in der angelsächsisch-demokratischen Welt zu Hause fühlt. In seinem "Pariser Tagebuch" notiert sich Jünger unter dem Datum des 16. 8. 1942 (wobei er - 1895 geboren - noch die für seine Generation geläufige Bezeichnung "die Preußen" statt "die Deutschen" wählt):*

"Die angelsächsische Konstanz in anbrüchigen Verhältnissen - ein wunderlicher und unvorhergesehener Zug in unserer Welt, den man eher den Preußen prophezeit hätte. Der Unterschied liegt aber darin, daß der Engländer ein bedeutend größeres Quantum an Anarchie verdauen kann. Wenn beide Gastwirte in ramponierten Vierteln wären, so möchte der Preuße, daß das Reglement in jedem Zimmer aufrechterhalten wird. Er hält damit auch einen gewissen Anstrich von Ordnung aufrecht, unter dem das ganze Gebäude vom Nihilismus ausgefressen wird. Der Engländer läßt die wachsende Unordnung zunächst auf sich beruhen, fährt ruhig fort einzuschenken und zu kassieren und steigt endlich, wenn ihm die Wirtschaft zu toll wird, mit einem Teil der Gäste nach oben und vermöbelt die anderen.

Charaktereologisch hat der Engländer dem Preußen gegenüber den Vorteil des Phlegmatikers vor dem Sanguiniker und sachlich den des Seemannes gegenüber dem Landmann. Seefahrendes Volk ist an größere Schwankungen gewöhnt..."

Wie zur Bestätigung des oben Gesagten klingt der Ausruf einer alten Dame in einer Londoner U-Bahnstation, Oktober 1940, nachdem gerade übertage eine schwere Detonation zu hören war:

"Dieser Hitler ist doch ein richtiger Zappelphilipp!"
(nach einer Live-Aufzeichnung der BBC)

Sich nicht lächerlich machen, nicht kleinbürgerlich erscheinen - und nicht der Hypochondrie verfallen: Es gehorcht alles dem gleichen geheimen Appell. Dem unpeniblen Umgang mit Geld oder dem Ernst des Lebens entspricht zum Beispiel auch die Abneigung, sich im Winter warm anzuziehen. Herrenmäntel sind so gut wie *out*, es sei denn, wir sprechen vom City-Professional und dem Kleidungszwang seines Milieus - in dem Schals wiederum keinen Platz haben. Denn letztlich gehört Frieren zum guten Ton, und die blaugeforenen Lippen der Studenten, die im Winter mit offenen Hälsen und nur dem dürftigsten Schutz vor Kälte sich in Abhärtung üben, verraten, daß auch Snobismus seine masochistischen Seiten hat...

Jede Gesellschaft schneidert sich das zu ihr passende Kleid. Das Land ohne Verfassung fährt am liebsten im Kreisverkehr, wenn es an einen Straßenknoten gelangt. Das Land der Gebote und Verbote schwört auf die Kreuzung als der verläßlichsten Form der Regulierung. Fließende Lösungen erhöhen das Risiko, auch für Versicherungen und deren Rechtsexperten, die zu jedem Bagatellunfall im Kreisverkehr einen Anprall an juristischen Meinungen auszuhalten hätten, wer nun im Recht und wer im Unrecht war. Rot und Grün passen besser zu "Ordnung muß sein!", der Kreisverkehr besser zur freiwilligen *restraint* und zur Deregulierung des Denkens, mit allem Risiko. Im übrigen fließt er und erlaubt daher kein Träumen, wohingegen man die Ampeln so lange auf Rot schalten kann, bis der so dirigierte Verkehrsteilnehmer einzuschlafen droht. Großer Ärger, kleines Risiko - das Geheimnis jeder Bürokratie.

"Jede Nation hat ihr Hauptmotiv. In Deutschland ist das der Gehorsam, in England die Freiheit...", hatte Karl Friedrich Moser 1758 geschrieben. Das wirft die Frage auf, was unter den heutigen Bedingungen der freien, demokratischen Gesellschaft aus den oben geschilderten Typologien britisch-deutscher Unterschiede, ihren teils liebenswürdigen, teils befremdlichen Eigentümlichkeiten folgt. Sind sie mehr als nur Details zur Bereicherung des internationalen *small talk*?

Vergleichende Betrachtungen dieser Art leiden meist unter einem gravierenden Mangel: Sie führen über sich selbst nicht hinaus. Sie lassen die Möglichkeit außer acht, daß aus Gegensätzlichkeiten Ergänzungen werden könnten, aus Extremen Konvergenzen, aus Nullsummenspielen Kooperation, aus Unvereinbarkeiten Kompromisse, aus Ausschließlichkeiten Synergien (siehe Kapitel III, 1). Sie unterlassen oft die Frage: Was geschieht, wenn man Unterschiede der beschriebenen Art zusammenführt und sich gegenseitig befruchten läßt?

Die Antwort ist nicht allzu schwer. Machen nicht Gegensätze geradezu beide Seiten der Medaille aus? In der Tat: In der Philosophie sind "Theorie" und "Praxis" nicht nur Kontraste, sondern Komplementärfaktoren von unverzichtbarer Bedeutung. In der Wissenschaft gehören beide, "Experiment" wie auch "Erfahrung", zu den Grundmustern der Aneignung und Erweiterung von Wissen überhaupt. Ohne gleichzeitig "Gehorsam" und "Freiheit" ist kein *contrat social*, kein moderner Gesellschaftsvertrag auch nur denkbar, wie auch keine Planung, keine Administration ohne die gleichzeitige Anwendung von "Präzision" und "Flexibilität".

Braucht moderne Verkehrsführung nicht beides - "Kreuzung" und "Kreis", das rigorose und das schmiegsame Prinzip, Brechen und Biegen? Und was wäre schließlich die Politik ohne das galvanisierende Element von Visionen, die der Erfahrung ebenso Beine machen können, wie sie von ihr, der Erfahrung, wiederum in Zaum gehalten werden?

Mit anderen Worten: Nimmt man *den* Briten und *den* Deutschen als zwei archetypische Gegenpole, dann ist die Auflösung dieses Spannungsverhältnisses von nicht geringerer archetypischer Bedeutung. In der Synthese begegnen sich die beiden Enden in ihrer Zusammengehörigkeit, Unzertrennlichkeit. Das ist der rote Faden auch dieses Buches.

Hier liegt eines der Geheimnisse der politischen Postmoderne, das zu entdecken allerdings unendliche Mühen und noch größeres

Leid gekostet hat: Europäische Staaten, die einst in nichts anderem als in Konflikt und Rivalität ihre *raison d'être* zu beschreiben pflegten, dienen heute in Kooperation, Austausch und friedlicher Durchdringung ihrem besten Eigeninteresse (dazu der "Exkurs", Seite 161ff.).

Das ist auch der Grund, warum die anglo-deutschen Beziehungen heute einen solchen Grad von fast natürlicher Vertiefung erreicht haben, vielleicht nicht unbedingt in allen Fragen der Politik, dafür aber auf der gesamten Breite dessen, was wir die *culture*, den *way of life* nennen, eingeschlossen den wissenschaftlichen und künstlerischen Austausch.

Dabei bilden die Ungleichheiten von Geographie und Geschichte geradezu die Voraussetzung dafür, daß dieser Austausch nicht zu einer falschen Vereinheitlichung führt. Tocquevilles Mahnung *"Je gleicher die Menschen werden, desto empfindlicher reagieren sie auf Unterschiede"* sollten alle übereifrigen Harmonisierer beherzigen. Es sind die Unterschiede, die uns interessant füreinander machen. Damit sie nicht Empfindlichkeiten wecken, muß die natürliche Ungleichheit, denen sie entspringen, gewahrt bleiben.

Die Sorge freilich, daß sie wirklich gleich werden könnten, Deutsche und Briten, ist zum Glück eher gering zu veranschlagen. Sie sind im höchsten Maße kompatibel, ohne austauschbar zu sein, und beziehen aus manchen geradezu klassichen Kontrasten die Begründung ihrer besonderen Nähe.

Was läßt sich Besseres über die Qualität einer Beziehung sagen?

LAST BUT NOT LEAST

ANHANG 1

Die BLICKPUNKTE in Reihenfolge

KAPITEL I

Britisch-deutsche Stereotypen - und wie sie zu bewerten sind.
Die Rolle der Karikaturen

BLICKPUNKT 1 (Seite 5)
"Die Hunnen": Wie Kaiser Wilhelm den Deutschen zu ihrem berühmtesten Schimpfwort verhalf

BLICKPUNKT 2 (Seite 8)
Nicholas Ridley taucht in vielen Verkleidungen auf. . .

BLICKPUNKT 3 (Seite 16-17)
Witze über Deutsche und Briten: Exerzierfeld für nationale Stereotypen

BLICKPUNKT 4 (Seite 23)
Auf nach Deutschland! Thomas Cook erfindet die Gruppenreisen zum Kontinent

KAPITEL II

Culture - Kultur : Deutsch-britische Befruchtungen.
Pop, Gesellschaft, Literatur, Wissenschaft, Bildung, Musik

1. *"Yeah, yeah, yeah!"*

BLICKPUNKT 5 (Seite 26-27)
Ein Politiker machte die Beatles möglich, und in Hamburg liefen sie sich für ihren Welterfolg warm

BLICKPUNKT 6 (Seite 28)
Pumpernickel? Das klingt doch irgendwie vertraut. . .

BLICKPUNKT 7 (Seite 30-31)
A. S. Neill: Ein Schotte, der die Briten kaltließ, aber die Deutschen anzündete

2. *Englisch und Deutsch: Der ungleiche Wettbewerb*

BLICKPUNKT 8 (Seite 32-33)
Deutschland geht gerne mit ausländischen Moden. . .
. . . was manche braven Bürger mehr als erbost

BLICKPUNKT 9 (Seite 35-36)
Die Schwierigkeiten der deutschen Sprache - vorgeprägt im Stil des Denkens?

BLICKPUNKT 10 (SEITE 38-39)
Der letzte Schrei auf deutschen Autobahnen: einsilbige englische Verben!

BLICKPUNKT 11 (Seite 40-41)
Achtung: Wo jeder glaubt, Englisch zu können, gehört Falschsingen zum guten Ton. . . Eine Blütenlese

BLICKPUNKT 12 (Seite 42-43)
Etappen der Befruchtung. Einige frühe Beispiele

BLICKPUNKT 13 (Seite 45)
"Der Freischütz" mutiert zum "Black Rider": Heraus kommt so etwas wie Angleutsch. . .

3. *University College London*

BLICKPUNKT 14 (Seite 48)
"University College" - der Name selber steht für ein Muster anglo-deutscher Synthese. . .
. . . doch behielt diese ihren britischen Akzent

ANHANG

4. *Ein Deutscher in England: Prinz Albert*

BLICKPUNKT 15 (Seite 50-51)
Auch Königin Victoria war reinblütig deutsch. Aber wie kamen die Deutschen überhaupt auf den britischen Thron?

BLICKPUNKT 16 (Seite 53-54)
Prinz Albert: Förderer der Künste, Sozialreformer, von technischen Neuerungen fasziniert

BLICKPUNKT 17 (Seite 56-57)
In Alberts Zeit banden auch Technik, Transport und Tourismus Deutsche und Briten zusammen

5. *Ein Engländer in Deutschland: Shakespeare*

BLICKPUNKT 18 (Seite 60)
"Shakespeare ist eine Erfindung der Deutschen", sagte Leo Tolstoi. Wie recht er hatte. . .

BLICKPUNKT 19 (Seite 62)
Die Anfänge von Shakespeare in Deutschland: harmlos, albern - aber "typisch englisch"

BLICKPUNKT 20 (Seite 64-65)
Shakespeare - ja, aber mit Maßen, sagte Goethe, der selber vom Barden nicht loskam

6. *Jüdische Emigranten oder der Kontinent in Großbritannien*

BLICKPUNKT 21 (Seite 68)
1848/49: Schon damals wurde London zur Hauptstadt des vereinten Europas der Verfolgten

BLICKPUNKT 22 (Seite 70-72)
Wie Marx und Engels in Großbritannien vergeblich auf die Revolution hofften

BLICKPUNKT 23 (Seite 74-77)
Deutschland: Wo politische Reformen fehlten, flüchtete sich der Geist früh in Theorie und Spekulation. . .
. . . lernte aber auch bald, Witze darüber zu machen

BLICKPUNKT 24 (Seite 79-81)
Die Bücher, die sie übereinander schrieben, waren für Briten und Deutsche oft so etwas wie kulturelle "Augenöffner"

7. *Bildungsaustausch über den Kanal hinweg heute*

BLICKPUNKT 25 (Seite 83-84)
"Das ist es, was unseren Weibern gefällt!" Wie der alte Goethe über die jungen Briten dachte

BLICKPUNKT 26 (Seite 86)
Berufsausbildung: deutsch-britisches Joint Venture

BLICKPUNKT 27 (Seite 88-89)
Wie Fürst Pückler in England auf Brautschau ging

8. *Lieder ohne Worte - In den deutsch-britischen Beziehungen ist viel Musik...*

BLICKPUNKT 28 (Seite 92-93)
Die "Philharmonic Society" und Beethoven: Es geht um eine große Symphonie - und um viel Herz. . .

BLICKPUNKT 29 (Seite 95)
Großbritannien, "Land ohne Musik": eines der ältesten herumgereichten Schlagwörter

ANHANG

BLICKPUNKT 30 (Seite 98-99)
Wie Viktoria und Albert ihren lieben Freund Felix einmal unfreiwillig in die Erschöpfung trieben. . .
. . . und warum Mendelssohns Popularität in Großbritannien seit Viktorias Zeiten ungebrochen ist

BLICKPUNKT 31 (Seite 100-101)
Wie aus Carl Halle Sir Charles Hallé wurde und Manchester sein Glück mit ihm machte

KAPITEL III

Wirtschaft: Geld kennt keine Grenzen - die britisch-deutsche Kooperation auch nicht

1. Standort Großbritannien - verführerisch wie nie

BLICKPUNKT 32 (Seite 104-105)
Vorsprung durch Technik (I): was Sir William Siemens, Audi, Steffi Graf und Bosch gemeinsam haben

BLICKPUNKT 33 (Seite 108-109)
London und Frankfurt: Zwei Zentren einer Ellipse. . .
. . . aber woher kamen alle diese Privatbankiers in der City?

BLICKPUNKT 34 (Seite 112-113)
Vorsprung durch Technik (II): Britisches Design läßt Schumacher siegen, BA die Deutschen billiger fliegen

BLICKPUNKT 35 (Seite 116-117)
"Jaeger" und "Doc Martens": die deutsch-britische Symbiose in den Marken unserer Alltagskleidung

BLICKPUNKT 36 (Seite 119-120)
Wie das Etikett "Made in Germany" von den Briten erzwungen wurde - mit gänzlich unerwarteten Folgen

2. Großbritannien in den neuen Ländern und in Berlin: Vorsprung durch Vielfalt

BLICKPUNKT 37 (Seite 122-123)
Bitte keine Schönfärberei: Was tut Großbritannien wirklich für die Umwelt?

BLICKPUNKT 38 (Seite 126)
Wie der Bauer Tim Evans aus Sevenoaks in Kent zu einer neuen Spezies wurde: zu einem "Brossi"

KAPITEL IV

Die Rolle Großbritanniens beim Aufbau der deutschen Demokratie. Zusammenarbeit auf amtlicher und nichtamtlicher Ebene

1. An den Pforten der Hölle

BLICKPUNKT 39 (Seite 134-140)
Von der Rivalität zum Haß - und zur Ernüchterung: ein Jahrhundert der deutsch-britischen Krisen

2. Re-education - die Menschen für die Demokratie gewinnen

BLICKPUNKT 40 (Seite 143-144)
Menschlichkeit: die Devise der Stunde - und seitdem

BLICKPUNKT 41 (Seite 145-146)
Auch 1945: Steuern müssen eingezogen werden! Und der Fleiß der Deutschen ist ungebrochen. Wie das?

BLICKPUNKT 42 (Seite 149-150)
Traue dem Common sense! Mißtraue der Macht!

3. *Die britische "Handschrift" in den deutschen Strukturen: konkrete Beispiele*

BLICKPUNKT 43 (Seite 155)
Schule des Journalismus (I): die Tageszeitung "Die Welt" unter schottischer Leitung

BLICKPUNKT 44 (Seite 157-158)
Schule des Journalismus (II): der deutschsprachige Dienst der BBC

BLICKPUNKT 45 (Seite 161-162)
Heine rühmt die Debatten im Unterhaus - Goethe schwankt, was deutschen Föderalismus angeht

4. *Die amtlichen und nichtamtlichen Foren der Verständigung*

BLICKPUNKT 46 (Seite 168-169)
Lilo Milchsack war um die Briten nicht minder besorgt als um die Deutschen - vielleicht sogar mehr?

BLICKPUNKT 47 (Seite 183)
Wie zwei Bergstädtchen zueinander fanden

BLICKPUNKT 48 (Seite 186-188)
Von Trautmann zu Klinsmann: die anglo-deutschen Beziehungen auf dem sportlichen Prüfstand

KAPITEL V:

Die Neugeburt Europas und die atlantische Gemeinschaft.
Großbritannien hilft bei den ersten Schritten der Integration Westdeutschlands in die westliche Allianz
- Bonn beim Weg Großbritanniens in die EG

3. *Anthony Eden entwirft den rettenden Plan: Deutschland in die Nato*

BLICKPUNKT 49 (Seite 201-202)
Keine Liebesaffäre (I): Adenauer und die Briten

KAPITEL VI

Die Zukunft der Europäischen Union. Gleichklang und Dissonanz zwischen Briten und Deutschen

BLICKPUNKT 50 (Seite 215-217)
Keine Liebesaffäre (II): Thatcher und die Deutschen

LAST BUT NOT LEAST

Die Kreuzung und der Kreisverkehr. Wie verschieden sie doch sind, die beiden Vettern...

BLICKPUNKT 51 (Seite 245-246)
Deutsche und Briten im Vergleich. Zwei Stimmen

ANHANG II

Ausgewählte Bibliographie

ATTALI, Jacques:
Verbatim III. Paris 1995.
dazu: MÜNCHHAUSEN, Tankmar von: "Wir können Deutschland schließlich nicht den Krieg erklären." Frankreich und die deutsche Einheit. Mitterrand distanziert sich. *Frankfurter Allgemeine Zeitung*, 12. 10. 1995.

BIRKE, Adolf:
Vom Mißtrauen zur Partnerschaft. Aspekte deutsch-britischer Beziehungen seit dem 18. Jahrhundert. In: Niedersächsische Landeszentrale für politische Bildung (Hrsg.), Großbritannien und Deutschland. Nachbarn in Europa. Hannover 1988.
ders. und KLUXEN, Kurt (Hrsg.): *Viktorianisches England in deutscher Perspektive.* Prinz-Albert-Studien Bd. 1. München 1983.
diess.: *England und Hannover.* Prinz-Albert-Studien Bd.4. München 1992.

BREITENSTEIN, Rolf (Hrsg.):
Those Germans... and how we see them. London 1973.
ders.(Hrsg.): *Twinning - Deutsch-britische Partnerschaften.* London 1974.
ders.(Hrsg.): *Total War to Total Trust. Personal Accounts of 30 Years of Anglo-German Relations - The Vital Role of Non-Governmental Organisations.* London 1976.

BRINITZER, Carl:
Hier spricht London. Von einem, der dabei war. Hamburg 1969.

BROCK, George:
Why We Keep Getting It "Wrong". Vortrag vor der Deutsch-Englischen Gesellschaft, Januar 1996. Manuskript.

BUCHSTAB, Günther:
Adenauer: "Es mußte alles neu gemacht werden." Die Protokolle des CDU-Bundesvorstandes 1950-1953. Stuttgart 1986.

COOPER, Robert:
Deutsch-britische Beziehungen. Vortrag auf dem britisch-bayrischen Symposium in Hohenkammer, 24. Juli 1996. Manuskript.

CRAIG, Gordon A.:
The Germans. New York 1982.

DAHRENDORF, Ralf:
Die Bismarcks mit der Bundesbank. Eröffnungsvortrag zur Königswinter-Konferenz 1995. *Die ZEIT*, 7. 4. 1995.
ders.: *A History of the London School of Economics and Political Science 1895-1995.* Oxford 1995.
dazu: HERZ, Dietmar: Spagat zwischen *Theorie und Praxis. Ralf Dahrendorf erzählt die Geschichte der London School of Economics. Die ZEIT*,15. 9. 1995.
WERBKE, Hans Joachim: *Ticket zum Höhenflug. London School of Economics.* Rheinischer Merkur, 13. 10. 1995.

DIERS, Michael:
Dem guten Europäer gewidmet. Das wiedergewonnene Warburg-Haus in Hamburg. Neue Zürcher Zeitung, Internationale Ausgabe, 16./17. 9. 1995.

FINSTERBUSCH, Stephan:
Aus dem Umziehungslager für deutsche Kriegsgefangene ist ein internationales Konferenzzentrum geworden. Vor 50 Jahren

wurde Wilton Park Conferences gegründet.
Frankfurter Allgemeine Zeitung, 30. 7.
1996.

FIRCHOW, Peter Edgerly:
The Death of the German Cousin. Variations
on a Literary Stereotype, 1890-1920.
Bucknell University Press, Lewisburg
1986.

FISCHER, Manfred:
Belegte Brote. Die Gegend um Newcastle
symbolisiert das Comeback des Landes.
Wirtschaftswoche Nr. 33, 10. 8. 1995.

FONTANE, Theodor:
Der englische Charakter heute wie gestern.
Sammlung von Schriften zur
Zeitgeschichte. Berlin 1916.

FOSTER, Norman:
At the democratic heart of the new Germany.
Sir Norman Foster im Gespräch mit der
Financial Times, 22. 8. 1994.

FRÄNKEL, Heinrich:
Deutschland im Urteil des Auslandes, früher
und jetzt. München 1916.

FULFORD, Roger:
The Prince Consort. London 1949.
ders.: Hanover to Windsor. London 1960
(Fontana Paperback 1966).
ders. (ed.): Dearest Child. Letters Between
Queen Victoria and the Princess Royal
1858-1861. London 1964.

GALL, Lothar:
Bismarck und England. In: Aspekte der
deutsch-britischen Beziehungen im
Laufe der Jahrhunderte. Stuttgart 1978
(siehe unter Schlenke, Manfred).

GARTON-ASH, Timothy:
Im Namen Europas. Die deutsche Ostpolitik.
München 1995.
ders.: Security is the vital issue in Europe.
Misunderstandings between Britain
and Germany detract from the two nations'
common interests. Kurzfassung des auf der
Königswinter-Konferenz 1995
gehaltenen Schlußvortrags.
TIMES, 18. 4. 1995.

GELFERT, Hans-Dieter:
Typisch englisch. Wie die Briten wurden, was
sie sind. Beck'sche Reihe Band 1088,
München 1995.

GENSCHER, Hans-Dietrich:
Erinnerungen. Berlin 1995.

GILLESPIE, George T.:
Prinzgemahl Albert - Ein Überblick.
In: Jahrbuch der Coburger
Landesstiftung, 1971.
ders.: Das Englandbild bei Fontane, Moltke
und Engels. In: Viktorianisches England
in deutscher Perspektive. München 1983
(siehe unter Birke, Adolf).

GOETHE-Kalender auf das Jahr 1911
(darin: Urteile Goethes über Deutsche und
Engländer, S 50-82). Leipzig 1910.

GUNDOLF, Friedrich:
Shakespeare und der deutsche Geist.
Berlin 1920.

HAMANN, Christoph:
Michel und John Bull auf neuen Wegen.
Jugendliche aus Deutschland und
Großbritannien diskutieren in Berlin über die
Zukunft Europas.
Süddeutsche Zeitung, 10. 8. 1995.

HAMBURGER, Michael:
Zwischen den Sprachen.
Essays. Frankfurt 1966.

HEAD, David:
Made in Germany. The Corporate Identity of a Nation. London 1992.

HEARNDEN, Arthur:
Red Robert - A Life of Robert Birley. London 1984.

HEIMRICH, Bernhard:
Beim Wettlauf der guten Vorsätze sehen sich die Briten in bester Position. Klimaschutz und Umweltpolitik in Großbritannien. Frankfurter Allgemeine Zeitung, 20. Juni 1995.

HERWARTH, Hans von:
Von Adenauer zu Brandt. Erinnerungen. Berlin 1990.

HEYDEMANN, Günther:
Großbritannien und Deutschland. Probleme einer "Stillen Allianz" in Europa. In: KASTENDIEK, Hans / ROHE, Karl / VOLLE, Angelika (Hrsg.), Länderbericht Großbritannien. Geschichte - Politik - Wirtschaft - Gesellschaft. Bundeszentrale für Politische Bildung, Bonn 1994.

HILDEBRAND, Klaus:
Die britische Europapolitik zwischen imperialem Mandat und innerer Reform 1856-1876. Rheinisch-Westfälische Akademie der Wissenschaften, Vorträge (G 322). Opladen 1993.

HOWARD, Michael:
Die deutsch-britischen Beziehungen im 20. Jahrhundert - Eine Haßliebe. Vortrag auf einer Deutschland-Reise, Herbst 1994. In: Dokumentation der Britischen Botschaft, Bonn, D 20/94, vom 4. Oktober 1994.

HUNDT, Josef:
Das Menschenbild der Demokratie. Hrsg. von der Staatsbürgerlichen Bildungsstelle der Landesregierung Nordrhein-Westfalen, Bd. 6. Hamm 1947.

HUSEMANN, Harald:
Ich denke, deshalb denke ich in Stereotypen, deshalb karikiere ich, also bin ich.
In: HERRMANN, Karin / HUSEMANN, Harald / MOYLE, Lachlan (Hrsg.), *Coping With the Relations. Deutsch-britische Karikaturen von den Fünfziger bis zu den Neunziger Jahren.* Osnabrück 1993.
dazu HUGHES, Terence (Hrsg.):
The Image Makers. National Stereotypes and the Media. Transkript eines Seminars des Londoner Goethe-Instituts, 21.-22. Januar 1994.
Medienecho zur Karikaturausstellung "Coping With the Relations" und zum begleitenden Seminar "The Image Makers", London, Januar 1994. Faksimilie-Kopien des Goethe Instituts.

HUTTON, Will:
The State We're In. London 1994.

JENKINS OF HILLHEAD, Lord, u. a.:
Anglo-German Relations. Aussprache im Britischen Oberhaus, 22. 5. 1996. Hansard House of Lords, S. 854-896.

JENNER, Michael:
Szenen einer Beziehung. Großbritanniens deutsches Erbe. Foreign and Commonwealth Office, London 1996.

JOFFE, Josef:
Britain - Looking From the Outside In. Vortrag auf einer Tagung des Foreign and Commonwealth Office, London, 29. 3. 1995. Manuskript.
ders.: *Europa braucht Albion.* Süddeutsche Zeitung, 11. 6. 1996.

JOHNSON, Paul:
Hitler's Gift to Britain. The Sunday Telegraph, 29. 1. 1995.

JOLL, James:
War Guilt 1914. A Continuing Controversy. In: Aspekte der deutsch-britischen Beziehungen im Laufe der Jahrhunderte. Stuttgart 1978 (Näheres unter Schlenke, Manfred).

JONES, Rick:
Sing if you're glad to be Brits. Evening Standard, 15. 9. 1995.

JUST, Klaus Günther:
Fürst Hermann von Pückler-Muskau. In: JUST, Übergänge. Probleme und Gestalten der Literatur. Bern/München 1966.

KAELBLE, Hartmut:
Nachbarn am Rhein. Entfremdung und Annäherung der französischen und deutschen Gesellschaft seit 1880. München 1991.

KAISER, Karl / ROPER, John (Hrsg.):
Die Stille Allianz - Deutsch-Britische Sicherheitskooperation. Bonn 1987.

KANT, Immanuel:
Der Charakter des Volks. In: Werke XII, Schriften zur Anthropologie, Geschichtsphilosophie, Politik und Pädagogik 2. Frankfurt 1964.

KEEZER, Dexter M.:
A Unique Contribution to International Relations - The Story of Wilton Park. Foreword by Sir Robert Birley. London/New York 1973.

KERSTING, Ann:
Carl Halle - Sir Charles Hallé. Ein europäischer Musiker. Beiträge zur westfälischen Musikgeschichte, hrsg. vom Westfälischen Musikarchiv Hagen, 1986.

KIELINGER, Thomas:
Anglo-German Relations Within Wider Partnerships. Eröffnungsvortrag auf einem Symposium des Royal United Services Institute und der Stiftung Wissenschaft und Politik, Ebenhausen, 28. 6. 1996. Manuskript.
ders.: *Deutsch-britische Unterschiede - real, altvertraut und doch überbrückbar.* In: KAISER, Karl / KRAUSE, Joachim, *Deutschlands neue Außenpolitik,* Band 3: Interessen und Strategien. Schriften des Forschungsinstituts der Deutschen Gesellschaft für Auswärtige Politik e.V., Reihe Internationale Politik und Wirtschaft, Band 62, München 1996.

KONIGS, Philip:
The Hanoverian Kings and their Homeland. A Study of the Personal Union 1714-1837. Lewes (Sussex) 1993.

KOPPENFELS, Werner von:
Orwell auf dem großdeutschen Trümmerfeld.
Ein vergessener Augenzeugenbericht über das Kriegsende. Neue Zürcher Zeitung, Internationale Ausgabe, 6./7. 5. 1995.

KUROPKA, Joachim:
Britische Besatzungspolitik und Neubeginn des öffentlichen Lebens. Probleme des Wiederaufbaus in der britischen Bestzungszone.
In: ECKERMANN, Willigis / KUROPKA, J. (Hrsg.), Neubeginn 1945. Zwischen Kontinuität und Wandel. Vechtaer Universitätsschriften, Bd. 4. Cloppenburg 1988.

LAUFENBERG, Frank (unter Mitarbeit von Ingrid Hake):
Rock- und Pop-Lexikon, 2 Bde.
Düsseldorf 1994.

LEINS, Hermann (Hrsg.):
Deutschland und England. Dokumente zu einem Staatsbesuch im Oktober 1958.
Tübingen o.J.

LEONHARDT, Rudolf Walter:
77mal England. Panorama einer Insel.
München 1965.
ders.: *Die beste Journalistenschule der Welt. Der German Service des Londoner Rundfunks.* Die ZEIT, 9. 5. 1975.
ders.: *Engländer und Deutsche, die Vettern - vor Jahrhunderten und heute und überhaupt.* In: HILL, Roland u.a. (Hrsg.), Großbritannien: England, Wales, Schottland und Nordirland. München/Luzern, 1981.

LLOYD, John:
Soll Schottland unabhängig werden?
In: Der kranke Mann am Ärmelkanal.
"Freibeuter" Nr. 54, Vierteljahresschrift für Kultur und Politik, Klaus Wagenbach. Berlin 1992. (Darin u.a. Marilyn Strathern: *Die Entsorgung der englischen Gesellschaft;* Ian Aitken: *Fleet Street und die englische Privatsphäre;* Peter Scott: *Über die Zukunft der englischen Hochschulen;* Patrick Wright: *Großbritanniens Niedergang und der deutsche Wald.*)

MACMURRAY, John:
England - Wegbereiter der kommenden Weltkultur? Essay. Mit einem Nachwort von Werner Milch. Deutsch-Englische Gesellschaft e.V., Sitz Hann. Münden, Schriftenreihe A, Band 2. Hann. München 1950.

MAJOR, John:
Es geht auch um die Seele unseres Volkes.
Gastkolumne zur BSE-Krise. *Frankfurter Allgemeine Zeitung*, 21. 6. 1995.

MANDER, John:
Our German Cousins. Anglo-German Relations in the 19th and 20th Centuries.
London 1974.

MANSFIELD, Katherine:
In a German Pension. Penguin Twentieth-Century Classics. London 1964.

MANZ, Gustav (Hrsg.):
Das Englandbuch der Täglichen Rundschau. Ein Zeit- und Kulturspiegel. Berlin 1915.

MARSH, David:
Deutschland im Aufbruch.
Wien/Darmstadt 1990.
ders.: *Die Bundesbank - Die Bank, die Europa beherrscht.* München 1992.
ders.: *Der zaudernde Riese. Deutschland in Europa.* München 1994.
ders.: *Contact between cultures. How UK companies have benefited from a German management perspective.* Financial Times,

29. 5. 1995.
ders.: *Away with Kaiser Kohl. Britain must conquer its fear of Germany if we are to understand the problems facing Europe's giant. New Statesman*, 21. Juni 1996.

MASSIE, Robert M.:
Die Schalen des Zorns. Großbritannien, Deutschland und das Heraufziehen des Ersten Weltkrieges. Frankfurt 1993.

MICHAELIS, Rolf:
Eine Engländerin in Halle. Penelope Willard, Geschäftsführerin der Franckeschen Stiftungen und verantwortlich für ein europäisches Kulturprogramm. Die ZEIT, 21. 6. 1996.

MOMMSEN, Wolfgang J.:
Vom Kriegsgegner zum Partner. Die deutsch-britischen Beziehungen seit dem Zweiten Weltkrieg. In: 40 Jahre Deutsch-Englische Gesellschaft e. V. 1949-1989. Festveranstaltung 7. Juni Industrieclub Düsseldorf. Bonn 1989.

MORGAN, Roger:
The History of Königswinter. In: Frank Giles (ed.), 40 Years On. Four decades of the Königswinter Conference. BPCC Blackpool Ltd. 1990.

NEILL, A.S.:
theorie und praxis der antiautoritären erziehung. das beispiel summerhill. Reinbek 1969.

NETZER, Hans-Joachim:
Ein deutscher Prinz in England. Albert von Sachsen-Coburg und Gotha, Gemahl der Königin Victoria. München 1988 (Sonderausgabe Deutscher Taschenbuch Verlag 1992).

NIEDHART, Gottfried:
Britische Deutschlandpolitik und Adenauers Englandpolitik 1949-1956. In: ROHE. Karl/SCHMIDT, Gustav/POGGE VON STRANDMANN, Hartmann (Hrsg.): Deutschland - Großbritannien - Europa. Arbeitskreis Deutsche England-Forschung, Veröffentlichung Bd. 20. Bochum 1992.

OPPEL, Horst:
Englisch-deutsche Literaturbeziehungen. Band.I: Von den Anfängen bis zum Ausgang des 18. Jahrhunderts. Band. II: Von der Romantik bis zur Gegenwart. Berlin 1971.

PIGOTT, Stuart:
Warum wird der Riesling wieder ein Kultwein, Herr Pigott? Interview mit der Frankfurter Allgemeinen Zeitung, 10. 11. 1995.

PÜCKLER, Carl-Erdmann:
Einflußreiche Engländer. Porträtskizzen englischer Politiker. Berlin 1938.

RADICE, Giles:
Offshore. Britain and the European Idea. London 1992.
ders.: *The New Germans.* London 1995.
dazu POWELL, Charles: *Germany through rose-tinted glasses.* Buchbesprechung von Giles Radice "The New Germans". *Financial Times*, 27. 4. 1995.

READING, Brian:
The Fourth Reich. London 1995.

RENTOUL, John:
Tony Blair. London 1995.

ROMBECK, Hans / NEUMANN, Wolfgang:
Die Beatles - Ihre Karrieren, ihre Musik, ihre Erfolge. Aktualisiert und bearbeitet von Robert Lyng und Andreas Schaffer (Bastei-Lübbe-Taschenbuch Band 61318). Bergisch Gladbach 1995.

SALCHOW, Burkhart:
Vom Main an die Themse. Deutsche Banken werden britischer. Rheinischer Merkur, 3. 11. 1995.
dazu hjf (Kürzel): *Morgan Grenfell: Bulliger Auftritt in der City. Die Investment-Abteilung der Deutschen Bank ist aufgewühlt - und verärgert die Konkurrenz.* Welt am Sonntag, 22. 10. 1995.

LEGNER, Alfred: *In London schlägt das Herz von Europas Wertpapierhandel.* Welt am Sonntag, 17. 12. 1995.
KÖLLE, Hans Martin: *Finanzplatz London - Warum es deutsche Banken über den Kanal zieht. Rheinischer Merkur,* 21. 6. 1996.

SCHARF, Claus / SCHRÖDER, Hans-Jürgen (Hrsg.):
Die Deutschlandpolitik Großbritanniens und die britische Zone 1945-1949. Wiesbaden 1979.

SCHEUNER, Ulrich:
Das Europäische Gleichgewicht und die britische Seeherrschaft. Hamburg 1943.

SCHIRMER, Walter F.:
Der Einfluß der deutschen Literatur auf die englische im 19. Jahrhundert. Halle/Saale 1947.

SCHLAES, Amity:
Germany's Chained Economy. In: *Foreign Affairs,* September / Oktober 1995.

SCHLENKE, Manfred:
England blickt nach Europa. Das konfessionelle Argument in der englischen Politik um die Mitte des 18. Jahrhunderts. In: KLUKE, Paul / ALTER, Peter (Hrsg.), *Aspekte der deutsch-britischen Beziehungen im Laufe der Jahrhunderte.* Ansprachen und Vorträge zur Eröffnung des Deutschen Historischen Instituts. London. Stuttgart 1978.

SCHMIDT, Doris:
Realität der Natur als Vision. "William Turner in Deutschland" - Eine Ausstellung in der Kunsthalle Mannheim. Süddeutsche Zeitung, 4./5. 11. 1995.

SCHULZ, Bettina:
Ich hasse es, Geld zu verschwenden. Die Privatbankiers in der City müssen sich umstellen. Frankfurter Allgemeine Zeitung, 4. 4. 1995.

SCHWARZ, Hans-Peter:
Vom Reich zur Bundesrepublik. Deutschland im Widerstreit der außenpolitischen Konzeptionen in den Jahren der Besatzungsherrschaft 1945-1949. Neuwied 1966.
ders.: *Adenauer. Der Aufstieg*: 1876-1952. Stuttgart 1986.
ders.: *Adenauer. Der Staatsmann*: 1952-1967. Stuttgart 1991.
ders.: *Begegnungen an der Seine. Deutsche Kanzler in Paris.* Zürich 1993.

SMITH, Thomas F. A.:
The Soul of Germany. A Twelve Years Study of the People From Within 1902-1914. New York 1915.

SÖSEMANN, Bernd:
Die sog. Hunnenrede Wilhelms II. Textkritische und interpretatorische Bemerkungen zur Ansprache des Kaisers vom 27. Juli 1900 in Bremerhaven.

In: **Historische Zeitschrift,** 222/2, 1976.
ders.: *"Pardon wird nicht gegeben; Gefangene nicht gemacht". Zeugnisse und Wirkungen einer rhetorischen Mobilmachung.* In: WILDEROTTER, Hans / POHL, Klaus-D. (Hrsg:), *Der letzte Kaiser / Wilhelm II. im Exil.* Bertelsmann Lexikon Verlag / Deutsches Historisches Musem Berlin 1991.

SPENDER, Stephen:
Deutschland in Ruinen. Ein Bericht. Heidelberg 1995.

STEINBERG, Jonathan:
Monster im Märchenwald. Wie uns die Engländer sehen. In: Evangelische Kommentare, Heft 1/1995.
dazu BARING, Arnulf: *Im Märchenwald der deutschen Politik. Vorbehalte gegen eine Achse Bonn-London. Aus politischen Zeitschriften,* Frankfurter Allgemeine Zeitung, 8. 3. 1995.

THACKERAY, William Makepeace:
Jahrmarkt der Eitelkeit, 2 Bde. Frankfurt 1980 (Insel Taschenbuch 485).

THATCHER, Margaret:
Wozu haben wir den Kalten Krieg beendet? Die Nationalstaaten brauchen Autonomie, die Welt braucht Zusammenhalt. Symposium in Vail, Colorado, Oktober 1995, zwischen Margaret Thatcher, George Bush, François Mitterrand, Michail Gorbatschow.
DIE ZEIT, 8. 3. 1996.

THOMAS, Michael:
Deutschland, England über alles. Rückkehr als englischer Besatzungsoffizier. München 1987.

TOYNBEE, Arnold J.:
Acquaintances. (Darin: Bonn in Nazi-Time, sowie A Lecture by Hitler, S. 262-295) London/New York 1967.

TRAUTMANN, Günter (Hrsg.):
Die häßlichen Deutschen? Deutschland im Spiegel der westlichen und östlichen Nachbarn. Wissenschaftliche Buchgesellschaft, Darmstadt 1991.

UHLIG, Ralph:
Die Deutsch-Englische Gesellschaft 1949-1983. Göttingen 1986.

VOLLE, Angelika:
Deutsch-Britische Beziehungen. Geschichte und Gegenwart. Landeszentrale für politische Bildungsarbeit Berlin, Publikationsreihe II "Politik - kurz und aktuell", Band 43. 1985.
dies.: *Der mühsame Weg Großbritanniens nach Europa.* In: Länderbericht Großbritannien. Bonn 1994 (siehe Heydemann, Günther).

WATSON, Alan:
The Germans - Who Are They Now? London 1995 (Mandarin Paperback Edition).
ders.: *Thatcher and Kohl -Old Rivalries Revisited.* In: BOND, Martin / SMITH, Julie/WALLACE, William (Hrsg.): *Eminent Europeans.* London 1996.

WELCH, David:
British Political Re-Education and its Impact on German Political Culture. In: Deutschland - Großbritannien - Europa. Bochum 1992 (siehe unter Niedhart, Gottfried).

ZEIDENITZ, Stefan / BARKOW, Ben:
The Xenophobe's Guide to the Germans. Ravette Books, London 1993.

ANHANG III

Personenregister

Adams, Richard 122
Adelheid von Sachsen-Coburg-
 Meiningen 50
Adenauer, Konrad 8, 9, 79, 176, 200-2,
 205, 208-211.
Albert, Prinz von Sachsen-Coburg-
 Gotha 1, 41, 47, 49-58, 78, 98
Albertus Magnus 42
Alexander der Große 241
Alkuin 42
Annan, Lord 144
Anne, Königin von England 50, 94
Ansbach, Karoline von 50
Aristoteles 61, 63, 181
Attali, Jacques 215
Attlee, Clement 173, 195-6, 198
Auden, W. H. 66, 131
Bach, Johann Christian 95
Bach, Johann Sebastian 94, 97
Baecker, Werner 157
Baldry, Tony 219, 220
Balfour, Arthur James 90
Barbirolli, John 101
Barraclough, John Ashworth,
 General 201-2
Barzel, Rainer 165
Baudelaire, Charles 132
Baudissin, Wolf von, Graf, Shakespeare-
 Übersetzer 59
Bausch, Pina 93
Beatles, The 25-9, 33
Beaverbrook, William Maxwell, Lord 10
Becker, Boris 187
Beecham, Thomas 93
Beethoven, Ludwig van 25, 91-92, 99
Behrendt, Fritz 11
Berthoud, Roger 8
Bevin, Ernest 193, 196-7, 198
Birley, Robert 143-4, 159, 162, 164,
 167, 168, 172
Bismarck, Otto von, Fürst VI, 36, 44,
 134-6, 243
Blair, Tony 149, 231-2
Bodmer, Johann Jakob 62
Boisserée, Sulpice 84
Bonham Carter, Lady 172
Bonifatius, Heiliger 42
Boswell, James 32
Boyle, Nicholas 81
Brahms, Johannes 25, 99
Brainin, Norbert 67
Brandt, Willy 175-6, 202, 211
Braunschweig-Wolffenbüttel,
 Karoline von 50
Breitenstein, Rolf 172
Brendel, Alfred 95
Bridge, John 103
Brinitzer, Carl 157
Britten, Benjamin 93
Brock, George 230-1
Brougham, William 47, 52
Brown, Lancelot (Capability) 65
Burroughs, William S. 45
Busse, Horst 5
Byrnes, James E. 193
Byron, George Gordon, Lord 23, 83
Campbell, Thomas 46, 47, 48, 52
Caldwell, Bill 21
Callaghan, James 177
Canetti, Elias 67
Carl August von Weimar, Herzog 83
Carlyle, Thomas 80
Carr, Jonathan 79
Catlin, George 172
Chain, Ernst Boris 67
Charles, Prinz von Wales 79, 88, 188
Chelwood, Cecil, Viscount 123
Chirac, Jacques 232
Chopin, Frédéric 99
Churchill, Winston 42, 139, 141, 195-6,
 198, 202, 204-5, 207-8, 218, 226, 240
Celle, Sophie von 50

Cockfield, Lord 217
Coleridge, Samuel T. 35, 45
Comte, Auguste 147
Cook, Robin 232
Cook, Thomas 21, 23
Cookson, Bernard 20
Cooper, Robert 14, 221, 222, 223, 225
Corneille, Pierre 63
Craig, Gordon A. 36
Cramm, Gottfried von 187
Cranach, Lucas 53
Crookshank, M. 192-3
Cummings, Michael, 8
Cuzinetta, Maria Grazia 40
Czerwinski, Heinrich 183
Dahrendorf, Ralf, Lord 6, 15, 78, 79, 165
Davies, Peter Maxwell 93
Davis, Colin 91
Delius, Frederick Theodor Albert 93
Deutsch, André 67
Disraeli, Benjamin 58, 99, 134
Dostojewskij, Fjodor 132
Duchêne, François 182
Duns Scotus 42
Dürer, Albrecht 53
Eckermann, Johann Peter 32, 35, 46, 65, 76, 84, 161, 162, 243
Eden, Anthony 145, 198-200
Eduard VII. 136
Eisenhower, Dwight D. 9, 142
Eliot, T.S. 117
Elisabeth von Böhmen 150
Elisabeth, Kaiserin von Rußland 80
Elizabeth I. 42
Elizabeth II. 3, 189, 234
Engels, Friedrich 70-2, 79, 101, 104
Epstein, Brian 27
Erhard, Ludwig 9, 211
Erler, Fritz 210
Ernst I. Herzog von Sachsen-Coburg 51
Esslin, Martin 157
Eucken, Walter 72
Evans, Dai 143
Evans, Tim 126

Ferrier, Kathleen 93
Fielding, Henry 65
Firchow, Peter Edgerly 138
Fischer-Dieskau, Dietrich 93
Fisher, H. A. L. 47
Fontane, Theodor 71, 136
Förster, Friedrich 84
Foster, Norman VIII, 128
Franklin, brit. Karikaturist 4
Freiligrath, Ferdinand 68
Freud, Sigmund 66
Fried, Erich 67, 157
Friedenthal, Richard 157
Friederichs, Hajo 157
Friedrich III., Deutscher Kaiser 49, 135
Friedrich der Große VIII, 75, 79
Friedrich V. von der Pfalz 50
Friedrich Franz, Fürst von Anhalt-Dessau 65
Frings, Joseph, Kardinal 156
Frischauer, Willi 8
Fröbel, Carl 41
Fröbel, Friedrich 41
Fukuyama, Francis 213
Fulford, Roger 54
Funck, Dr. 117
Gall, Lothar 134
Gardiner, John Eliot 91
Garibaldi, Guiseppe 68
Garland, Nicholas 6
Garton-Ash, Timothy 77, 79
Gascoigne, Paul 13
Gaulle, Charles de 175, 205, 210.
Gelfert, Hans-Dieter 75, 241
Genscher, Hans-Dietrich 215, 217
George I. 50, 94
George II. 50, 96
George III. 50, 51
George IV. 50, 51, 52
George V. 51
Georg, Prinz von Dänemark 50
Giles, Carl, brit. Karikaturist 11
Gillespie, George 49, 52, 72
Gladstone, William 228

Goebbels, Joseph 132
Goethe, Johann Wolfgang v. 28, 32, 34, 35, 46, 59, 64, 75-6, 80-1, 83-4, 161-2, 243
Goldsmith, Oliver 65
Gollancz, Victor 67, 172
Gombrich, Ernst 67, 69
Gottsched, Johann Christoph 61, 62
Graf, Steffi 40, 104, 105, 187
Greene, Graham 155
Greene, Hugh Carleton 155-6, 158-9, 172
Grimme, Adolf 172
Grimshaw, Nicholas 128
Grunfeld, Henry 109
Gummer, John 123
Gundolf, Friedrich 62, 76
Hahn, Kurt 78-9
Hailey, Bill 27
Hallé, Carl 100-1
Hallstein, Walter 8
Hamilton, Alexander 227
Hamm-Brücher, Hildegard 165
Händel, Georg Friedrich 25, 40, 94-7, 99, 100
Hardenberg, Karl August von 88
Hardenberg, Lucie von 88-9
Harper, Monica 20
Harrison, George 26
Harty, Hamilton 101
Hase, Karl Günther von 216
Hauptmann, Gerhart 60, 137
Haydn, Joseph 93, 96, 99
Hayek, Friedrich von 67, 72-3, 78
Hayley, William 155
Head, David 105, 120
Heath, Edward 91, 175, 202
Heathcoat-Amory, David 222
Hegel, Georg Wilhelm Friedrich 74, 76, 137
Heine, Heinrich 22, 33, 76-7, 161, 243
Heinemann, Gustav 174-5
Hemmings, David 29
Henscheid, Eckhardt 41

Herder, Johann Gottfried 56, 64, 94
Herwarth, Hans von 186, 202, 205
Herzen, Alexander 68
Herzog, Roman 218
Heuss, Theodor 80, 90, 174
Heydemann, Günther 196
Hitler, Adolf 2, 8, 42, 66, 68, 80, 132, 139, 150, 191
Hobbes, Thomas 137
Hobsbawm, Eric 67
Hofmann, August Wilhelm von 55
Hölderlin, Friedrich 131
Howard, Michael 139, 234
Howland, Chris 27-8
Humboldt, Wilhelm von 46
Hume, David 73, 137
Huntington, Henry von 237
Hurd, Douglas 7
Hurst, Geoff 187
Husemann, Harald 3
Hüttner, Johann Christian 83
Hutton, Will 17
Isherwood, Christopher 66, 131
Jackson, Raymond (JAK) 3
Jäger, Gustav 116
James I. 50
James II. 50
Jay, John 227
Jenner, Michael 87, 116
Joachim, Joseph 92
Joffe, Josef 227
Johnson, Hugh 89
Johnson, Paul 67, 72
Jonas, Peter 91
Jones, Rick 96
Jordans, Dora 51
Jünger, Ernst 245
Kaelble, Hartmut 182
Kaletzky, Anatole 17
Kant, Immanuel 31, 32-3, 73, 137
Karl I. von England 52
Karl der Große 39, 184
Keegan, Kevin 187
Keezer, Dexter M. 164

ANHANG

Kent, Herzog von, vierter Sohn von George III. 51
Kent, Herzog von, Cousin Elizabeths II. 185
Kent, John 7
Keynes, John Maynard 66, 139, 194
Kilian, Heiliger 42
Kipling, Rudyard 138-9
Kinkel, Gottfried 68
Kinkel, Klaus 219, 224, 226, 228, 229
Kirkpatrick, Ivone 145
Kirchherr, Astrid 27
Kleist, Heinrich von 237, 238, 240
Klinsmann, Jürgen 186-8
Koeppler, Heinz 164
Koestler, Arthur 67
Kohl, Helmut 6-7, 178-9, 202, 203, 215-6, 218, 223, 224, 226-9, 232
Kossuth, Lajos 68
Krämer, Uwe 97
Kuropka, Joachim 145-6, 148
Lamb, Peter 99
Lamont, Norman 4
Lane, Alan 72
Leeson, Nicholas 4, 109
Lennon, John 95
Leonhardt, Rudolf Walter 94, 157-8
Leopold I., König von Belgien 51
Lessing, Gotthold Ephraim 63, 74
Levy, Calmer 109
Lewes, George Henry 80-1
Lippmann, Walter 6
Lissauer, Ernst 138
Livingston, David 116
Lloyd, Selwyn 26
Lloyd Webber, Andrew 92, 95
Locke, John 137
Low, David 10
Luther, Martin 59
Macaulay, Thomas 137
Macmillan. Harold 9, 26, 176, 202, 205, 207, 210
Madison, James 227
Maertens, Klaus 117

Major, John VI, 13, 178-9, 202, 220, 222, 228, 229, 231, 232, 233
Mander, John 48, 49, 136, 140
Mann, Thomas 137, 152
Mannheim, Karl 72
Mansfield, Katharine 95
Marriner, Neville 91
Marsh, David 79, 235
Marshall, George C. 194
Marx, Karl 68, 70-2, 74
Mary, Königin von England 50
Massie, Robert M. 135
Maurer, Professor 186
Mazzini, Guiseppe 68
Macmurray, John 149-50
McCartney, Paul 27
McGegan, Nicholas 91
McRichie, Steele 155
Mecklenburg-Strelitz, Charlotte von 50
Mendelssohn, Moses 74
Mendelssohn-Bartholdy, Felix 25, 92, 96-100
Menuhin, Yehudi 95
Metternich, Klemens Wenzel von, Fürst 68
Meysenbug, Malwida von 68
Milchsack, Hans 167
Milchsack, Lilo 167-9
Milton, John 61, 163
Minelli, Liza 66
Mitterrand, François 215, 217
Mommsen, Wolfgang 134, 211
Monnet, Jean 182
Montgomery, Bernard, General 142
Monty Python 62
Moore, Gerald 93
Moore, Henry VI
Morgenthau, Henry 194
Morrison, John 103
Moser, Karl Friedrich 237, 247
Mozart, Wolfgang Amadeus 93, 96
Mulgan, Geoff 231, 233
Müller-Armack, Alfred 72
Murray III, John 57

Napoléon Bonaparte 109, 161
Neill, Alexander Sutherland 30-1
Nestroy, Johann 6
Nicholson, Bryan 114
Nicholson, Harold 172
Nicolai, Friedrich 63, 74
Niedhardt, Gottfried 200
Nietzsche, Friedrich 136-7
Norrington, Roger 91
O'Neill, Con 142, 147
Oranien, Wilhelm von 50
Orwell, George 131, 140, 194
Osborn, Derek 23
Ossian 63
Packard, Vance 86
Palmerston, Henry John, Viscount 134
Paxton, Joseph 55
Pearce, Stuart 13
Pears, Peter 93
Peel, Robert 52
Pevsner, Nikolaus 67, 72
Philipp, Prinz, Herzog von Edinburgh 77
Pigott, Stuart 32, 80
Pischetsrieder, Bernd 115
Pleven, René 198
Pope, Alexander 40, 240
Popper, Karl 67, 73-4
Powell, Charles 17
Presley, Elvis 26, 27-8
Prittie, Terrence 79
Pückler-Muskau, Hermann von, Fürst 88-9
Pulsky, Franz Aurel 68
Purcell, Henry 96
Quant, Mary 29
Quincey, Thomas de 80
Raabe, Paul 128
Radice, Giles 17, 177
Raphael, Santi 53
Rattle, Simon 91
Rees-Mogg, William 231
Reuter, Herbert von 56
Reuter, Paul Julius 56, 104
Richard, Cliff 27

Richter, Hans 101
Richthofen, Freiherr von 4
Riddell, Chris 2
Ridley, Nicholas 6-9, 11
Rifkind, Malcolm 218, 223, 225, 226, 233
Rilke, Rainer Maria 81
Roberts, Frank 199
Robinson, Henry Crabb 46, 52, 83
Ronge, Berta 41
Ronge, Johannes 41
Roosevelt, Theodore 135
Röpke, Wilhelm 72
Rothschild, Mayer Anselm 109
Rothschild, Nathan Mayer von 99, 109
Rovan, Joseph 32
Rudolph, Eberhard 100
Ruge, Arnold 68
Rumford, Benjamin Thompson, Lord 65
Russell, John, Lord 52, 134
Scheler, Max 137
Schiller, Friedrich von 34, 35, 46, 64, 80
Schinkel, Friedrich 128
Schlegel, August Wilhelm 59, 60
Schlegel, Dorothea 59
Schlegel, Friedrich 136
Schmidt, Denis 57
Schmidt, Helmut 73, 79, 165, 178
Schnabel, Ernst 157
Schneider, Reinhold 150
Schopenhauer, Arthur 137
Schubert, Franz 93
Schumacher, Michael 112
Schuman, Robert 209
Schumann, Robert 99
Schurz, Carl 68
Schuster, Volker 27
Schwarz, Hans-Peter 193
Schwarzenberger, Ernst 183
Scott, Robert Falcon 116
Scott, Walter 64
Shaftesbury, Anthony Ashley Cooper, 1st Earl of 73

Shakespeare, William 10, 59-65, 240
Shapiro, Helen 27
Shaw, George Bernard 94, 116
Siemens, Carl von 105
Siemens, William 104-5
Sinatra, Nancy 117
Smirke, Robert 128
Solti, Georg 95
Sombart, Werner 137
Sophie von der Pfalz 50
Spencer, Herbert 74
Spender, Stephen 66, 131-3, 140, 141
Springer, Axel 155
Staël, Madame de VI, 35, 57, 75, 137
Stalin, Joseph 150, 193, 196
Stanley, Henry Morton 116
Steele, David 171
Stein, Peter 93
Steinberg, Jonathan 6
Sterne, Lawrence 63
Stich, Michael 42
Stirling, James 128
Stockhausen, Karlheinz 93
Stockmar, Baron von 52
Strauss, Richard 94
Suggit, Leslie 183
Sutcliffe, Stuart 26
Talleyrand, Charles Maurice de, Herzog 19, 180, 181
Templer, Gerald, General 201, 202
Terfel, Bryn 93
Thackeray, William Makepeace 28
Thatcher, Margaret 7, 11-12, 73, 107, 177, 215-7, 230, 241
Tieck, Ludwig 57
Thies, Jochen 145
Thomas, Michael 144, 155, 159, 201-2
Thomas, Paul 11
Thompson, John 128
Tippet, Michael 93
Tocqueville, Alexis de VIII, 248
Tolstoi, Leo 60
Towers, John 114-5
Trautmann, Bert 186, 187

Turner, George 172
Turner, William VI, 57
Twain, Mark 35, 82
Twiggy 29
Uhlig, Ralf 168
Ulrici, Herrmann 60
Vansittart, Robert 207
Veruschka, Gräfin 29
Victoria, Königin 1, 3, 47, 49, 51, 53, 56, 98, 101, 135-6
Victoria, älteste Tochter von Königin Victoria 49, 135
Victoria von Sachsen-Coburg-Gotha, Prinzessin, Mutter von Königin Victoria 51
Volle, Angelika 42, 43, 152, 192
Wagner, Richard 9, 94, 99, 136
Waits, Tom 45
Warburg Aby 69, 72
Warburg, Siegmund George 67, 109
Watkinson, Caroline 93
Watson, Alan 216
Webb, Beatrice 72
Webb, Sidney 72
Weber, Carl Maria von 45
Weber, Max 151
Weidenfeld, George, Lord 67
Weisz, Victor ("Vicky") 9, 67
Welch, David 141, 144
Wellington, Herzog von 109
Wilde, Oscar 116
Wilhelm I., Deutscher Kaiser 68, 136
Wilhelm II., Deutscher Kaiser 3, 5, 23, 135-6
Willard, Penelope 127
William IV. von England 50-1
Williams, Shirley 171
Wilson, Robert 45
Winterhalter, Franz Xaver 53
Woerdemann, Franz 157
Wright, Oliver 216
Young, Edward 63

Reproduktionen der Karikaturen mit freundlicher Genehmigung von Chris Riddell, Evening Standard, The Sun, Horst Busse, The Spectator, John Hunt, New Statesman, Express Newspapers, Paul Thomas, Fritz Behrendt, Herrn Haitzinger, Daily Telegraph und des Fußbal-Bundes.

Reproduktion der Fotos mit freundlicher Genehmigung von der Bundesbildstelle, Bonn, Tony Stone Worldwide, The Image Bank, Robert Harding Picture Library, PA News Photo Library, und The Hulton Getty Picture Collection.

Reproduktion der Abbildung "Mehr Licht für den Reichstag" auf Seite 129 mit freundlicher Genehmigung der Architekten- und Konstruktionsfirma Foster and Partners.

Reproduktion der Abbildung "Ostseite und Turm der Kathedrale von Coventry" auf Seite 190 mit freundlicher Genehmigung von Judges Postcards Limited.